Prix : 12 fr.

MINISTÈRE DE LA GUERRE

Comité Consultatif d'Action Économique de la 3e Région

SOUS-COMITÉ DU CALVADOS

ENQUÊTE

SUR LA SITUATION DES

INDUSTRIES

DANS LE

DÉPARTEMENT DU CALVADOS

PREMIER VOLUME

CAEN

HENRI DELESQUES, IMPRIMEUR-ÉDITEUR

34, RUE DEMOLOMBE, 34

1918

LES INDUSTRIES DANS LE CALVADOS

MINISTÈRE DE LA GUERRE

Comité Consultatif d'Action Économique de la 3e Région

SOUS-COMITÉ DU CALVADOS

ENQUÊTE

SUR LA SITUATION DES

INDUSTRIES

DANS LE

DÉPARTEMENT DU CALVADOS

PREMIER VOLUME

CAEN

HENRI DELESQUES, IMPRIMEUR-ÉDITEUR

34, RUE DEMOLOMBE, 34

1918

TABLE DES MATIÈRES DU PREMIER VOLUME

LES FORCES MOTRICES

LES COMBUSTIBLES

LES INDUSTRIES DE L'ALIMENTATION

L'Attaché à l'Intendance Antoine SCHEIKEVITCH, Délégué du Ministre de la Guerre auprès du Comité Consultatif d'Action Économique de la 3° Région,

A Monsieur le Préfet, Président du Sous-Comité d'Action Économique du Département du Calvados.

J'ai l'honneur de vous rendre compte de l'enquête sur la situation des industries dans le département du Calvados, à laquelle j'ai procédé en exécution des circulaires ministérielles du 29 août 1916, n° 3387 S. E., et du 23 février 1917, n° 5442.

L'objet de cette enquête est de présenter un tableau aussi complet que possible des forces et des ressources industrielles que ce département pourra fournir à la France pour la lutte économique qu'elle aura à engager lorsque la voix du canon se sera tue.

Car la paix ne terminera pas la guerre.

Pour nous assurer les fruits de la Victoire totale, il ne suffit pas de terrasser les armées allemandes sur les champs de bataille. Il ne suffit pas de châtier les auteurs infâmes d'atrocités sans nom. Il ne suffit pas d'humilier le peuple allemand tout entier et de lui faire durement expier toutes les horreurs et toutes les turpitudes dont il s'est rendu complice et solidaire. Il ne suffit pas de lui imposer la réparation intégrale de tous les dommages subis pendant la guerre et d'obtenir de lui les restitutions les plus complètes : pierre pour pierre, outil pour outil, machine pour machine, bateau pour bateau. Il ne suffit pas de contraindre sa jeunesse au travail forcé pour refaire nos routes, nos chemins de fer et nos canaux, pour replanter nos arbres, pour reconstruire nos villes et nos villages détruits. Il ne suffit pas de récupérer sur la richesse allemande tous les frais que nous aura coûtés la guerre et réduire ainsi le fardeau de notre dette et la charge de nos impôts. Pour abattre l'Allemagne et l'empêcher de renouveler la sauvage agression à laquelle elle s'est livrée, il faut l'atteindre dans ses œuvres vives, combattre et frapper son industrie et son commerce, qui lui ont donné les hommes et les moyens de porter sa force militaire au plus haut point et qui l'ont poussée à recourir à cette force pour rompre les dernières digues qui s'opposaient à leur expansion sur les marchés du monde entier. Et il ne s'agit pas seulement de nous protéger, de nous défendre. Il ne s'agit pas seulement de priver l'industrie allemande de toutes les matières premières qu'elle venait draîner, avant la guerre, sur notre territoire et dans nos colonies et qu'il importe de réserver à notre propre industrie. Quiconque fournirait à l'Allemagne un aliment pour ses usines, l'aiderait à forger les armes qu'elle tournerait contre nous. Il ne s'agit pas seulement d'élever des barrières infranchissables pour interdire l'accès de nos marchés à ses produits. Quiconque en achèterait, fournirait du numéraire qui irait grossir le trésor de guerre de nos ennemis. Il s'agit d'attaquer résolument l'Allemagne sur tous les marchés qu'elle inondait de ses produits avant la guerre, de leur y opposer les nôtres et par leurs qualités, leur variété, leur bon marché d'éliminer les siens, de contraindre son commerce à un reflux sur toute la ligne et de ramener sa production, hypertrophiée par la pratique du *dumping*, aux proportions qu'une concurrence loyale n'aurait jamais permis de dépasser.

Cette lutte économique devra être aussi âpre, aussi implacable que la lutte à main armée l'aura été, et pour la mener à bien, il nous faut connaître quelle est l'armée industrielle dont nous pourrons disposer et avec laquelle nous pourrons affronter l'effort continu et méthodique qu'il nous faudra poursuivre sans défaillance et sans faiblesse.

La guerre actuelle a démontré que la puissance militaire d'un État était fonction de sa puissance industrielle. Une industrie, dont toutes les branches les plus importantes pour la santé économique d'un peuple sont représentées et amplement développées, qui est dirigée par des chefs actifs, instruits, intelligents, qui dispose d'un personnel de techniciens habiles et ingénieux et d'une main-d'œuvre abondante et exercée, qui a su assurer à ses ouvriers le bénéfice d'œuvres sociales répondant à leurs plus justes et légitimes aspirations, qui est pourvue d'un outillage constamment tenu à la hauteur des perfectionnements les plus modernes, qui de toutes parts et en tout temps voit affluer, par les voies les plus rapides et les plus sûres, les matières nécessaires à ses fabrications, qui a adopté les méthodes et les procédés les plus rationnels de production et qui est susceptible du plus grand rayonnement, est aussi indispensable à la sécurité et à l'indépendance d'une nation qu'une armée fortement organisée et bien commandée, disposant de cadres et d'effectifs nombreux et entraînés, consciente de son devoir et animée d'un esprit de patriotisme ardent, dotée d'un matériel puissant et d'approvisionnements inépuisables.

L'industrie française, surprise comme le pays entier par l'agression allemande, s'est vite et vivement ressaisie et malgré les nombreuses difficultés avec lesquelles elle s'est trouvée aux prises, elle a fait un effort prodigieux pour répondre aux besoins de la Défense Nationale. Les usines anciennes ont intensifié leur production. De nouveaux établissements sont sortis de terre. Du patron à l'ouvrier, tout le personnel de ces multiples entreprises, depuis les plus importantes jusqu'aux plus modestes, pourra revendiquer sa part dans la victoire finale, que la science et l'habilité des chefs militaires et la vaillance des troupes auront arrachée à un puissant ennemi.

Mais la guerre a mis à nu toutes les lacunes de l'organisation industrielle française. Elle a souvent fait dûrement sentir combien la France était tributaire de l'étranger, tant pour certaines matières premières et une notable partie de l'outillage, que pour un grand nombre de produits. Elle a montré combien certaines conceptions industrielles et certaines méthodes de production étaient vieillotes et surannées. Elle a indiqué, d'autre part, les voies vers lesquelles l'industrie française doit s'orienter pour assurer l'indépendance économique du pays et pour pouvoir lutter victorieusement sur les marchés du monde avec nos concurrents et nos ennemis.

Les Comités Consultatifs d'Action Economique, constitués par décret en date du 25 octobre 1915, ont pour mission de maintenir à leur plus haute tension les efforts déjà faits par les agriculteurs, les industriels, les commerçants de leurs régions, d'indiquer le chemin à parcourir encore, de stimuler, d'encourager, de seconder toutes les initiatives utiles, de provoquer toutes les mesures susceptibles de concourir à la mise en valeur des ressources locales et de soumettre, à cet effet, aux pouvoirs publics toutes les propositions qui leur sembleraient justifiées par des besoins réels et fondées sur des motifs sérieux. Ils sont appelés, en outre, à prendre part à un vaste travail d'enquête, qui doit se poursuivre sur tout le territoire en vue de présenter un inventaire, aussi complet et détaillé que faire se peut, des ressources de chaque département, d'indiquer leur développement possible et d'établir les conditions dans lesquelles elles peuvent et doivent être exploitées.

Dès sa constitution à la fin de l'année 1915, le Sous-Comité d'Action Economique du Calvados a abordé, sur l'initiative de son président, M. Hendlé, alors préfet du département, l'étude des conditions dans lesquelles s'étaient trouvées l'agriculture, l'industrie et le commerce au lendemain de la déclaration de guerre. Plusieurs rapports, dont quelques-uns fort remarquables, furent présentés et discutés au cours de réunions convoquées en janvier et février 1916. La rédaction des rapports généraux fut confiée à M. Auguste Nicolas, adjoint au Maire de Caen et architecte honoraire du département.

Nul choix ne pouvait être plus heureux. Tous ses concitoyens rendent un juste et légitime hommage à la science profonde de M. Nicolas en matière économique. Tous sont d'accord pour reconnaître que personne mieux que lui ne connaît les ressources et les besoins du Calvados. Avant la constitution du Sous-Comité d'Action Economique, l'autorité dont jouit M. Nicolas lui avait valu d'avoir été appelé aux fonctions de rapporteur de la Commission formée par la Chambre de Commerce de Caen et chargée d'étudier les questions relatives au maintien et au développement de l'industrie dans le département et à la création d'établissements nouveaux. D'accord avec ses collègues de cette commission, il avait entrepris un travail sur la situation des industries du Calvados en 1914, sur les moyens d'en stimuler l'essor et sur les avantages que trouveraient des entreprises nouvelles à s'établir dans ce département. Le 30 octobre 1915, M. Nicolas présentait, au nom de la Commission, un intéressant tableau synoptique résumant les réponses de MM. les présidents des Chambres de Commerce et des Chambres Consultatives des Arts et Manufactures du Calvados à un questionnaire, qui leur avait été adressé le 1er juillet 1915 pour les inviter à faire connaître quelles étaient les principales industries de leurs arrondissements, quels étaient les lieux de leur établissement, qu'elles étaient celles qui avaient périclité et celles qui, au contraire, avaient tendance à prospérer, quelles avaient été les causes de l'essor ou du déclin, quelles seraient les industries nouvelles ayant le plus de chances de réussir, quelles seraient les améliorations à apporter aux moyens de communication, tant par eau que par voies ferrées ou par routes, pour faciliter la production locale, quelles étaient les industries qui, florissantes aux XVIIe, XVIIIe et XIXe siècles, avaient disparu, mais que l'on pourrait faire renaître, etc. Le tableau synoptique de M. Nicolas a été imprimé et répandu à un très grand nombre d'exemplaires. Cette publication a contribué à attirer dans le Calvados des industriels des régions envahies, qui sont venus s'installer dans ce département, y ont repris d'anciens établissements en décadence, les ont remis sur pied et en ont créé de nouveaux.

Le rapport général que M. Nicolas fit au nom de la Commission du Commerce et de l'Industrie du Sous-Comité d'Action Economique, fut présenté le 31 janvier 1916 et celui qu'il fit au nom de la Commission de la main-d'œuvre agricole, le 14 février de la même année. Ces deux rapports sont publiés en annexe au premier volume de l'ouvrage *Le Calvados Agricole et Industriel, Caen et la Basse-Normandie*, que M. Nicolas fait paraître actuellement en librairie et dont, très aimablement, il a bien voulu me communiquer la table des matières.

Les rapports présentés au Sous-Comité d'Action Économique au début de l'année 1916 ne pouvaient évidemment contenir que l'exposé de la situation telle qu'elle avait été dans les seize premiers mois de la guerre. Ils présentaient surtout le reflet des difficultés avec lesquelles l'agriculture, l'industrie et le commerce s'étaient trouvés aux prises — pénurie de main-d'œuvre, raréfaction de divers produits, insuffisance de moyens de transports, etc. — Ils exprimaient les doléances des corporations et des groupements intéressés et concluaient à l'adoption de mesures qu'il y avait lieu de prendre sur l'heure pour remédier à la situation. Ils étaient conçus d'ailleurs presque tous en termes très généraux et étaient loin de présenter un inventaire complet des ressources du département.

Cependant, la guerre s'étant prolongée, la situation économique avait évolué successivement. Des faits nouveaux s'étaient produits, modifiant diverses conditions de la production industrielle. Une adaptation aux circonstances exceptionnelles créées par les événements s'étaient opérée progressivement. L'afflux d'une population nombreuse et active de réfugiés, une impulsion nouvelle donnée à un grand nombre d'entreprises, la création d'affaires nouvelles avaient considérablement augmenté et intensifié la puissance de production de l'industrie du Calvados.

Appelé vers la fin d'avril 1917 aux fonctions de Délégué du Ministre de la Guerre auprès du Comité Consultatif d'Action Economique de la 3e Région, j'ai dû reprendre l'enquête commencée par le Sous-Comité du Calvados. Conformément aux instructions contenues dans la circulaire du 23 février 1917, j'ai porté cette enquête sur la reprise et le développement de la production industrielle, sauf à compléter ultérieurement cette première documentation par des recherches de même nature portant sur la vie agricole et commerciale.

Pour répondre aussi complètement que possible au programme tracé par les instructions ministérielles, il y avait lieu de rechercher d'une part, l'origine et l'ancienneté de chacune des industries du Calvados, d'indiquer les conditions qui avaient déterminé leur localisation dans les différentes parties du département, de faire ressortir les circonstances qui avaient favorisé leur développement ou celles qui avaient amené leur décadence, de présenter leur situation avant la guerre, de marquer l'influence que cette guerre a exercée sur leur évolution et d'esquisser leurs perspectives d'avenir, autant qu'on peut déjà les dégager. Il fallait, d'autre part, dresser, pour ainsi dire, un état détaillé des effectifs et du matériel de l'armée industrielle du département et, à cet effet, passer en revue ses unités, examiner séparément chaque entreprise, mentionner l'époque de sa fondation, faire valoir l'effort de ses dirigeants, indiquer l'importance et le recrutement de son personnel, mettre en relief la puissance, le degré de perfectionnement et la provenance de son outillage, relever la nature et l'origine des matières premières qu'elle transforme, énoncer la spécialité de ses fabrications, chiffrer sa production, embrasser l'étendue de ses débouchés, signaler les améliorations susceptibles de stimuler son essor.

Un recensement de toutes les usines du département était indispensable. Ce travail a été fait dans le courant de l'été 1917 avec le concours de M. Chauvard, alors mon correspondant auprès du Sous-Comité d'Action Économique du Calvados. Le tableau synoptique de M. Nicolas nous a fourni les premières indications sur les principales industries existant dans chaque arrondissement. Ces indications ont été complétées par des renseignements recueillis par les soins de la Section Économique de la 3e Région. Nous avons demandé ensuite aux Chambres de Commerce et aux Chambres Consultatives des Arts et Manufactures du département de bien vouloir nous faire parvenir des listes de tous les établissements installés dans la circonscription de chacune d'elles. Ces listes, portant indication du nom de chaque usine et désignation de la localité où elle se trouve, nous ont été très aimablement communiquées. Des recherches faites par la Section Économique ont permis de les mettre plus complètement à jour. En même temps, des publications, des recueils de statistiques et divers documents concernant la vie économique du département ou la situation de ses différentes industries étaient réunis à la Section.

Au début de l'année 1918, un questionnaire, qui a été communiqué, Monsieur le Préfet, à votre Administration ainsi qu'au Service Économique du Ministère de la Guerre, a été adressé à tous les industriels du département. Quelques lignes d'introduction leur faisaient connaître l'objet de l'enquête prescrite, à la suite desquelles ils étaient invités à faire parvenir à la Section Economique tous les renseignements qu'ils jugeraient utiles sur la situation de leur industrie, telle qu'elle était avant la guerre et telle qu'elle était devenue depuis l'ouverture des hostilités, et d'indiquer les améliorations et les progrès réalisables. Ils étaient priés, en outre, de bien vouloir donner plus spécialement, sans toutefois avoir à dévoiler aucun secret financier, industriel ou commercial, l'enquête étant essentiellement d'ordre économique et non fiscal, quelques précisions sur la nature de leur exploitation, sur la date de son établissement, sur la provenance de leur outillage, sur la nature et l'origine des matières premières transformées, sur la production comparée avant et depuis la guerre, sur les débouchés dans le département, en France et à l'étranger, sur le nombre de leurs ouvriers, sur les œuvres sociales, s'il y en avait, etc...

De nombreuses réponses sont parvenues à la Section Economique dans les quinze premiers jours qui ont suivi l'envoi du questionnaire. Les renseignements qu'elles nous apportaient étaient aussitôt dépouillés et classés par industries.

Vers le début du mois de février 1918, j'ai entrepris avec le concours de M. Pierre Delor, mon Correspondant auprès du Sous-Comité d'Action Économique du Calvados, et de M. Marion, alors mon Correspondant auprès du Sous-Comité de l'Eure, une série de tournées pour recueillir de vive voix et de visu tous les renseignements nécessaires à mon enquête. Elles se sont prolongées pendant toute la durée des mois de mars et d'avril. Quelques tournées complémentaires ont été entreprises ensuite, dans le courant des mois de mai, de juin, de juillet et d'août, soit pour obtenir des précisions sur divers points de détail, soit pour visiter quelques établissements omis ou nouvellement fondés, soit pour rencontrer des personnes qui pouvaient fournir des indications intéressantes.

Nous nous sommes présentés au cours de notre enquête à MM. les Présidents des Chambres de Commerce et des Chambres Consultatives des Arts et Manufactures. Ces Messieurs ont bien voulu nous réserver l'accueil le plus courtois. Plusieurs d'entre eux se sont mis avec le plus grand empressement à notre entière disposition pour nous faciliter notre tâche. Ils nous ont donné de précieuses indications et nous ont présenté à de nombreux industriels de leurs circonscriptions. Quelques-uns nous ont fort aimablement guidés dans nos investigations et nous ont accompagnés dans la visite de divers établissements. Nous les en remercions très vivement.

L'accueil qui nous a été fait par les industriels a été parfait. A ceux qui avaient bien voulu répondre à notre questionnaire, nous avons tenu à exprimer, tout d'abord, nos remerciements. A tous, nous nous sommes fait un devoir d'exposer de vive voix le but et la portée de l'enquête dont nous étions chargés. Nous avons fait valoir les résultats féconds que pourra donner, au lendemain de la cessation des hostilités, l'œuvre nationale poursuivie par le Service Economique du Ministère de la Guerre. Nous en avons fait ressortir l'importance pour la défense des intérêts de l'industrie. Nous avons tenu à répéter que nous ne venions surprendre aucun secret de fabrication et que nous n'avions à demander ni le chiffre d'affaires, ni en général aucun chiffre en francs. Nous avons suivi, en posant nos questions, l'ordre dans lequel elles se présentaient sur notre questionnaire. Les réponses nous ont été données généralement de fort bonne grâce. Des notes explicatives nous ont été souvent fournies sur divers points spéciaux ou sur tels détails techniques qu'il importait de préciser. Nous nous sommes appliqués à consigner, avec le souci de la plus scrupuleuse exactitude, dans des notes que nous avons prises sur place, ce que nous avions vu et entendu. Nous avons visité ainsi environ 400 établissements divers. Il n'a cependant pas été toujours possible de recueillir auprès des dirigeants de certains d'entre eux une documentation aussi abondante qu'auprès de ceux de certains autres. D'une part, nous n'avons jamais cherché à insister, dès que nous avons senti une résistance à nous répondre, estimant que toute inquisition devait rester étrangère à notre enquête. D'autre part, sur bien des points, des précisions étaient parfois difficiles à obtenir lorsqu'il s'agissait d'établissements en voie d'installation ou en pleine transformation. Enfin, certains chefs d'industrie, mobilisés, étaient absents et leurs préposés n'ont pas toujours su répondre d'une façon suffisante aux questions posées. D'ailleurs, toutes choses étant en continuel mouvement dans le domaine de l'industrie, aucune documentation ne saurait y être parfaitement à jour. En tout cas, je serai profondément reconnaissant à toute personne qui voudra bien me signaler les erreurs et les omissions qu'elle aura relevées dans mon travail.

L'enquête sur les lieux m'a permis de réunir des renseignements surtout sur un passé relativement récent et sur l'état actuel des industries du Calvados. Pour en connaître les origines, ainsi que le développement à des époques plus reculées, il m'a fallu procéder à des recherches dans des ouvrages et des publications conservés à la Bibliothèque de la ville de Caen. Malheureusement, le temps m'a manqué pour multiplier et approfondir mes investigations et mes études. La documentation très fragmentaire que j'ai pu recueillir m'a tout au plus permis de marquer quelques-unes des étapes parcourues par certaines industries au cours de leur évolution ou d'esquisser à très grands traits celle de certaines autres.

En résumé, tant en ce qui concerne le passé des industries qu'en ce qui a trait à leur état actuel, ce travail présente très certainement de très nombreuses et très sérieuses lacunes. J'espère toutefois qu'on y trouvera quelques éléments d'information utiles tant pour l'histoire économique du Calvados que pour le développement ultérieur de la production industrielle de ce département.

La diversité et l'importance des industries du Calvados, le grand nombre des établissements visités et l'abondance de la documentation recueillie m'ont obligé à diviser mon travail en deux volumes. Le premier, actuellement imprimé, contient les chapitres consacrés au territoire et à la population, aux voies de communication, aux forces motrices, aux combustibles, à la production agricole, aux industries de l'alimentation, à la tannerie et aux industries textiles. Le deuxième, qui est en préparation, comprendra les chapitres consacrés à l'industrie de la dentelle, aux industries du bois, aux industries de l'argile et de la pierre, aux industries minière et métallurgique, aux industries chimiques et quelques notes sur le tourisme.

Octobre 1918.

Antoine SCHEIKEVITCH.

Le Territoire et la Population

Le département du Calvados, primitivement appelé département de l'Orne-Inférieure, est un des cinq départements de l'ancienne province de Normandie.

Il s'étend entre 1° 52' et 3° 27' de longitude occidentale du méridien de Paris et entre 48° 47' et 49° 25' de latitude septentrionale.

Sa superficie est évaluée à 551.749 hectares.

Ses limites sont formées au nord par la mer de la Manche, de l'estuaire de la Seine à celui de la Vire, à l'est par le département de l'Eure, au sud par celui de l'Orne, au sud-ouest et à l'ouest, par celui de la Manche.

La structure géologique du sol du département du Calvados a été décrite par M. Arcisse de Caumont, dans un ouvrage intitulé « Essai sur la Topographie Géognostique du Département du Calvados », et communiqué en 1825 à la Société Linnéenne de Normandie.

Cet ouvrage, qui a été publié en 1828 à Caen, chez T. Chalopin, imprimeur de l'Académie et des Sociétés Savantes de Normandie, fait jusqu'à présent autorité en la matière.

Géographiquement, le département du Calvados se divise en deux régions délimitées par les collines qui bordent à l'est le cours de la Dives.

Celle qui se trouve à l'est de cette ligne de démarcation fait partie de la Haute-Normandie et comprend le pays d'Auge.

Celle qui s'étend à l'ouest appartient à la Basse-Normandie et englobe les contrées connues sous les noms de Campagne de Caen, Bessin et Bocage.

Le Pays d'Auge se distingue par son sol argileux et imperméable. C'est un pays d'herbages. Souvent plantés de pommiers à cidre, ces herbages y ont peu à peu complètement remplacé la culture.

Les terrains situés dans les bassins inférieurs de la Dives et de la Touques, dans ce qu'on nomme la Vallée d'Auge, offrent de grasses prairies, particulièrement favorables à l'engraissement du bétail.

La Campagne de Caen, au sol constitué par un limon reposant sur des calcaires jurassiques, est généralement très fertile. C'est un pays de culture de céréales, de trèfle incarnat, de sainfoin et de betteraves, autrefois de colza.

L'élevage du cheval y est très développé.

Le Bessin, au sol argileux et humide, est un pays d'herbages. C'est une région d'élevage de vaches et de production de lait et de beurre.

Le Bocage est un pays vallonné et en partie boisé, dont le sous-sol est formé de roches anciennes. Des herbages, moins riches cependant que ceux du Pays d'Auge et du Bessin, y alternent avec des terrains de culture, moins fertiles pourtant que la plupart de ceux de la Campagne de Caen.

Le département du Calvados est arrosé par plusieurs cours d'eau qui coulent dans une direction générale du sud au nord et déversent leurs eaux dans la Manche.

Par son extrême partie nord-est, le département du Calvados touche à l'estuaire de la Seine, dans lequel se jettent quelques faibles cours d'eau, nés sur son territoire et dont l'un, la Morelle, forme sur un parcours de 10 kilomètres la limite entre ce département et celui de l'Eure.

Les autres cours d'eau les plus importants du Calvados sont :

A. — La Touques, d'une longueur de 108 kilomètres, dont 80 dans le Calvados.

Ses principaux affluents sont l'Orbec ou Orbiquet, la Courtonne et la Calonne.

B. — La Dives, d'une longueur de 116 kilomètres, dont 70 environ dans le Calvados.

Ses principaux affluents sont l'Ante et le Laison.

C. — L'Orne, d'une longueur de 150 kilomètres, dont 95 dans le Calvados.

Ses principaux affluents sont le Noireau, la Laize et l'Odon.

D. — La Seulle, d'une longueur de 60 kilomètres. Ce cours d'eau, de sa source à son embouchure, coule entièrement dans le département du Calvados.

E. — La Vire, qui n'arrose le département du Calvados que par une faible partie de son cours supérieur et une partie de son cours inférieur.

Son estuaire forme l'extrême limite nord-ouest du département.

Ses principaux affluents sur le territoire du Calvados sont la Virène, la Souleuvre et l'Aure.

Département maritime, le Calvados a un développement de côtes considérable, s'étendant sur une longueur de 120 kilomètres.

La description du littoral de la Normandie en général, comprenant celle du littoral du Calvados, a été faite par M. Alexandre Bigot, doyen de la Faculté des Sciences de Caen, dans une étude présentée au congrès de l'Association Française pour l'avancement des Sciences, en 1914, au Havre.

Administrativement, le département du Calvados, dont le chef-lieu est Caen, se divise en six arrondissements, qui sont ceux de Caen, de Bayeux, de Vire, de Falaise, de Lisieux et de Pont-l'Évêque, et se subdivise en 38 cantons et en 763 communes.

Le département du Calvados avait, lors du dernier recensement général de 1911, une population légale de 396.318 et une population présente de 393.568 habitants, dont 391.815 Français, 643 naturalisés et 1.110 étrangers. Parmi ces derniers on comptait 147 Allemands.

Cette population se répartissait comme suit par arrondissements :

Arrondissement de Bayeux .... 60.104 habitants
— Caen .... 114.669 —
— Falaise .... 42.289 —
— Lisieux .... 57.571 —
— Pont-l'Évêque .. 60.809 —
— Vire .... 61.376 —

La densité de la population était en 1911 de 69,6 habitants par kilomètre carré, inférieure à la densité moyenne en France, qui était de 73,8 habitants par kilomètre carré.

La population urbaine comptait 120.733 habitants, soit 30,5 % de la population totale du département, et la population rurale 275.585, soit 69,5 %. La proportion de cette dernière était au-dessus de la moyenne en France, qui était de 55,8 %.

La proportion des femmes était particulièrement élevée : elles étaient 205.516 contre 188.052 hommes.

Le classement de la population active par professions s'établissait comme suit :

	Ensemble	Patrons	Employés et ouvriers	Ouvriers sans emploi
Professions agricoles ...	100.946	45.000	55.751	175
— industrielles ..	68.834	21.368	46.469	997
— commerciales.	20.194	12.384	7.631	179
— libérales	5.416	1.128	4.252	36
— domestiques ..	14.114	»	13.744	370
— non classées ..	4.988	»	»	»
Services administratifs .	7.940	»	7.940	»
Totaux....	222.432	79.880	135.787	1.757

Le Calvados est, malheureusement, un des départements français où la dépopulation a fait le plus de vides. En 1801, lors du premier recensement général fait en France, on y comptait 451.836 habitants. Jusqu'en 1836 sa population a augmenté et s'est élevée, à cette date, à 501.755 habitants. Depuis, elle n'a cessé de décroître, tombant à 410.178 habitants en 1901, à 403.431 en 1906 et à 396.318 en 1911, soit une diminution de 105.457 habitants, ou de plus de 20 % en 75 ans. Les effroyables progrès de l'alcoolisme sont une des causes de ce mal.

La population des principales agglomérations urbaines du département avait subi, dans les 10 premières années du XXe siècle, les variations suivantes :

Années :	1901	1906	1911
Caen :	44.794	44.442	46.934
Lisieux (avec St-Désir et St-Jacques-de-Lisieux) :	18.379	18.522	18.189
Honfleur :	9.610	9.451	9.298
Bayeux :	7.806	7.736	7.638
Falaise :	7.657	7.014	6.847
Vire :	6.517	6.353	6.298
Trouville :	6.137	6.401	6.190
Condé-sur-Noireau :	6.591	6.247	5.604
Deauville :	2.874	3.356	3.824
Pont-l'Évêque :	2.956	2.983	2.973

Il résulte du tableau ci-dessus qu'à l'exception de Caen, de Trouville, de Deauville et de Pont-l'Évêque, la population avait été en décroissance dans les principaux centres urbains du Calvados, et notamment dans les villes industrielles de Lisieux, Falaise, Vire et Condé-sur-Noireau.

Aucune statistique officielle et complète de la population n'a été publiée depuis la guerre. Mais l'afflux considérable de réfugiés du Nord de la France et de Belgique dans le

Calvados a certainement grossi d'une façon très sensible le nombre des habitants des principaux foyers industriels de ce département, tels que Caen, Lisieux et Condé-sur-Noireau.

Les Voies de communication

A. — LA NAVIGATION FLUVIALE ET LES PORTS MARITIMES

1) *L'ESTUAIRE DE LA SEINE ET LE PORT DE HONFLEUR*

Par ses extrêmes limites au nord-est, le département du Calvados touche à l'estuaire de la Seine, où la navigation s'effectue en suivant le régime des marées.

C'est sur la rive sud de cet estuaire que se trouve le port de Honfleur, l'un des plus anciens de France et naguère encore le plus important des ports du Calvados. Il est situé par 49° 25' 32" de latitude nord et 2° 6' 32" de longitude ouest.

Ce port se compose d'un chenal d'accès, d'un avant-port et de quatre bassins à flot.

L'entrée du port se trouve à 800 mètres environ à l'est du pied du Cap de Grâce. Elle est orientée à peu près exactement du sud au nord vrai et est parfaitement abritée contre les vents de l'ouest par le Coteau de Grâce qui s'élève à 90 mètres environ au-dessus du niveau de la mer. Les atterrages du port de Honfleur étant sujets à des variations qui dépendent de celles que subit, dans la baie de la Seine, la position des grands courants du fleuve, l'entrée de ce port était autrefois, à peu près périodiquement, exposée à des difficultés fort gênantes pour la navigation. Afin d'obvier à ces inconvénients, d'importants travaux ont été exécutés et le port a été doté d'un puissant appareil de chasses, composé d'un bassin de retenue, d'une surface de 50 hectares et pouvant fournir, en eaux vives ordinaires, un volume d'eau de 500.000 mètres cubes. Ainsi a pu être assuré au port de Honfleur un chenal profond et d'accès facile. Ce chenal, qui mesure 400 mètres de long et 60 de large dans sa partie la plus étroite, est balisé dans la baie au moyen de bouées lumineuses, permettant l'entrée et la sortie des navires aux marées de nuit.

L'avant-port, ou port d'échouage, a une superficie de 4 hectares 14 ares. Il est bordé de quais accostables dont la longueur présente un développement de 800 mètres. Les terre-pleins dépendant de ces quais ont une superficie d'environ 7.000 mètres carrés, utilisables pour le dépôt des marchandises. Le fond de cet avant-port est formé de vases sablonneuses, sur lesquelles les bateaux peuvent s'échouer sans danger.

Les quatre bassins à flot sont désignés sous les noms de bassins de l'Ouest, du Centre, de l'Est et de bassin Carnot. Les trois premiers communiquent directement avec l'avant-port. Le quatrième débouche dans le bassin de l'Est. Le bassin de l'Ouest a une superficie d'un hectare, celui du Centre, d'un hectare 20 ares, celui de l'Est, de 2 hectares 16 ares, et le bassin Carnot, de 6 hectares 44 ares, soit ensemble une surface de 10 hectares 80 ares. Ils sont bordés de quais dont la longueur totale présente un développement de 3.325 mètres et la longueur accostable un développement de 2.270 mètres. La superficie totale des terre-pleins dépendant de ces quais et pouvant être utilisée pour le dépôt des marchandises est de 40.000 mètres carrés environ, sans compter les 120.000 mètres carrés que la Chambre de Commerce de Honfleur possède à proximité du bassin Carnot et qu'elle met en location pour les mêmes usages.

Depuis de longues années, la Chambre de Commerce

avait mis à l'étude divers projets tendant à augmenter le tirant d'eau du port.

L'écluse la plus profonde qui commande l'entrée de ce port avait été construite en 1848. Elle a une largeur de 16 m. 50 et le niveau de son radier est de 1 m. 30 au-dessus du zéro des cartes marines. Or, depuis l'époque où elle a été construite, la navigation a fait d'immenses progrès et de grands vapeurs sont venus remplacer les petits voiliers d'autrefois.

Dès 1880, on avait songé à abaisser de 0 m. 50 le radier de cette écluse principale donnant accès aux bassins du port. En prévision de ces travaux, le bassin Carnot, qui fut construit à cette époque, faisant suite à celui de l'Est, fut creusé à 0 m. 50 plus profond que ce dernier. Mais on ne donna que 12 m. 50 de largeur à l'écluse de ce nouveau bassin, qui était destiné à recevoir les plus grands navires fréquentant le port. Ainsi la navigation se trouvait gênée à la première écluse par son faible tirant d'eau et à la deuxième par son insuffisante largeur.

Pour remédier à cette situation, on a porté, en 1894, à 13 mètres la largeur de l'écluse du bassin Carnot. Ensuite, en 1895, on mit à l'étude un projet tendant à l'approfondissement du bassin de l'Est et de son écluse. Mais il fallut y renoncer, car le travail projeté n'était pas sans danger pour les murs des quais et aurait eu, en outre, le grave inconvénient d'arrêter pendant plus de six mois au moins la navigation du port. En 1900, une nouvelle solution — la construction d'une nouvelle entrée — fut adoptée par la Chambre de Commerce, d'accord avec les ingénieurs du département. Mais la construction d'un cinquième bassin à flot, l'établissement d'appontements et de plus de 500 mètres de quais nouveaux, ainsi que l'exécution de travaux extérieurs très importants et dont l'urgence n'était pas suffisamment justifiée, avaient été compris dans les prévisions établies dans le projet présenté par la Chambre de Commerce. Dans ces conditions, ce projet ne fut pas retenu par la Commission d'enquête sur l'amélioration des ports. Il fallut donc revenir à d'autres conceptions.

Par délibération en date du 18 août 1910, la Chambre de Commerce demanda qu'un nouveau projet tendant à l'amélioration du port fût mis à l'étude, et le 15 mai 1913 elle donna son approbation à un avant-projet qui lui fut présenté par les ingénieurs du département. Ce nouveau projet prévoyait une entrée directe des navires dans le bassin Carnot, avec une écluse de 22 mètres de large, dont le seuil aurait été établi à la cote (— 2 m.). Cette nouvelle écluse devait être placée auprès de celle du bassin de chasses actuel et suivie d'un avant-bassin de 475 mètres de longueur et de 70 mètres de largeur moyenne. L'avant-bassin devait être conquis sur le bassin de chasses, qui aurait été toutefois conservé, étant indispensable au bon entretien du chenal extérieur. L'avant-bassin projeté devait communiquer avec le bassin Carnot par un pertuis de 25 mètres de long. L'exécution de dragages intérieurs et extérieurs était, en outre, prévue, afin que la navigation fût commandée par la cote (+ 0,00), ce qui aurait permis de réaliser un gain de cinq pieds sur la situation actuelle dont la cote est (+ 1 m. 60). Ce projet présentait, d'autre part, cet avantage que lorsque les travaux prévus auraient été exécutés, la navigation du port ne serait plus commandée par une seule écluse, mais par deux. Ainsi, en cas d'accident à l'une d'elles, le port n'aurait plus risqué de devenir impraticable pendant toute la durée des réparations. Mais les frais élevés auxquels devaient se chiffrer les travaux, sans augmenter la capacité du port, étaient le point faible de la conception proposée. Le département du Calvados et la ville de Honfleur ne répondirent pas à la demande de concours financier que la Chambre de Commerce leur avait adressée.

La guerre vint arrêter les démarches et les pourparlers et le projet ne fut pas réalisé.

Actuellement, un nouveau projet est mis à l'étude. Sa réalisation deviendra possible lorsque la digue sud, construite dans l'estuaire de la Seine, aura été terminée et raccordée à l'entrée du port. Un important colmatage se produira alors en arrière de cette digue. Il s'agira donc de construire entre celle-ci et la retenue actuelle du port de Honfleur un nouveau bassin de chasse et de transformer la retenue actuelle en bassin à flot en eau profonde, avec quais et terre-pleins. L'aménagement du bassin de chasse actuel en bassin à flot augmenterait considérablement la capacité du port. Celui-ci pourrait recevoir ainsi des navires aussi importants que ceux qui remontent jusqu'à Rouen, à 120 kilomètres en amont sur la Seine.

L'outillage du port de Honfleur comprend :

1° Cinq grues à vapeur roulantes, sur le quai nord du bassin de l'Est; une grue à vapeur de 6 tonnes sur le quai est du même bassin; trois grues flottantes dans les bassins. Tous ces engins appartiennent à la Chambre de Commerce. En outre, quatre grues à bras, établies sur les divers quais et jetées, appartiennent à des particuliers;

2° Un remorqueur de 250 tonnes, le *Honfleur*, appartenant à la Chambre de Commerce. Un service de halage est organisé pour les navires ne voulant pas se faire prendre à la remorque;

3° De vastes hangars construits par la Chambre de Commerce pour abriter les marchandises avant leur embarquement ou après leur débarquement. Ils peuvent servir de magasins pour toutes espèces de marchandises importées ou exportées, et notamment pour les grains. Ils sont situés en bordure de deux bassins à flot : les marchandises peuvent y être débarquées directement des navires. Ils sont desservis par une double voie ferrée qui les relie à la gare des chemins de fer de l'État;

4° Un gril de carénage, long de 71 mètres et large de 10 m. 50, situé dans l'avant-port et exploité par la Chambre de Commerce;

5° Une cale de carénage, établie dans le bassin Ouest et également exploitée par la Chambre de Commerce;

6° Deux puissantes pompes à vapeur, installées par la Chambre de Commerce pour le renflouement des navires; elles peuvent fournir chacune 1800 litres à la minute, avec une puissance de jet de 45 mètres;

7° Un magasin de sauvetage, installé par la Chambre de Commerce. L'usage des apparaux de sauvetage est absolument gratuit dans le port de Honfleur;

8° Cinq bouches d'eau douce, établies par les soins de la Municipalité sur les quais de l'avant-port et des bassins : les capitaines de navires peuvent y prendre de l'eau pour leurs équipages et leurs machines.

L'éclairage électrique est installé sur les quais et les terre-pleins. Ceux-ci sont desservis par un réseau de voies ferrées se raccordant directement à celui des chemins de fer de l'État.

Plusieurs entrepreneurs se chargent de fournir du lest de bonne qualité, en abondance et à un prix peu élevé.

Le mouvement de la navigation à l'entrée dans le port de Honfleur a été le suivant :

Nombre de navires (vapeurs et voiliers)

ANNÉES :	1911	1912	1913	1914	1915	1916
Pavillon français..........	1.151	1.068	1.090	1.014	1.009	1.098
Pavillons étrangers........	360	324	353	284	460	511
Totaux.....	1.510	1.392	1.443	1.298	1.469	1.609

Tonnage de jauge légale (vapeurs et voiliers)

ANNÉES :	1911	1912	1913	1914	1915	1916
Pavillon français...	81.417	75.672	73.947	78.949	81.187	71.084
Pavillons étrangers..	118.902	120.389	140.127	107.891	161.483	178.819
Totaux.....	200.319	196.061	214.074	186.840	242.670	249.903

En doublant les nombres de ces deux tableaux on obtiendrait, à peu près, le mouvement total du port, entrées et sorties réunies.

Le port de Honfleur est desservi par trois lignes régulières de navigation à vapeur. Deux lignes, avec départs quotidiens, le relient au Hâvre, l'une spécialement pour le transport des voyageurs et l'autre pour le transport des marchandises. Ces lignes sont desservies par les bateaux de la Compagnie Normande de Navigation. Le nombre des voyageurs transportés par le service de cette ligne a été :

En 1910 : de 135.000
En 1911 : de 143.000
En 1912 : de 123.000
En 1913 : de 147.000
En 1914 : de 110.000

La troisième ligne relie Honfleur à l'Angleterre, avec Southampton comme port d'attache. Cette ligne est desservie par les bateaux de la London and Southwestern Railway C°. Elle transporte surtout des marchandises, mais admet également des voyageurs à bord. Elle a, en temps normal, de 2 à 4 départs par semaine.

Les marchandises importées par le port de Honfleur sont principalement des houilles et des bois du Nord en provenance de ports étrangers. Les autres marchandises importées, soit en provenance de ports français, soit en provenance de ports étrangers, sont principalement les phosphates, des pyrites, des nitrates, ainsi que des rondins, du sable, des cailloux. Quelques produits divers figurent dans les statistiques pour des quantités insignifiantes.

Les principales importations se répartissent comme suit, en tonnes de 1.000 kilos :

ANNÉES :	1911	1912	1913	1914	1915	1916
Houille..............	112.875	148.271	163.829	172.246	289.000	259.329
Bois du Nord.........	73.781	83.548	91.707	34.575	17.510	50.889
Marchandises diverses	31.210	24.438	21.228	14.538	27.136	58.046

Les houilles importées à Honfleur et en partie transformées en briquettes et en boulets dans les établissements importateurs, sont destinées à servir de combustible, pour l'industrie et le foyer domestique, dans une vaste région tributaire de ce port pour sa consommation de charbons.

Les bois du Nord, dont l'importation est actuellement suspendue, étaient travaillés sur place dans les importantes scieries de Honfleur et dirigés ensuite par voies ferrées soit sur diverses localités du Calvados et de la région normande, soit vers d'autres parties de la France.

Les phosphates (8.356 tonnes en 1911, 11.720 tonnes en 1912, 9.665 tonnes en 1913, en provenance de ports étrangers), les pyrites (4.780 tonnes en 1911, 5.943 tonnes en 1912, 6.775 tonnes en 1913, en provenance de ports étrangers, et 2.728 tonnes en 1911, 2.252 tonnes en 1912 et 3.902 tonnes en 1913, en provenance de ports français) et les nitrates (1.000 tonnes en 1911, 1.640 tonnes en 1912 et 1.044 tonnes en 1913, en provenance de ports français) sont destinés aux fabriques de produits chimiques de Honfleur et de ses environs pour la fabrication d'engrais, de divers acides, d'explosifs, etc...

Les marchandises exportées par le port de Honfleur sont à destination, soit d'autres ports français, soit de ports étrangers. Elles se répartissent comme suit, en tonnes de 1.000 kilos (d'après les statistiques publiées par la Chambre de Commerce) :

ANNÉES :	9 11	1912	1913	1914	1915	1916
A destination :						
D'autres ports français	18.000	20.000	20.000	20.000	20.000	20.000
De ports étrangers........	28.774	22.130	23.077	19.184	27.435	17.137

Les articles ainsi exportés étaient des denrées agricoles de toute sorte, des chevaux, du bétail, des minerais de fer, divers produits de l'industrie régionale, ainsi que des articles de Paris et des marchandises étrangères en transit, dont des tissus, des chocolats et du lait condensé provenant de la Suisse.

En 1912, la Chambre de Commerce de Honfleur avait été saisie d'un projet d'établissement d'un service de tramway-bac entre Honfleur et Le Havre. Présenté par un ingénieur qui demandait la concession du service, ce projet avait été d'abord favorablement accueilli par la Chambre de Commerce. Mais à la suite de modifications qui durent y être apportées, cette dernière s'en désintéressa.

2) *LA TOUQUES ET LE PORT DE TROUVILLE*

La Touques est classée comme navigable depuis Le Breuil-en-Auge jusqu'à Trouville-sur-Mer, sur une longueur de 29 kilomètres. Mais la navigation, d'ailleurs fort peu importante, ne se fait que sur une longueur de 1 kilomètre 500 mètres, sur la partie comprise entre les abords immédiats du pont de Trouville-Deauville et la mer. Cette partie de la Touques forme un port d'échouage réservé au stationnement des barques de pêche. Il a une longueur de 800 mètres environ et une superficie de 5 hectares 40 ares. Il est bordé, sur la rive droite de la Touques, par un quai en maçonnerie.

Le port de Trouville est situé à l'embouchure de la Touques, par 49° 22' 5" de latitude nord et 2° 15' 47" de longitude ouest. Ce port se compose d'un bassin à flot qui est précédé d'un sas ou avant-bassin. Celui-ci est muni d'une écluse et d'un perthuis de chasse. Un bassin de retenue, creusé dans l'ancien lit de la Touques, est situé à l'amont du bassin à flot, avec lequel il communique au moyen de siphons. La superficie de l'avant-bassin mesure 1 hectare 23 ares, et celle du bassin à flot, 2 hectares 40 ares.

L'outillage du port de Trouville comprend un gril de carénage, une cale de carénage, un service de halage et six grues à vapeur sur les quais du bassin à flot. Un de ces engins est de 5 tonnes de puissance, un deuxième de 2 tonnes et les quatre autres de 1.500 kilos environ. Les quais des bassins sont raccordés par voies ferrées au réseau des chemins de fer de l'État.

Le nombre des navires entrés dans le port de Trouville en 1912 a été de 1.000, dont 55 battant pavillon étranger; en 1913, de 968, dont 58 étrangers; en 1916, de 764. Leur tonnage de jauge a été en 1912 de 67.943 tonneaux, dont 15.528 tonneaux pour les navires étrangers; en 1913, de 70.376 tonneaux, dont 16.591 pour les navires étrangers; en 1916, de 83.163 tonneaux.

Les importations totales du port de Trouville se sont élevées en 1912 à 82.372 tonnes de marchandises, dont 70.352 tonnes de houille et 6.073 tonnes de bois du Nord; en 1913, à 89.182 tonnes, dont 78.220 tonnes de houille et 6.331 tonnes de bois du Nord; en 1916, à 165.115 tonnes, dont 138.440 tonnes de houille et 1.463 tonnes de bois.

Les exportations du port de Trouville ont été en 1913, de 4.176 tonnes, et en 1916, de 19.086 tonnes, dont 14.617 tonnes de pierres et de macadam.

Le port de Trouville est relié au Hâvre par une ligne de navigation régulière desservie par les bateaux de la Compagnie Normande de Navigation. Le nombre des voyageurs transportés par ces bateaux de Trouville au Hâvre et vice-versa a été :

En 1911 : de 281.032
En 1912 : de 256.465
En 1913 : de 335.466

La construction de la jetée-promenade de Trouville, où les bateaux peuvent accoster à peu près à toute heure de marée, a contribué à augmenter sensiblement le nombre des voyageurs entre Trouville et le Hâvre.

3) *LA DIVES ET LE PORT DE DIVES-SUR-MER*

La Dives est classée comme navigable entre le pont de Méry-Corbon, sur la route nationale n° 13, de Paris à Cherbourg, et son embouchure dans la mer, sur une longueur de 32 kilomètres 500 mètres. Mais la navigation est très peu importante. Elle ne se fait qu'à partir du quai de Troarn, à 12 kilomètres 500 en aval du pont de Méry-Corbon, et seulement pendant les marées de vives eaux. La profondeur d'eau de la Dives varie entre 70 centimètres et 1 mètre 20 à basse mer. Les hauts fonds, ou gravées, constituent le principal obstacle à la navigation. Aucune écluse n'a été établie sur le cours de la Dives, qui est traversée par 10 ponts fixes. Le moins élevé de ces ouvrages laisse une hauteur libre d'au moins 2 mètres au-dessus du plan d'eau à l'étiage. Les quelques gabares qui circulent sur la Dives sont halées à bras d'hommes. Le chemin de halage est tracé sur terrain naturel et n'est pas continu : en divers endroits il est coupé par des fossés de clôture et n'est praticable que pour les piétons. Il y a une navigation maritime sur la partie de la Dives comprise entre le pont de Cabourg et la mer, sur un parcours d'un kilomètre environ.

C'est près de l'embouchure de ce petit fleuve qu'est situé le port de Dives-sur-Mer, où s'est embarqué en 1066, avec ses compagnons d'armes, Guillaume le Conquérant allant s'emparer de la couronne d'Angleterre. Le mouvement commercial de ce port est actuellement insignifiant. Il n'atteignait en 1909 qu'un millier de tonnes environ. A la suite du développement des établissements de la Société Électro-Métallurgique de Dives, qui avait construit un quai à proximité de son usine, et en raison de l'augmentation de la population de la ville, le mouvement du port a passé en 1911 à près de 13.000 tonnes. En 1912, les importations totales se sont élevées à 13.518 tonnes, dont 268 tonnes de houille, et en 1913 à 12.189 tonnes, dont 149 tonnes de houille. Les exportations ont été en 1913 de 1.278 tonnes.

Par suite de l'ensablement de l'embouchure de la Dives et d'une dérivation du courant de ce petit fleuve, l'entrée du port n'est accessible qu'à des chalands d'un faible tirant d'eau, spécialement construits pour la navigation en rivière, et seulement à l'époque des marées où la hauteur d'eau permet le passage des remorqueurs. Considérant les risques que comportaient les difficultés qu'ils rencontraient à l'entrée de ce port, certains armateurs s'étaient refusé à accepter du frêt pour Dives. Le trafic s'en était ressenti et en novembre 1912, la municipalité de cette ville a saisi la Chambre de Commerce de Honfleur de ses doléances et lui a demandé son appui en vue d'obtenir les améliorations nécessaires. La Chambre de Commerce s'est déclarée disposée, en principe, à participer aux travaux d'amélioration du port au moyen d'un droit de péage qui y serait établi, sous la réserve toutefois que la Ville de Dives et la Société d'Électro-Métallurgie y participeraient également. Mais cette dernière n'offrit qu'un concours très restreint et le projet d'amélioration du port n'eut aucune suite. Les statistiques du mouvement de la navigation ne signalent l'entrée que d'un seul navire dans le port de Dives en 1916. Son tonnage de jauge était de 147 tonneaux et le tonnage effectif des marchandises importées de 200 tonnes.

4) *L'ORNE ET LE PORT DE CAEN*

L'Orne est classée comme navigable entre Caen et son embouchure dans la mer, sur une longueur de 16 kilomètres. La navigation y est exclusivement maritime. En raison de la mobilité du fond du lit et du jeu des marées, le tirant d'eau est extrêmement variable. Des bateaux calant 3 mètres et 3 m. 25 peuvent naviguer sur l'Orne en eaux vives. Jusqu'au 1er mars 1910, les bateaux à vapeur du service régulier entre Caen et Le Hâvre descendaient et remontaient la rivière. Depuis cette date, à la suite de la construction du nouveau barrage, destiné à surélever le niveau des eaux du port de Caen, ces bateaux empruntent le canal de Caen à la Mer, sur lequel se fait actuellement tout le mouvement de la navigation. Seules des barques, désignées sous le nom de « *picoteux* » et transportant du sable, naviguent encore sur l'Orne entre Caen et la Mer.

Le port de Caen-Ouistreham est situé par 49° 11' 14" de latitude nord et 2° 41' 24" de longitude ouest. Il se compose de l'avant-port d'Ouistreham, s'ouvrant directement sur la mer et dont le chenal d'accès extérieur se confond avec celui de l'embouchure de l'Orne, d'un canal maritime d'une longueur de 14 kilomètres, dit canal de

Caen à la Mer, et de bassins à flot à Caen, reliés par le canal à l'avant-port.

Le port de Caen est aussi ancien que la ville. Le nom de celle-ci apparaît au début du XIe siècle dans les documents de l'Histoire. Il y est fait mention à la même époque du port établi au confluent de l'Orne et de l'Odon. Les navires stationnaient alors sur le cours du Grand-Odon, depuis l'endroit où cette rivière se jetait dans l'Orne, jusqu'au pont de Darnétal, appelé plus tard pont Saint-Pierre. Le mouvement de la navigation paraît avoir été assez considérable pour l'époque. En 1026, Richard II, duc de Normandie, faisait donation de la dîme des produits de la douane du port à l'Abbaye de Fécamp.

Les premiers travaux d'amélioration furent ordonnés vers 1104 par le duc Robert, fils de Guillaume le Conquérant. Il fit redresser le cours de l'Orne sous les coteaux de Branville et de Vaucelles et fit creuser un canal qui garda le nom de canal du duc Robert. La prospérité du port semble avoir été grande au cours du XIIIe siècle. Ensuite, son essor fut arrêté pendant la longue période de la guerre de Cent ans, des troubles de la Ligue du Bien public et des guerres de religion. Le lit de l'Orne s'envasa progressivement et aucun travail d'amélioration ne fut entrepris pour remédier à cet état de choses avant le XVIe siècle. Depuis lors et jusqu'à nos jours de très nombreux projets ont été présentés en vue d'améliorer le port de Caen. Successivement, on a voulu redresser le cours de l'Orne, l'approfondir en divers endroits, donner de nouvelles embouchures au fleuve, creuser un canal, établir des bassins, des quais et différents autres ouvrages à Caen.

Sous le règne de François Ier, par lettres patentes en date du 4 mai 1531, fut accordée l'autorisation de redresser une des plus considérables sinuosités de l'Orne, au bas du hameau de Longueval. Un canal de 640 toises fut creusé et d'après le témoignage contemporain de M. de Bourgueville de Bras, cet ouvrage abrégea de plus d'une grande lieue le parcours qu'avaient à effectuer les navires et rendit les inondations moins fréquentes à l'époque des grandes crues.

En 1580, François d'O, surintendant des finances et lieutenant général en Basse-Normandie, envoya à Caen Louis de Foix, un ingénieur célèbre du temps, avec mission d'y étudier la création d'un port capable de recevoir de gros navires. Mais cette mission n'eut pas de suite.

Sous le règne de Louis XIV, Vauban, chargé par Colbert de visiter toutes les côtes de France, vint à Caen et conçut le projet d'établir un port d'asile dans la rade de Colleville, d'y faire déboucher l'Orne, de redresser le cours de ce petit fleuve et de rendre navigable sa partie supérieure jusqu'à Argentan. Les travaux furent autorisés par lettres patentes du 6 mai 1679. Pour commencer, Vauban fit enlever quelques hauts-fonds dans le lit de l'Orne et supprimer des sinuosités gênantes. On entreprit un travail de redressement sur 1140 toises, entre les moulins de Clopée et les carrières de Ranville. Les travaux devaient se poursuivre sans interruption. Mais la mort de Colbert vint tout arrêter.

En 1740, M. de la Londe, membre de l'Académie des Belles-Lettres de Caen, adressa au Gouvernement un mémoire demandant l'exécution des travaux projetés par Vauban. M. de Maurepas envoya en 1748 à Caen M. Duhamel de Monceau, membre de l'Académie des Sciences et Inspecteur général des ports et havres de France, pour étudier les ouvrages à exécuter. Les embarras financiers d'alors furent cause d'un ajournement. En 1771, M. Viallet, ingénieur en chef de la Généralité de Caen, reprit le projet de créer un nouveau port à Caen, de redresser le cours de l'Orne et d'en reporter l'embouchure dans la baie de Colleville. La mort l'empêcha d'en poursuivre la réalisation. M. Lefèbvre, son successeur, ne voulut cependant pas y renoncer. Il obtint du roi Louis XVI les fonds nécessaires à l'exécution des travaux. En 1780, on commença à creuser entre Caen et Clopée un canal de redressement d'une longueur de 1100 toises environ et d'une largeur de 150 pieds, et vers 1786 on entreprit les travaux du canal Saint-Pierre, la construction de ses quais et de ceux qui au débouché de ce bassin dans l'Orne devaient être prolongés sur la rive gauche du fleuve, jusqu'à Vaucelles. Vers le début de l'an III ces travaux furent suspendus.

Le 12 germinal de l'an VI, M. Cachin, ingénieur en chef des ponts et chaussées, présenta un mémoire démontrant que, pour faire de Caen un grand port, il fallait abandonner l'idée de se servir du cours de l'Orne et qu'il y avait lieu de creuser, entre la ville et la mer, un canal avec portes et jetées à l'extrémité. A l'appui de sa manière de voir, M. Cachin faisait valoir l'envasement de l'Orne et le mauvais état de son embouchure. Celle-ci est désavantageusement placée près d'une côte battue et minée par les flots poussés avec violence par les vents dominant du nord-ouest et de l'ouest. Les vases qui y sont déposées sont entraînées jusqu'à Caen par les marées et s'accumulent dans le lit de l'Orne surtout en été, alors que les eaux venant de la source sont trop faibles et que le reflux n'a pas la force d'emporter seul tout ce que le flux a porté. M. Cachin proposait donc de transformer le canal Saint-Pierre en bassin de 98 mètres de largeur sur 565 mètres de longueur. Du centre de ce bassin devait partir un canal qui après avoir longé les coteaux de Calix, d'Hérouville, de Benouville et d'Ouistreham, devait aboutir à la baie de Colleville. Cette baie, autrement dite Fosse de Colleville, se trouvant à peu de distance de l'embouchure de l'Orne, est abritée par les essarts de Bernières et les roches de Langrune contre les vents de l'ouest et contre l'agitation des flots. Des courants entraînent loin d'elle vers l'est les dépôts d'alluvions.

A la suite du mémoire de M. Cachin, un arrêté du Directoire, en date du 17 germinal an VI (5 avril 1798) ordonna l'envoi à Caen d'une commission de trois ingénieurs qui furent chargés d'étudier sur place les divers travaux projetés et de proposer les mesures destinées à en assurer l'exécution. La Commission déclara qu'aucun projet d'amélioration du port de Caen ne pouvait l'emporter sur celui de M. Cachin. Elle estimait que ce dernier, tout en étant le plus simple et le plus avantageux, était en même temps le seul qui répondit aux besoins de la navigation. Elle le recommanda donc à toute l'attention du gouvernement. Celui-ci recula cependant devant les frais considérables que l'exécution des travaux aurait nécessités.

En 1811, à l'occasion du passage de Napoléon à Caen, un mémoire lui fut présenté par M. Charles-Pierre-Marie Aubin, demandant la réalisation du projet de M. Cachin. L'empereur désira visiter lui-même l'Orne, son embouchure et la Fosse de Colleville. A la suite de cette visite et du rapport que présentèrent deux ingénieurs célèbres de l'époque, MM. Sganzin et Tarbé, un décret du 25 mai 1811 ordonna la construction immédiate du canal de Caen à la Mer, avec écluse de navigation à portes d'èbe et de flot, et l'achèvement des quais de Caen. Les crédits accordés pour l'exécution de ces travaux furent fixés à 700.000 francs. M. Lejeune, ingénieur en chef du département du Calvados, en fit ressortir l'insuffisance. Il démontra qu'en limitant les dimensions prévues pour le canal, l'écluse et les quais aux plus stricts besoins de la navigation marchande, il était impossible de réduire les dépenses au-dessous de 4.700.000 francs. Cette somme ne fut pas accordée et ordre fut donné d'affecter en totalité les 700.000 francs déjà assignés à la construction des quais entre le pont Saint-Pierre et celui de Vaucelles. On allait renoncer ainsi à tous travaux d'amélioration entre Caen et la Mer, lorsque M. Pattu présenta, en 1812, un nouveau projet, plus modeste et moins dispendieux que le précédent. Il proposait la construction d'un barrage ou d'une écluse à portes d'èbe, qui arrêterait la mer vis-à-vis des falaises de Benouville, avant le haut-fond des Cerisiers, et qui en retenant les matières que le flux entraîne jusqu'à Caen, devait être un moyen de réduire tous les hauts-fonds dangereux de l'Orne et de permettre à tous les bâtiments dépassant la Pointe du Siège et tirant parfois jusqu'à 4 m. d'eau, d'atteindre le port. Ce barrage devait être à même de retenir dans le bassin de 2 lieues et demie qu'il allait former, un volume d'eau dont la hauteur aurait été complètement indépendante des vents et des marées. A la suite d'un rapport de M. Tarbé, ce projet fut approuvé et un décret du 3 février 1813, modifiant celui du 25 mai 1811, disposa que sur les 700.000 francs assignés précédemment, 500.000 seraient consacrés à la construction d'un barrage au pied des falaises de Bénouville, et 200.000 à la construction des quais de Caen. Mais, à la suite des événements politiques qui survinrent à cette époque, le projet de M. Pattu n'eut pas un sort meilleur que celui de ses aînés.

En 1818, M. Lange, membre de la Société d'Agriculture et de Commerce de Caen, publia une brochure dans laquelle il insistait sur la nécessité de prévenir la ruine complète des ouvrages déjà faits à Caen et proposait la dérivation de l'embouchure de l'Orne dans la baie de Colleville. Une réunion de marins, d'armateurs et de négociants se prononça en faveur du projet de M. Lange. Mais M. Pattu lui opposa, en 1820, un nouveau projet de barrage éclusé, placé cette fois à la Pointe du Siège. Toutefois, pendant les quinze années qui suivirent, aucun travail ne fut entrepris.

Enfin, le 28 septembre 1835, le Conseil général du Calvados, saisi des doléances unanimes des négociants, des armateurs et des marins, décida d'appeler sérieusement l'attention du directeur général des Ponts et Chaussées sur les difficultés que présentait la navigation sur l'Orne. Le directeur général ne tarda pas à répondre que le meilleur moyen d'améliorer le port de Caen était de reprendre le projet de canal de Caen à la Mer. M. Pattu, toujours ingénieur en chef du département du Calvados, fut chargé de présenter un projet. Celui-ci faisait déboucher le canal à la Pointe du Siège. Les travaux prévus furent soumis à une enquête publique. M. Lange combattit le projet de canal, préconisant la canalisation de l'Orne et le déplacement de son embouchure. Il ne fut pas suivi. L'opinion se montrait favorable au canal. Quelques personnes seulement protestèrent contre l'idée de le faire déboucher à la Pointe du Siège et en demandèrent la sortie dans la baie de Colleville. Mais le plus grand nombre demanda que la passe d'Ouistreham fut substituée à celle de la Pointe du Siège. L'administration se rangea à cet avis.

La loi du 19 juillet 1837 accorda l'ouverture d'un crédit de 4 millions de francs pour le percement d'un canal maritime de Caen à la Mer, partant du milieu du canal Saint-Pierre, longeant le pied des collines de la rive gauche de l'Orne et débouchant dans la mer au travers des dunes d'Ouistreham par l'intermédiaire d'une écluse à sas avec appareils de chasse, d'un avant-port et de jetées à claire-voie, prolongées jusqu'à la laisse des basses eaux. Le canal Saint-Pierre, encadré de quais, devait être converti en bassin à flot d'une longueur de 550 mètres sur 50 m. de largeur, communiquer avec l'Orne au moyen d'écluses à portes d'èbe et de flot et être isolé de l'Odon par un pertuis muni de vannes disposées pour les chasses. L'alimentation du bassin et du canal devait être assurée par les eaux de l'Orne et de l'Odon, surélevées au moyen d'un ancien barrage, appelé Chaussée ferrée, en aval du canal du duc Robert. La profondeur du canal devait être de 4 mètres et sa largeur de 12 m. au plafond et de 27 m. à la ligne d'eau. La largeur des écluses devait être de 10 m. au passage. Le sas de Caen devait avoir une longueur de 40 mètres sur une largeur de 10 m. et celui d'Ouistreham une longueur de 70 m. sur une largeur de 30 m. Au pied des coteaux de Benouville le canal devait emprunter le cours de l'Orne et un nouveau lit devait être creusé pour le fleuve.

En 1843, M. Tostain, ingénieur en chef du département du Calvados, fit approuver le projet définitif du canal maritime. Ce projet modifiait et améliorait le projet primitif en portant à 12 m. 30 la largeur d'ouverture des écluses et des passages de ponts. La longueur totale du canal fut fixée à 13.987 mètres. Les travaux furent activement poussés surtout depuis 1847 et l'inauguration du canal eut lieu le 23 août 1857.

Depuis cette époque, de nombreux travaux ont été entrepris pour améliorer tant l'avant-port que le canal et les bassins.

A l'avant-port d'Ouistreham, une nouvelle écluse a été construite à côté de l'ancienne, la jetée de l'est a été reconstruite et les passes ont été améliorées.

Le canal a été approfondi de 0 m. 50 en 1860 et de 0 m. 72 en 1880; l'exhaussement de son plan d'eau a été augmenté de 0 m. 50 en 1900 et de 0 m. 40 en 1912, à la suite de la construction, autorisée par décret du 7 avril 1909, d'un nouveau barrage sur l'Orne. Ces travaux ont successivement porté la hauteur d'eau du canal à 4 m. 50 en 1860, à 5 m. 22 en 1880, à 5 m. 72 en 1900 et à 6 m. 12 en 1912. L'ouverture des quatre ponts, qui traversent le canal à Calix, à Hérouville, à Blainville et à Benouville a été portée, d'autre part, de 12 mètres à 18 m.

La profondeur du bassin Saint-Pierre a été augmentée

de 4 m. 50 à 5 m. 17. Un nouveau bassin, ayant actuellement une profondeur de 6 m. 10, a été creusé, entre 1877 et 1880, sur la rive droite du canal. Enfin, un troisième bassin a été formé à la suite de la construction du nouveau barrage de l'Orne, à 200 mètres en aval de Caen.

Actuellement, à la suite des dragages qui y ont été effectués, le chenal d'accès de l'avant-port d'Ouistreham, formé par l'embouchure de l'Orne, permet l'entrée dans l'avant-port à peu près à toute haute mer à des navires calant en pleine charge 5 m. 18. Par décret en date du 3 mai 1915, la Chambre de Commerce de Caen a été autorisée à prélever sur le produit des péages institués à son profit au port de cette ville, par le décret du 20 mai 1895, le montant du subside annuel qu'elle s'est engagée à verser à l'État pour contribuer pour moitié aux dépenses d'entretien du chenal et des passes extérieures de l'avant-port d'Ouistreham pendant les années 1914, 1915, 1916, 1917 et 1918, dans la limite d'un maximum de 40.000 francs par an.

Les jetées qui enserrent le chenal d'accès s'avancent, celle de l'ouest à 535 mètres, et celle de l'est, qui a été récemment reconstruite pour permettre un accès plus facile à la nouvelle écluse, à 281 m. 60. Leur largeur est de 6 m. 30 à la base et de 3 m. 50 au sommet; leur hauteur de 6 m. 85 environ au-dessus des basses mers.

L'avant-port, qui sert d'embouchure au canal maritime, est en même temps un port de relâche. Il mesure 350 mètres de long sur une largeur moyenne de 140 mètres à la cote (7,20). Un appontement en charpente, d'une longueur utilisable de 6 mètres, a été établi sur sa rive gauche et une cale de 20 mètres de longueur a été construite en 1902 sur la même rive pour servir à l'embarquement et au débarquement des bateaux de pêche.

Deux écluses donnent accès de l'avant-port au canal maritime.

L'ancienne se compose de deux têtes ou écluses simples, avec portes d'èbe et de flux, séparées par un sas intermédiaire. Elles ont 16 m. 50 de largeur et 7 m. 60 de hauteur au-dessus des buses. Celle d'amont, qui supporte un pont tournant en tôle, destiné à relier Ouistreham à la Pointe du Siège, a 32 m. 60 de longueur et celle d'aval, percée de deux pertuis latéraux avec vannes et portes tournantes pour faire des chasses, mesure 31 m. 60. La longueur du sas est de 100 mètres sur une largeur de 31 m. 10 à la base et de 34 m. 30 au sommet. Sa profondeur est de 8 mètres; le radier est établi de niveau à 0 m. 14 en contre-bas des buses des écluses qui sont à la cote (1,62).

La nouvelle écluse, située à l'est de l'ancienne, en est séparée par un terre-plein large de 25 mètres. Elle comporte deux sas disposés l'un à la suite de l'autre. Celui d'amont mesure une longueur de 90 mètres et celui d'aval en mesure une de 70 m. La longueur totale du sas, en tenant compte de celle de la chambre de la porte intermédiaire, est de 181 m. 30. La largeur de l'écluse est de 18 mètres. Son radier est placé à la cote (— 0,20) par rapport au zéro des cartes marines, à 1 m. 82 en contre-bas du radier de l'ancienne. La nouvelle écluse est munie de trois portes métalliques à un seul vantail. Un pont tournant d'une seule volée, situé dans le prolongement de celui de l'ancienne écluse, assure les communications entre les deux rives du canal. Les manœuvres du pont et des trois portes s'effectuent au moyen d'appareils hydrauliques ou au moyen d'appareils à bras. La nouvelle écluse a été ouverte à la navigation le 5 janvier 1903.

Les abords des écluses d'Ouistreham sont éclairés à l'électricité au moyen de quatre pylônes pendant les sassements de nuit.

Le canal maritime de Caen à la Mer ne forme qu'un seul bief.

De l'avant-port d'Ouistreham au Maresquier, sur une longueur de 2.050 mètres, le profil transversal du canal présente une cuvette d'une largeur de 76 mètres à la ligne d'eau. Elle n'a une profondeur de 6 m. 12 que sur une largeur de 10 mètres de plafond. Les banquettes extérieures ont chacune 2 mètres. Elles sont au niveau du plan d'eau. Les chemins de halage sont à 1 m. 50 au dessus. Ils ont une largeur de 5 mètres. Les digues sur lesquelles ils sont établis ont, sur la rive gauche 31 m. 84 à la base, 26 m. 56 au niveau du halage et 16 mètres au sommet, et sur la rive droite 40 m. 56 à la base, 35 m. 56 au niveau du halage et 25 m. au sommet. Les cavaliers formés du dépôt des terres en excedent, ont une hauteur totale de 2 m. 80 au-dessus du plan d'eau. Les contre-fossés ont 1 mètre au plafond, 3 mètres en gueule et un mètre en profondeur.

Du Maresquier à Bénouville, le canal emprunte, sur une longueur de 2.653 mètres, l'ancien lit de l'Orne. Ce lit a été régularisé par des digues longitudinales en enrochements et présente une largeur uniforme de 50 mètres au plafond et de 60 mètres en gueule. Comme dans la partie précédente, la cuvette n'est établie à la profondeur de 6 m. 12 que sur une largeur de 10 m. au plafond. Les chemins de halage qui existaient ont été complétés et régularisés.

De l'aval du pont de Bénouville au pertuis de la Fonderie, sur une longueur de 9.284 mètres, le profil transversal du canal présente une cuvette qui, de l'ancien lit de l'Orne jusqu'au nouveau quai, mesure 10 mètres au plafond, 27 mètres en gueule et 5 m. 72 en profondeur; de l'origine amont du nouveau quai au pertois de la Fonderie, sur une longueur de 580 mètres, elle mesure 12 mètres au plafond, 27 mètres en gueule et 5 m. 40 en profondeur. Les banquettes, dressées à la cote (6,84), qui avaient primitivement 5 mètres de largeur, ont presqu'entièrement disparu par suite des approfondissements successifs du canal et de l'exhaussement de son plan d'eau. Les digues de halage, établies symétriquement sur les deux rives du canal, mesurent en moyenne 13 mètres au sommet, 22 mètres à la base et 3 mètres en hauteur. Les contre-fossés extérieurs, creusés de part et d'autre, ont 1 mètre au plafond, 3 mètres en gueule et un mètre en profondeur.

Quatre syphons métalliques, précédés et suivis d'aqueducs, établis sous les digues du canal, et de buses munis de vannes et clapets débouchant dans l'Orne, ont été aménagés sous la cuvette du canal pour faire passer les eaux des terrains de la rive gauche sur la rive droite et les conduire à l'Orne.

Les culées des quatre ponts tournants en tôle,qui traversent le canal, laissent un passage libre de 18 mètres de large. Les tabliers ont une largeur de 4 m. 50. L'un de ces ponts, celui de Benouville, établi sur le chemin de grande communication de Troarn à Douvres, donne passage à la ligne du chemin de fer départemental de Caen à Cabourg.

Un projet présenté en mars 1912, modifié une première fois en août 1913 et une seconde fois en janvier 1914, a prévu un ensemble de travaux d'élargissement et d'approfondissement du canal de Caen à la Mer, à exécuter en quatre tranches successives.

La première comprend l'élargissement du plafond à 18 mètres en ligne droite et à 41 m. en ligne courbe, le déplacement de la digue de la rive droite, la construction de trois garages de 41 mètres de largeur et la remise en état complet de la rive gauche.

La deuxième comprend l'élargissement du plafond à 21 m. 70 et l'approfondissement du canal à la côte + 0.74, ce qui portera la hauteur d'eau à 7 m. L'achèvement de ces travaux permettra de recevoir dans le port de Caen des navires de 4.100 tonnes.

La troisième comprend un nouvel élargissement du plafond à 37 m. 50, rendant le canal accessible à des navires de 5.000 tonnes.

La quatrième, un nouvel approfondissement du canal à la cote — 0,20. Le mouillage ainsi obtenu serait de 7 m. 94, permettant l'accès au port de navires de 8.000 tonnes.

En vue de poursuivre l'exécution de ce projet, la Chambre de Commerce de Caen a décidé, dans sa séance du 12 novembre 1916, de participer pour moitié dans l'ensemble des travaux qui n'avaient pas été l'objet d'engagements antérieurs de sa part. Un décret du 1er février 1917 a déclaré d'utilité publique les travaux d'élargissement et d'approfondissement du canal, compris dans les deux premières tranches du projet. Ce même décret autorisait la Chambre de Commerce à contracter un emprunt de 2.850.000 francs, représentant sa part contributive dans les dépenses prévues. Dans ses séances du 20 mars 1917 et du 12 septembre de la même année, la Chambre de Commerce s'engageait à fournir, sous forme de fonds de concours, une somme de 5 millions de francs, égale à la moitié de la dépense prévue pour l'exécution des travaux compris dans les deux dernières tranches du projet. Le Conseil général du Calvados, par délibération en date du 27 novembre 1916, avait décidé de participer pour 500.000 francs aux dépenses nécessitées par ces travaux, et le Conseil municipal de Caen, par délibération en date du 22 décembre de la même année, pour 250.000 francs. Le décret du 6 décembre 1917 déclara urgents les travaux d'élargissement et d'approfondissement du canal de Caen à la Mer; celui du 2 mai 1918 déclara d'utilité publique les nouveaux travaux d'amélioration et celui du 14 mai de la même année autorisa la Chambre de Commerce de Caen à contracter un emprunt de 5 millions de francs pour le montant en être versé à l'État à titre de subside en vue de l'exécution des travaux complémentaires d'élargissement et d'approfondissement du canal.

Sur la rive droite de la portion du canal comprise entre le pont de Calix et le pertuis de la Fonderie se trouve le nouveau bassin du port de Caen. Sa profondeur est la même que celle du canal. Sa longueur était de 500 mètres, lorsqu'il a été creusé en 1880. Il a été successivement étendu. Entre 1905 et 1907, deux cales aux bois ont été exhaussées et transformées en quais. Ils ne purent bientôt plus répondre aux besoins du trafic. Un décret du 7 janvier 1911 en autorisa le prolongement sur 200 mètres. Cet ouvrage est actuellement terminé. Mais dès avant son achèvement, un décret du 26 décembre 1912 avait autorisé une nouvelle extension du bassin avec prolongement des quais sur une longueur de 390 mètres jusqu'au pont de Calix. La participation de la Chambre de Commerce aux travaux a été fixée à 950.000 francs.

Le canal maritime communique avec le bassin Saint-Pierre par le pertuis de la Fonderie. Celui-ci est une ancienne écluse, actuellement sans radier, ni portes. Sa longueur est de 29 m. 50 et sa largeur de 12 m. 03. Un pont tournant en tôle, à deux volées, fait communiquer les deux rives du pertuis. La longueur de ce pont est de 28 mètres et la largeur de son tablier de 4 m.

Le bassin Saint-Pierre, d'une longueur de 567 mètres sur 50 mètres de large, forme un rectangle dont la superficie mesure 3 hectares 4 ares, y compris une gare de 50 mètres de longueur sur 40 m. de largeur. Cette gare sert d'entrée au canal. Elle est aménagée à peu près au milieu du côté nord du rectangle. Le tirant d'eau réglementaire du bassin est de 5 m. 40. La longueur de ses quais, y compris les têtes des écluses et une cale destinée au débarquement des bois, est de 1443 mètres. La largeur des terre-pleins est de 25 mètres, sauf pour le quai du nord-est, où elle est portée à 40 mètres.

Le bassin Saint-Pierre communique avec la partie du port de Caen située sur l'Orne et formant un troisième bassin depuis la construction du nouveau barrage, par une écluse à sas, nommée écluse de l'Orne, avec portes d'èbe et de flot qui permettent de la manœuvrr dans les deux sens. Elle est placée dans l'axe du bassin Saint-Pierre; sa largeur est de 12 mètres et sa longueur de 67 m. 70 entre les deux têtes, dont 40 mètres de longueur utile de sas. Le pont qui la traverse est d'une seule volée, en tôle d'acier. Sa longueur est de 31 mètres et sa largeur de 6 m. Une voie ferrée, desservant le nouveau quai de la rive droite du canal y passe.

La partie du port de Caen située sur l'Orne s'étend depuis l'aval du pont des chemins de fer de l'État jusqu'au nouveau barrage.

Les bassins à flot du port et le canal maritime sont alimentés par les eaux de l'Orne, du Grand et du Petit-Odon; Divers ouvrages, vannage, barrage mobile, rigole d'alimentation, ont été aménagés pour assurer le fonctionnement des prises d'eau.

L'outillage du port de Caen appartenant à l'Etat, comprend un mât de signaux à vergues, entièrement métallique, d'une hauteur de 38 mètres et situé sur le terre-plein ouest de l'avant-port d'Ouistreham, une cale de débarquement, de 20 mètres de longueur, pour les bateaux-pêcheurs, aménagée dans l'avant-port d'Ouistreham, une cale aux bois, de 28 mètres de longueur, munie d'organeaux pour l'abatage des navires en carène, dans le bassin Saint-Pierre, deux dragues marines, aspiratrices-porteuses à hélices, destinées à assurer les profondeurs des passes extérieures de l'avant-port, une usine hydraulique située à Ouistreham et destinée à la manœuvre des portes et du pont tournant de la nouvelle écluse, et une ligne de transport d'énergie électrique entre Caen et Ouistreham.

L'outillage appartenant à la Chambre de Commerce

comprend une grue fixe électrique d'une puissance de 25 tonnes, établie sur le nouveau quai, deux grues roulantes électriques sur portique, d'une puissance de 3.500 kilos, un gril de carénage en charpente, de 70 mètres de longueur sur 11 m. 60 de largeur, situé dans l'angle nord-ouest de l'avant-port d'Ouistreham, un remorqueur de 200 chevaux, muni de toutes les pièces de rechange et de tous les cordages nécessaires à la remorque des navires, un service d'éclairage électrique du canal de Caen à la Mer, permettant aux navires de circuler la nuit, et un service d'éclairage électrique des quais et des bassins.

L'outillage appartenant aux particuliers comprend une grue fixe sur le quai de Juillet, une grue à portique, fixe, de 4 tonnes, 18 grues flottantes sur pontons, trois grues roulantes, trois transporteurs aériens, deux trémies de déchargement avec système de voies Decauville, trois embarcadères en charpente, des hangars et des docks, trois bascules et une canalisation de force électrique avec prises de courant pour la manœuvre des pontons-grues électriques.

Les quais du port sont desservis par divers embranchements dépendant du réseau des chemins de fer de l'État et se raccordant à la gare des marchandises de Caen, par plusieurs embranchements particuliers aboutissant à des chantiers, à des usines, à des docks ou à des terrains, par des embranchements de la Société des chemins de fer du Calvados, par plusieurs voies établies pour la circulation des grues roulantes et par une voie Decauville à l'usage d'un établissement industriel de la place. En outre, un nouveau pont sur l'Orne, en construction près de Mondeville, donnera passage aux voix ferrées qui relieront directement la gare de Caen aux quais du nouveau bassin.

Enfin, la construction de silos à minerai sur le nouveau quai de 200 mètres a été projetée. D'après les plans établis par la Société qui en a entrepris l'installation; ces silos pourront servir à six mines différentes et permettront à chacune d'elle de constituer un stock de 4.000 tonnes de minerai. Celui-ci pourra être emmagasiné à raison de 300 à 400 tonnes à l'heure et chargé sur navires à raison de 600 à 800 tonnes. Ainsi, le chargement d'un navire de 2.400 tonnes pourra être effectué en six heures, alors qu'actuellement cette opération exige trois jours à Caen.

Le mouvement de la navigation du port de Caen en 1913 est présenté dans les tableaux ci-contre publiés par la Chambre de Commerce et se résumant comme suit :

	Nombre de navires	Tonnage	Equipages
Navires entrés	1038	328.369	12.917
Navires sortis	1047	332.455	13.036
Total général ...	2085	660.824	25.953

Les principaux ports français avec lesquels celui de Caen était en relations, avant la guerre, étaient ceux du Hâvre, de Boulogne et de Dunkerque, ainsi que quelques petits ports de Bretagne. Il existe entre Caen et le Hâvre, un service régulier et quotidien de navigation pour le transport des voyageurs et des marchandises. Ce service est assuré par des bateaux de la Compagnie Normande de Navigation. Un service régulier bi-hebdomadaire qui avait existé entre le port de Caen et l'Angleterre, a été supprimé peu d'années avant la guerre.

ENTRÉES		Nombre de navires	Tonnage	Equipages
Navires français à voiles, venant du cabotage	chargés	25	780	75
	sur lest	3	95	5
Navires français à voiles venant de l'étranger	chargés	1	148	7
	sur lest	—	—	—
Navires étrangers à voiles, venant de l'étranger	chargés	15	1.856	81
	sur lest	1	291	8
Navires à vapeur français, venus du cabotage	chargés	449	31.650	4.129
	sur lest	79	42.675	1.136
Navires à vapeur français, venus de l'étranger	chargés	184	104.998	3.126
	sur lest	—	—	—
Navires à vapeur étrangers, venant de l'étranger	chargés	235	111.221	3.480
	sur lest	9	5.534	140
Navires à vapeur étrangers, venant de France (escales) sur lest		46	50.398	771
	Totaux	1.058	338.389	12.917

SORTIES		Nombre de navires	Tonnage	Equipages
Navires français à voiles, allant au cabotage	chargés	28	695	77
	sur lest	1	148	7
Navires étrangers à voiles, allant à l'étranger	chargés	2	462	16
	sur lest	9	1.258	51
Navires étrangers à voiles, allant prendre charge en France, sur lest		6	495	28
Navires à vapeur français, allant au cabotage	chargés	388	26.795	3.543
	sur lest	71	5.504	688
Navires à vapeur français allant à l'étranger	chargés	170	108.774	2.891
	sur lest	82	41.445	1.380
Navires à vapeur étrangers, allant à l'étranger	chargés entièrement à Caen	120	79.645	1.091
	chargés en partie à Caen	5	1.098	68
	sur lest	157	63.680	2.198
Navires à vapeur étrangers, allant prendre charge en France	en partie chargés	2	499	22
	sur lest	6	3.021	77
	Totaux	1.047	332.455	13.036

En 1913, le port de Caen était port d'attache de 17 navires jaugeant ensemble 10.401 tonneaux et comptant 281 hommes d'équipage.

Le trafic du port de Caen s'est développé dans des proportions considérables, quintuplant en quarante ans, de 1874 à 1913, ainsi qu'il ressort du tableau suivant :

ANNÉES	IMPORTATIONS	EXPORTATIONS	TOTAUX
	Tonnes	Tonnes	Tonnes
1874	172.845	53.527	226.372
1875	174.223	62.331	236.554
1876	195.197	47.503	242.700
1877	209.146	51.316	260.462
1878	236.408	21.010	257.418
1879	265.885	26.019	291.954
1880	271.531	51.601	323.132
1881	278.222	45.827	324.049
1882	315.917	25.697	341.614
1883	317.668	39.253	356.921
1884	311.351	43.423	354.774
1885	304.854	44.332	349.186
1886	323.375	28.397	351.772
1887	327.979	22.837	350.816
1888	350.069	25.762	375.831
1889	328.150	56.530	384.680
1890	338.520	69.528	408.048
1891	378.145	74.443	452.584
1892	365.686	89.899	455.685
1893	359.204	112.928	472.132
1894	380.147	114.074	494.221
1895	353.873	114.877	468.750
1896	343.825	112.078	455.903
1897	378.757	219.539	508.296
1898	379.984	129.119	509.103

ANNÉES	IMPORTATIONS	EXPORTATIONS	TOTAUX
	—	—	—
	Tonnes	Tonnes	Tonnes
1899	392.170	125.215	517.382
1900	421.701	146.449	568.150
1901	397.489	151.324	548.873
1902	402.185	170.782	572.967
1903	453.774	182.312	636.086
1904	438.985	202.586	641.571
1905	444.683	228.118	672.801
1906	482.523	260.865	743.388
1907	482.872	269.389	752.262
1908	460.823	250.394	711.217
1909	553.464	258.947	812.411
1910	574.624	326.050	900.674
1911	586.319	365.762	952.081
1912	567.350	461.105	1.028.455
1913	627.976	497.975	1.125.951

Les principales marchandises importées sont les houilles et les bois et les principales marchandises exportées sont les minerais de fer.

Le tableau suivant en indique le mouvement pendant une période de 40 ans, de 1874 à 1913, en tonnes :

ANNÉES	IMPORTATIONS		EXPORTATIONS
	Houilles	Bois du nord, pitchpin	Minerai
1874	109.737	12.679	250
1875	115.575	18.599	3.003
1876	123.709	28.551	7.777
1877	127.017	27.909	6.546
1878	136.513	31.079	4.984
1879	148.432	33.386	6.130
1880	156.490	23.224	24.524
1881	145.883	37.594	7.551

ANNÉES	IMPORTATIONS		EXPORTATIONS
	Houilles	Bois du nord, pitchpin	Minerai
1882	170.956	50.508	1.836
1883	186.760	51.927	1.445
1884	189.112	53.871	566
1885	197.348	39.505	683
1886	205.054	50.920	303
1887	221.752	44.205	580
1888	235.902	44.945	5.514
1889	229.977	34.588	26.206
1890	224.251	40.499	43.469
1891	261.231	50.963	46.119
1892	277.687	20.636	63.574
1893	264.445	25.891	75.742
1894	293.204	24.578	80.484
1895	283.164	23.034	81.099
1896	277.606	25.830	74.896
1897	294.965	32.210	98.532
1898	297.825	27.285	96.653
1899	325.345	23.274	89.590
1900	348.779	26.954	112.620
1901	328.948	23.198	124.737
1902	340.711	18.419	141.171
1903	376.784	21.433	162.588
1904	370.579	19.052	172.361
1905	383.554	15.388	209.179
1906	404.836	20.137	242.576
1907	416.485	18.312	249.259
1908	392.576	15.554	214.046
1909	469.208	16.181	229.890
1910	486.537	21.041	306.404
1911	500.851	15.967	348.250
1912	482.950	19.069	450.895
1913	549.259	13.785	489.728

Pendant les quatre dernières années de 1914 à 1917 le mouvement de la navigation du port de Caen a été le suivant :

ANNÉES	NOMBRE DE NAVIRES CHARGÉS ENTRÉS DANS LE PORT	TONNAGE DE JAUGE A L'ENTRÉE
1914	1015	636.511 tonneaux
1915	1209	706.152 —
1916	1130	306.641 —
1917	1495	476.305 —

Le tonnage effectif des marchandises importées et exportées a été pendant ces quatre années le suivant :

ANNÉES	IMPORTATIONS	EXPORTATIONS
1914	575.285 tonnes	408.637 tonnes
1915	784.336 —	91.977 —
1916	647.828 —	90.357 —
1917	995.703 —	42.925 —

Les importations de houille ont été :

ANNÉES	TONNES
1914	515.598
1915	740.860
1916	542.885
1917	745.125

En outre, il a été importé en 1917 par le port de Caen, 81.853 tonnes de minerai et 73.936 tonnes de fonte.

Les principales marchandises exportées ont été les minerai de fer, les pierres et le macadam.

ANNÉES	MINERAI DE FER	PIERRES ET MACADAM
1914	397.729 tonnes	5.525 tonnes
1915	22.956 —	64.850 —
1916	12.728 —	72.819 —
1917	14.081 —	25.879 —

5) *LES PROJETS DE JONCTION DU BASSIN DE L'ORNE AVEC CELUI DE LA LOIRE*

Le port de Caen est le débouché naturel vers la Manche d'un vaste et riche arrière-pays, s'étendant loin au-delà des limites du département du Calvados vers la Loire et englobant les départements de l'Orne, de la Sarthe et de la Mayenne. De très ancienne date, le besoin de frayer des voies nouvelles vers la mer aux produits de cette région a donné naissance à des projets de navigation sur l'Orne, en amont de Caen, et à des projets de jonction du bassin de cette rivière par canaux à celui de la Loire, par la Sarthe et la Mayenne.

Les premières tentatives d'amélioration du cours de l'Orne en amont de Caen remontent au XVe siècle. Les registres de la Faculté de Médecine de l'ancienne Université de Caen font mention de travaux qu'on exécutait sous le règne de Charles VII, en 1458, entre Montaigu et Allemagne, en vue de rendre l'Orne navigable jusqu'à Thury. D'après le mémoire sur le port de Caen, lu par M. Lange, le 17 avril 1818, à la Société d'Agriculture et de Commerce de la ville de Caen, ces travaux ont été repris sous le règne de Louis XI, en 1465, pour permettre aux bateaux de remonter jusqu'à Clécy. En 1536, on commença à faire flotter sur l'Orne des bois de chauffage et de construction. En 1556, en vertu de lettres patentes du roi Henri II, de nouveaux travaux furent entrepris. Ils permirent l'extension du flottage. D'après le témoignage contemporain de M. de Bourgueville de Bras, les bois flottés purent arriver alors jusqu'à Caen. En 1570, de pressantes sollicitations, restées d'ailleurs vaines, furent faites par les habitants de Caen auprès du roi Charles IX pour lui demander d'ordonner des travaux en vue de rendre l'Orne navigable en amont de la ville. Ces sollicitations furent renouvelées auprès de Henri IV et le 23 juillet 1593 l'ingénieur Josué Gondouin fut envoyé en mission à Caen et chargé d'étudier le cours supérieur de l'Orne. D'après les conclusions du rapport qu'il présenta le 15 octobre de la même année au Conseil du roi, les obstacles à la navigation entre Caen et Argentan pouvaient être facilement surmontés sans nécessiter des dépenses considérables. Ses projets n'eurent cependant aucune suite. Sous le règne de Louis XIII, le maréchal d'Ancre, gouverneur de Caen, se disposait à les reprendre, lorsqu'il fut assassiné. Sous le règne de Louis XIV, le duc de Vendôme, étant gouverneur d'Argentan, invita les habitants de cette ville à prêter leur concours aux travaux destinés à rendre l'Orne navigable d'Argentan jusqu'à Caen. Vauban avait également prévu dans ses projets des travaux d'amélioration du cours supérieur de l'Orne entre ces deux villes. En 1740, des négociants de Caen chargèrent M. de la Londe de faire des démarches auprès du Gouvernement à l'effet de rendre la navigation possible jusqu'à Argentan. En 1748, un groupe d'habitants de Caen, se proposant de constituer une association en vue d'entreprendre à leurs frais les travaux d'amélioration de l'Orne, pourvu que le droit leur fût accordé de prélever des péages sur les marchandises transportées, confia à M. Bourroult, ingénieur-géographe du roi, la mission de reconnaître de façon précise le cours de la rivière, d'Argentan jusqu'à son embouchure. Le mémoire et les plans que présenta M. Bourroult furent soumis à l'examen de M. Gourdon de l'Eglisière, lieutenant-général des armées du roi et directeur général des fortifications de Haute et Basse-Normandie. Celui-ci leur donna son approbation. Mais les guerres de l'époque empêchèrent l'exécution des travaux projetés. En 1771, M. Viallet, ingénieur en chef de la généralité de Caen, présenta un projet s'inspirant de celui de Vauban.

En 1790, sur la demande des officiers municipaux de

la ville de Caen, M. Lefèbvre, ingénieur en chef, présenta un rapport concluant à la possibilité d'assurer la navigation sur le cours supérieur de l'Orne et de créer des communications par eau entre le bassin de cette rivière et celui de la Loire par la Sarthe et la Mayenne. Le 24 prairial de l'an III un mémoire sur le commerce maritime de Caen, sur son port et sur la navigation de l'Orne, rédigé par M. Chatry-Lafosse, au nom d'une commission nommée par l'administration centrale du département du Calvados, était adressé au bureau du commerce du Comité de Salut Public pour lui fournir des renseignements sur les moyens d'améliorer l'agriculture et le commerce. Dans ce mémoire, il était recommandé de relier par un canal l'Orne à la Mayenne et d'établir au moyen de cette voie de navigation intérieure des communications entre le bassin de la Loire et celui de la Manche, sans entrer dans l'Océan. Le 14 germinal de l'an IX, le citoyen Viette adressait au citoyen Louvet de Janville, président du Conseil général du Calvados, un projet de nouveau canal de navigation pour les départements du Calvados, de l'Orne, de la Sarthe et de l'Indre-et-Loire. Dans ce mémoire, le citoyen Viette combattait le projet d'amélioration du cours de l'Orne, conçu par l'ingénieur Lefèbvre et proposait le percement d'un canal dont il établissait le tracé en ligne droite, en partant de Séez pour déboucher dans l'Orne près des carrières d'Allemagne, un peu en amont de Caen.

En 1804, l'Académie des Sciences, des Arts et des Belles-Lettres de Caen mettait au concours un mémoire sur la question suivante : « Quelle influence auraient sur le commerce et l'agriculture les améliorations dont la navigation de l'Orne est susceptible, ainsi que sa jonction avec la Sarthe et la Mayenne ? » En 1805, M. de la Prise le jeune, anciennement membre des ci-devant Académies des Sciences, Lettres et Arts de Caen et de Rouen, présenta un mémoire « sur l'intérêt et les moyens d'exécution d'un projet qui rendrait l'Orne navigable jusqu'à la Sarthe au point où celle-ci peut l'être facilement jusqu'à la Loire ». Dans ce mémoire, où les considérations d'ordre économique militant en faveur de la jonction des bassins de l'Orne et de la Loire tiennent la plus grande place, M. de la Prise, ne doutant guère que l'Orne puisse être rendue navigable de Caen à Séez, propose le percement d'un canal partant de cette dernière localité, suivant à peu près la route du bourg d'Essay et débouchant dans le ruisseau de Neauphe dont les eaux, réunies à celles du ruisseau d'Essay, seraient suffisantes pour assurer la navigation descendant vers la Loire. Dans le courant de cette même année 1805, un nouveau projet de navigation sur l'Orne a été présenté par M. de Lescaille, qui évaluait les frais des travaux à une somme ne devant pas dépasser un million et demi de francs.

Dans le mémoire présenté par M. Charles-Pierre-Marie Aubin à Napoléon, lors de son passage à Caen le 23 mai 1811, il était exposé que le commerce de la ville de Caen ne pouvait être développé que par l'établissement de communications avec les départements de l'Orne, de la Sarthe, de la Mayenne et de la Loire (*sic*). M. Lejeune, ingénieur en chef du département du Calvados, estima cependant que l'amélioration de la navigation sur le cours supérieur de l'Orne se heurterait à de grosses difficultés et entraînerait des dépenses considérables qui ne seraient pas compensées par les avantages qu'on en pourrait retirer.

En 1820, M. Pattu présenta un projet de canal de Caen à Angers, par Falaise, Argentan et Alençon. Le Conseil général du Calvados émit le 11 août 1820, un vœu demandant au Gouvernement d'examiner ce projet et d'accorder les fonds nécessaires aux travaux.

Le 16 août 1820, M. Becquey, conseiller d'Etat, directeur général des ponts et chaussées, présenta au roi un rapport sur la navigation de l'Orne, de Caen à Argentan, et sur sa jonction avec la Loire. Dans ce rapport, M. Becquey prévoyait le percement de deux canaux destinés à assurer cette jonction. Le canal d'Orne et Mayenne était appelé à établir des communications entre Caen et Angers par Pont-d'Ouilly, Domfront, Mayenne et Laval. Il devait avoir une longueur de 160 kilomètres et nécessiter une dépense de 10.945.000 francs. Celui d'Alençon était appelé à établir des communications entre Pont-d'Ouilly et Le Mans, par Argentan et Alençon, au moyen d'une jonction de l'Orne avec la Sarthe. Sa longueur prévue était de 161 kilomètres et la dépense était évaluée à 8 ½ millions de francs, y compris les frais des travaux d'amélioration de la Sarthe, sur 116.942 mètres, entre Le Mans et Angers.

Vers 1824, la Compagnie des Canaux de Paris forma le projet de constituer une Société Anonyme pour le percement du canal d'Orne et Mayenne, avec l'approbation du roi, l'appui des administrations des départements du Calvados, de l'Orne et de la Mayenne et le concours des intérêts des régions à desservir. L'amélioration du cours de l'Orne, de Caen à la mer, et l'amélioration de celui de la Mayenne, de Laval à la Loire, devaient faire partie des travaux à entreprendre. Une concession perpétuelle ou de 99 ans était demandée pour l'exploitation de la voie navigable dont on projetait la création.

En 1828, le Conseil général de la Mayenne vota les fonds nécessaires à l'exécution des premiers travaux entre Laval et Angers.

Mais une lutte s'engagea entre partisans du canal de Caen au Mans par Alençon et partisans de celui de Caen à Laval.

En 1839, M. Dupuit, ingénieur de l'arrondissement du Mans, présenta une note sur la ligne navigable de Caen à Angers, dans laquelle il faisait ressortir les avantages du canal de Caen au Mans par Alençon. Cette note était appuyée de l'avis de M. Dumas, ingénieur en chef du département de la Sarthe, qui estimait que la ligne passant par Alençon et Le Mans, quoique plus longue, était préférable à celle de la Mayenne, parce qu'elle était plus centrale, qu'elle desservait une plus vaste région, qu'elle traversait un pays plus riche, des villes plus peuplées et plus importantes, qu'elle franchissait un fait moins élevé, qu'elle nécessitait moins d'écluses, qu'elle rendait l'alimentation du point de partage des eaux plus facile et que tout en étant plus longue, elle n'exigeait pas une dépense plus grande que celle de la Mayenne. Dans sa séance du 4 septembre 1839, le Conseil général de la Sarthe émit un vœu demandant la jonction de l'Orne et de la Loire par la Sarthe. En 1840, un rapport du préfet de la Sarthe au Conseil général de ce département, insistant sur les avantages du canal du Mans sur celui de la Mayenne, faisait valoir que la jonction de l'Orne et de la Loire par Le Mans était plus centrale, que cette ligne traverserait un pays beaucoup plus riche, qu'elle intéresserait une population plus nombreuse, qu'elle reviendrait moins cher et qu'elle serait d'un rendement supérieur.

Depuis cette époque, la construction des chemins de fer avait relégué au second plan la question des canaux. Mais le développement du port de Caen et l'exploitation de plus en plus intensive du bassin minier de Normandie l'ont actuellement remise à l'ordre du jour. Elle est dès maintenant de nouveau débattue. Le 16 mars 1918, M. Ludovic Louvard, vice-président de la Chambre de Commerce de Laval, présentait à cette Compagnie un rapport demandant la jonction de l'Orne et de la Loire par la Mayenne. Il y reproduisait tous les arguments qui militent en faveur de ce tracé. La Chambre de Commerce, après avoir entendu lecture de ce rapport et en avoir délibéré, a émis un vœu ainsi motivé :

« Considérant les insuffisances si fâcheusement constatées du réseau ferré, les difficultés et les lenteurs à prévoir à sa remise en état, le manque de matériel, les majorations des prix de transport, imposées par la force des choses;

« Considérant que le meilleur palliatif est l'amélioration rationnelle des voies fluviales;

« Considérant que le département de la Mayenne est traversé en ligne droite, du Nord au Sud, par la rivière la Mayenne, presqu'entièrement canalisée;

« Considérant qu'un tronçon de 90 kilomètres restant à construire pour relier la Mayenne à l'Orne assurerait la communication en ligne directe de Caen avec Angers, autrement dit de la Manche avec la Loire, et donnerait un élément nouveau de prospérité à la grande voie commerciale de Caen à Bordeaux.

« Considérant que le raccordement de la Vilaine et du réseau fluvial breton, en projet depuis si longtemps — canal de Rennes à Laval par Vitré — est, par suite tout indiqué;

« Considérant que le tracé par la Mayenne est le seul qui desservira utilement l'ensemble de la région minière de l'Ouest, mettant en communications directes les formations ferrugineuses du Segréen et de la Normandie, dont l'exploitation nous est si nécessaire pour notre avenir industriel et pour la Défense Nationale;

« Considérant que les projets anciens et nouveaux dressés par l'administration des ponts et chaussées concluent tous à l'adoption d'un tracé Mayenne-Orne;

« Considérant que le Conseil général de la Mayenne par ses votes d'impositions et par ses délibérations s'est depuis plus de 50 ans complètement associé à ce projet;

« Considérant que le projet Mayenne-Orne donne une réduction de 118 kilomètres sur le projet par la Sarthe;

« Considérant que le tracé par la Sarthe nécessite la

construction de 187 kilomètres de canal et de plus un souterrain de 2 kilomètres, alors que le tracé par la Mayenne, entièrement à ciel ouvert, ne demande plus que 90 kilomètres de canal,

La Chambre de Commerce demande à l'unanimité aux pouvoirs publics d'adopter le tracé Mayenne-Orne et de solutionner ainsi dans le plus bref délai un projet dont l'étude et le commencement d'exécution remontent à près de quatre siècles ».

6) *LE PORT DE COURSEULLES*

Le port de Courseulles est situé à l'embouchure de la Seulles, sur une côte basse et sablonneuse. Il se compose d'un chenal d'accès, d'un avant-port et d'un bassin à flot.

Le chenal d'accès est maintenu entre deux jetées en charpente, dont celle de l'ouest a une longueur de 179 mètres et celle de l'est une longueur de 175 mètres. La largeur du chenal est de 37 m. 50 à son débouché dans la mer et de 27 m. 60 vers l'avant-port.

L'avant-port présente une longueur de 580 mètres sur une largeur minima de 44 mètres. Ses quais ont un développement de 610 mètres et une largeur de 18 mètres.

L'avant-port communique avec le bassin à flot au moyen d'une écluse à porte d'èbe. Cette écluse a une largeur de passage de 10 mètres et sa longueur entre les têtes est de 15 mètres.

Le bassin à flot a une longueur de 292 m. 55 sur une largeur de 56 mètres. Ses quais ont un développement de 475 mètres.

Le mouvement de la navigation à l'entrée dans le port de Courseulles a été le suivant :

ANNÉES	NOMBRE DE NAVIRES ENTRÉS CHARGÉS	TONNAGE DE JAUGE A L'ENTRÉE
1913	47	4.514 tonneaux
1914	41	3.766 —
1915	16	1.804 —
1916	20	1.841 —

Le tonnage des marchandises importées et exportées a été le suivant :

ANNÉES	IMPORTATIONS	EXPORTATIONS
1913	6.526 tonnes	286 tonnes
1914	8.686 —	250 —
1915	4.247 —	...
1916	4.090 —	...

Les importations de houille ont présenté :

ANNÉES	TONNES
1913	4.633
1914	4.632
1915	4.164
1916	3.127

7) *LE PORT DE PORT-EN-BESSIN*

Le port de Port-en-Bessin se compose d'une passe de 100 mètres de largeur entre les musoirs de deux môles, d'un avant-port et de deux bassins d'échouage.

L'avant-port, compris entre les môles et le rivage, a une superficie de 14 hectares. Il est divisé par un épi saillant en deux parties. La plus grande, celle de l'ouest, ne peut servir au stationnement des navires. La plus petite, celle de l'est, a 4 hectares de superficie et n'offre que 230 mètres de quais utilisables. A cause de l'agitation dangereuse qui existe souvent dans l'avant-port, ces quais, depuis l'ouverture du bassin d'échouage, ne servent plus au chargement et au déchargement des navires.

L'avant-port communique avec le premier bassin d'échouage au moyen d'un goulet, d'une longueur de 100 mètres et d'une largeur de 9 mètres. Ce premier bassin a une longueur de 140 mètres et une largeur de 40 m. Sa superficie est de 5.600 m. c. Il communique par un goulet de 10 mètres de largeur avec le deuxième bassin d'échouage. Celui-ci a une longueur de 130 mètres et une largeur de 50 mètres. Sa superficie est de 6.500 m. c.

La loi du 16 juillet 1845 avait classé le port de Port-en-Bessin comme port de refuge.

Le mouvement de la navigation à l'entrée dans le port de Port-en-Bessin a été le suivant :

ANNÉES	NOMBRE DE NAVIRES ENTRÉS CHARGÉS	TONNAGE DE JAUGE A L'ENTRÉE
1913	13	1577 tonneaux
1914	7	1.024 —
1915	6	860 —
1916	9	1.181 —

Le tonnage des marchandises importées et exportées a été le suivant :

ANNÉES	IMPORTATIONS	EXPORTATIONS
1913	3.061 tonnes	35 tonnes
1914	1.988 —	..
1915	2.039 —	..
1916	2.358 —	..

Les importations de houille ont présenté :

ANNÉES	TONNES	
1913	2.557	
1914	1.963	
1915	2.039	soit la totalité
1916	2.358	des importations

8) *LE PORT D'ISIGNY*

Le port d'Isigny est situé sur la rivière l'Aure, non loin de son confluent avec la Vire, et se compose d'un chenal d'accès, d'un port d'échouage et d'un arrière-port.

Le chenal d'accès comprend celui d'Aure et Vire, depuis la pointe du Grouin jusqu'au confluent des deux rivières, et celui de l'Aure, depuis ce confluent jusqu'au nouveau quai.

Le port d'échouage comprend le nouveau et les anciens quais. Le nouveau quai, d'une longueur de 200 mètres, est à l'aval des anciens. Sa plateforme a une largeur de 25 mètres. Les anciens sont deux quais parallèles, distants de vingt-cinq mètres et embrassant le lit de l'Aure sur une longueur de 168 mètres. La superficie totale de leurs terre-pleins est de 4.000 m. c. L'ancien quai de la rive gauche est desservi par un embranchement d'une longueur de 411 m. 90, se raccordant à la gare des chemins de fer de l'Etat.

L'arrière-port est compris entre le pont de la route nationale n° 13, de Paris à Cherbourg, à l'aval, et les ponts éclusés — pont au Douet et pont aux Vaches — à l'amont.

Le mouvement de la navigation à l'entrée dans le port d'Isigny a été le suivant :

ANNÉES	NOMBRE DE NAVIRES ENTRÉS CHARGÉS	TONNAGE DE JAUGE A L'ENTRÉE
1913	53	5.524 tonneaux
1914	39	4.727 —
1915	15	1.383 —
1916	11	1.359 —

Le tonnage des marchandises importées et exportées a été le suivant :

ANNÉES	IMPORTATIONS	EXPORTATIONS
1913	27.645 tonnes	728 tonnes
1914	6.387 —	418 —
1915	2.914 —	21 —
1916	2.737 —	..

Les principales marchandises importées ont été les houilles et les bois, dont :

ANNÉES	HOUILLES	BOIS
1913	3.000 tonnes	4.777 tonnes
1914	2.500 —	2.980 —
1915	2.914 —	...
1916	1.627 —	1.110 —

B. — LES ROUTES

Le réseau routier du département du Calvados présente un développement total de 9.255 kilomètres 829 mètres, dont 439 kilomètres 801 mètres de routes nationales, 5.003 kilomètres 463 mètres de chemins de grande communication et 3.812 kilomètres 565 mètres de chemins vicinaux ordinaires.

Les routes nationales qui traversent le Calvados comptent sur le territoire de ce département les parcours suivants :

Route nationale n° 13, de Paris à Cherbourg, 125 k. 945 m.
— n° 24, de Paris à Granville, 32 k. 918 m.
— n° 158, de Tours à Caen, 41 k. 680 m.
— n° 162, d'Angers à Caen, 46 k. 058 m.
— n° 172, de Granville à Bayeux, 21 k. 815 m.

— n° 174, de Cherbourg à Vire, 13 k. 574 m.
— n° 175, de Caen à Granville, 57 k. 087 m.
— n° 177, de Caen à Redon, 36 k. 450 m.
— n° 179, de Honfleur à Alençon, 59 k. 045 m.
— n° 180, de Honfleur à Rouen, 5 k. 229 m.

Le réseau des chemins de grande communication comprend 311 chemins. Sur leur parcours total,
la longueur à l'état d'entretien est de 4.764 kil. 693 m.
la longueur à l'état de viabilité est de 221 kil. 864 m.
la longueur en lacune est de 16 kil. 906 m.
Sur le parcours total des chemins vicinaux,
la longueur à l'état d'entretien est de 3.403 k. 990 m.
— à l'état de viabilité est de 155 k. 733 m.
— en construction, 55 k. 230 m.
— en lacune, 197 k. 612 m.

Ce réseau routier, qui présente une densité de près de 1.700 mètres de routes par kilomètre carré, semble répondre complètement, quant à présent, aux besoins agricoles et industriels du département.

Cependant la guerre a apporté une profonde perturbation dans les services d'entretien des routes du département, ainsi qu'il ressort d'un rapport adressé à la date du 18 janvier 1916 par M. Maurice, agent-voyer en chef à M le Préfet du Calvados. A la suite de la mobilisation des hommes et de la réquisition des chevaux, l'approvisionnement et le transport des cailloux destinés à l'empierrement des voies publiques a été considérablement gêné. Les quantités de cailloux ordinairement employées dans le département du Calvados pour l'entretien des routes s'élevaient, avant la guerre, à 104.000 mètres cubes par an, dont 16.000 mètres cubes pour l'entretien des routes nationales, 80.000 mètres cubes pour celui des chemins de grande communication et 8.000 mètres cubes pour celui des chemins vicinaux ordinaires. Sur ce total de 104.000 mètres cubes, 68.000 m. c. provenaient des carrières exploitées par la Société des Carrières de l'Ouest, et 36.000 mètres cubes, de carrières exploitées par divers petits entrepreneurs. La Société des Carrières de l'Ouest avait disposé jusqu'alors du personnel ouvrier et de l'outillage nécessaire pour continuer son exploitation. Mais il n'en a pas été de même pour les petits carriers. La plupart d'entre eux, ainsi que la majeure partie de leurs ouvriers, avaient été mobilisés et dans leurs exploitations il ne restait qu'à peine 15 % du personnel travaillant en temps normal. D'après les évaluations faites par M. l'agent-voyer en chef, il manquait au 1er janvier 1916, dans les carrières, 230 ouvriers pour assurer une extraction suffisante de cailloux nécessaires à l'empierrement des routes du département. D'autre part, le transport de ces matériaux avait été gravement compromis par l'insuffisance du personnel et du matériel nécessaires pour les amener des carrières sur les routes et les chemins. En effet, sur un total de 104.000 mètres cubes de cailloux, 63.000 mètres cubes devaient être transportés par voies ferrées et 41.000 m. cubes directement par voie de roulage. D'après les chiffres établis par M. l'agent-voyer en chef, le transport de 63.000 mètres cubes de cailloux, représentant un poids de 94.000 tonnes, nécessite 9.400 wagons de 10 tonnes par an, soit en moyenne 38 wagons par journée de travail. Or, depuis le début de la guerre et jusqu'à la fin de l'année 1915, par suite de l'insuffisance du nombre de wagons affectés au transport des cailloux sur le réseau des chemins de fer de l'État, il s'était formé un arriéré de 100.000 tonnes de cailloux à transporter. En ce qui concernait le transport des cailloux sur les routes et les chemins, M. l'agent-voyer en chef estimait l'insuffisance du personnel et des attelages à 71 conducteurs et à 142 chevaux. Dans ces conditions, il était amené à exprimer, dans les conclusions de son rapport, la crainte que le capital chaussée ne soit sérieusement compromis et que la circulation publique n'éprouve un notable préjudice du fait de la non-réparation des routes.

Depuis l'époque à laquelle ce rapport a été rédigé la situation s'est encore aggravée. Toute la production des carrières de l'Ouest est entièrement absorbée par les besoins de la Défense Nationale, et rien n'en est distrait pour la réparation des routes du département. Dans les carrières des petits entrepreneurs, presque tout travail a cessé faute de main-d'œuvre chez les uns, faute de chevaux ou d'avoine pour nourrir ces derniers chez les autres. Les quantités de cailloux qui auraient dû être employées à la réparation et à l'entretien des routes du département et pour lesquelles des crédits ont été votés et chaque fois reportés par le Conseil général, représentaient à la date du 1er janvier 1918 un arriéré de 300.000 tonnes.

Néanmoins, d'après le rapport présenté à M. le Préfet du Calvados par M. l'agent-voyer en chef à la date du 16 juillet 1917, les chemins de grande communication étaient restés, dans le courant de l'année 1916, dans un état généralement assez satisfaisant, bien que par suite des circonstances de la guerre les travaux d'entretien aient été effectués, depuis trois ans, dans des conditions anormales.

Sur les chemins vicinaux, le travail d'entretien avait été parfois insuffisant, parce que les cantonniers communaux avaient été souvent choisis par les maires parmi les ouvriers trop âgés pour pouvoir s'acquitter convenablement de leur tâche.

Quant aux routes nationales, leur mauvais état dans la traversée du Calvados, particulièrement entre Caen et Bayeux, et l'absence de tout apport de matériaux pour leur entretien ont fait l'objet d'une délibération du Conseil général qui, dans sa séance du 5 octobre 1917, a adopté un vœu présenté par M. le baron Gérard et un certain nombre de ses collègues et demandant que le Gouvernement fasse le plus rapidement possible apporter un remède à la situation déplorable de ces routes.

Le réseau routier du Calvados était desservi avant la guerre par de nombreux services de voitures publiques et par diverses entreprises privées de roulage et de messageries. Entre Trouville et Honfleur, un service de transports automobiles était assuré par les petits cars de la Compagnie des Messageries Automobiles.

Ce service a cessé de fonctionner depuis le 2 août 1914, par suite de la mobilisation de son personnel et de la réquisition de son matériel. Les voitures hippomobiles des entreprises privées de messageries et de roulage ne circulent également plus depuis la guerre. En exécution d'instructions prescrivant la suppression sur l'ensemble du territoire français des courriers à cheval circulant parallèlement à une voie ferrée, les services de voitures publiques n'ont été maintenus que sur les parcours sur lesquels le service postal ne pouvait être autrement assuré que par courrier en voiture.

Le nombre des véhicules automobiles déclarés dans le département du Calvados, ainsi que celui des certificats délivrés, a été :

Années :	1912	1913	1914	1915	1916
Véhicules déclarés :	598	615	528	173	312
Certificats délivrés :	399	750	471	450	530

C) LES CHEMINS DE FER

Le réseau des chemins de fer desservant le département du Calvados comprend des voies ferrées d'intérêt général et des voies ferrées d'intérêt local.

Les voies ferrées d'intérêt général sont exploitées par l'Administration des Chemins de fer de l'Etat qui a repris le réseau de l'ancienne Compagnie des Chemins de fer de l'Ouest, racheté en 1909. Le développement du réseau de l'État dans les limites du département du Calvados atteint une longueur totale de 552 kilomètres, se décomposant comme suit :

1) Partie de la ligne de Paris à Cherbourg, desservant les gares et les haltes de Courtonne-la-Meurdrac, Lisieux, Mesnil-Mauger, Mézidon, Moult-Argences, Frénouville-Cagny, Caen, Carpiquet, Bretteville-Norey, Audrieu, Bayeux, Crouay, Le Molay-Littry, Lison et Neuilly; longueur 130 kilomètres;

2) Ligne de Lisieux à Honfleur, desservant les gares et les haltes de Lisieux, le Grand-Jardin, le Breuil-Blangy, Fierville-les-Parcs, Pont-l'Évêque, Saint-André-d'Hébertot, Quetteville, la Rivière-Saint-Sauveur et Honfleur; longueur 43 kilomètres;

3) Ligne de Pont-l'Évêque à Trouville, desservant les gares de Pont-l'Évêque, Touques et Trouville; longueur 12 kilomètres;

4) Partie de la ligne de la Trinité-de-Réville à Lisieux, desservant les gares et les haltes de la Folletière, Orbec, Orbiquet, Saint-Martin-de-Bienfaite, La Chapelle-Yvon, Saint-Pierre-de-Mailloc, Saint-Martin-de-Mailloc, Mesnil-Guillaume, Glos et Lisieux; longueur 23 kilomètres.

5) Partie de la ligne de Sainte-Gauburge à Mesnil-Mauger, desservant les gares et les haltes de Sainte-Foy-de-Montgommery, Livarot, Mesnil-Durand, Saint-Julien-le-Faucon et Mesnil-Mauger; longueur 22 kilomètres;

6) Ligne de Mézidon à Trouville, desservant les gares et les haltes de Mézidon, Mézidon-halte, Magny-le-Freule, Bissière, Lion-d'Or-Croissanville, Méry-Corbon, Hottot, Beuvron, Dozulé-Putot, Brucourt-Varaville, Dives-Cabourg, Houlgate, Gonneville-Saint-Vaast, Villers-sur-Mer, Blonville-sur-Mer, Tourgéville et Trouville-Deauville; longueur 51 kilomètres;

7) Ligne de Caen à Dozulé-Putot, desservant les gares et les haltes de Caen, Giberville, Demouville, Sannerville-Banneville, Troarn, Bures, Basseneville et Dozulé-Putot; longueur 25 kilomètres;

8) Partie de la ligne de Mézidon au Mans, desservant les gares et les haltes de Mézidon, Saint-Pierre-sur-Dives, Vandeuvre-Jort, Couliboeuf et Fresné-la-Mère; longueur 29 kilomètres;

9) Parties de la ligne de Caen à Laval, desservant les gares et les haltes de Caen, Feuguerolles-Saint-André, Mutrécy, Grimbosq, Croisilles-Harcourt, Saint-Rémy-sur-Orne, Clécy-bourg, La Lande-Clécy et Condé-sur-Noireau; longueur 46 kilomètres;

10) Parties de la ligne de Falaise à Berjou, desservant les gares et les haltes de Falaise, Saint-Martin-de-Mieux, Martigny, Mesnil-Vilmont-Pont-des-Vers, Mesnil-Hubert-Pont-d'Ouilly; longueur 26 kilomètres;

11) Ligne de Couliboeuf à Falaise, desservant les gares de Couliboeuf et de Falaise; longueur 9 kilomètres;

12) Partie de la ligne de Paris à Granville, desservant les gares de Viessoix, Vire, Mesnil-Clinchamps, Saint-Sever et Saint-Aubin-des-Bois; longueur 37 kilomètres;

13) Ligne de Neuilly à Isigny, desservant les gares de Neuilly et d'Isigny et la halte de Pont-du-Vey; longueur 8 kilomètres;

14) Ligne de Caen à Vire, desservant les gares et les haltes de Caen, Louvigny, Verson, Mondrainville, Noyers, Villers-Bocage, Jurques, la Besace, Guilberville, la Ferrière-Hareng, Bény-Bocage-Carville, la Graverie et Vire; longueur 75 kilomètres;

15) Partie de la ligne de Vire à Fougères, desservant les gares de Vire et de Saint-Germain-de-Tallevende; longueur 16 kilomètres.

Les lignes de Paris à Cherbourg, de Lisieux à Pont-l'Évêque, de Pont-l'Évêque à Trouville et de Mézidon au

Mans sont à double voie. La seconde voie a été enlevée depuis la guerre sur la partie de la ligne de Paris à Granville qui traverse le département du Calvados. Les autres lignes sont à voie unique. Le doublement de quelques-unes d'entre elles avait été demandé avant la guerre par divers organes et groupements représentant les intérêts locaux.

Depuis le rachat du réseau de l'Ouest, diverses améliorations avaient été réalisées, avant la guerre, dans l'intérêt du public. La marche des trains avait été accélérée. Le matériel roulant pour le transport des voyageurs avait été en partie modernisé. D'après l'horaire du 1er juillet 1914, quatre trains-express effectuaient chaque jour en 3 ½ ou 3 3/4 heures, et un cinquième en quatre heures, le trajet de Paris à Caen. Un nombre égal l'effectuaient en sens inverse en 3 3/4 ou 4 heures. Pendant la saison balnéaire, deux rapides quotidiens, dont un train de luxe de la Compagnie Internationale des Wagons-lits, parcouraient la distance de Paris à Trouville en moins de 3 heures dans chaque direction. En outre, cinq paires de trains express effectuaient journellement ce trajet en 3 ½ heures environ.

Depuis la guerre, le nombre des trains a été sensiblement réduit. Sur les lignes d'importance secondaire il ne circule plus qu'un seul train de voyageurs par jour dans chaque direction. Sur toutes les lignes, la marche des trains de voyageurs a été notablement ralentie. Les transports commerciaux ont été considérablement gênés par suite de la pénurie de matériel disponible. L'entretien du matériel et des voies a été réduit au strict nécessaire en raison de l'insuffisance du personnel.

Après la guerre, d'importants travaux de réfection des voies et des gares seront indispensables. Les voies d'un certain nombre de lignes devront être doublées pour répondre au développement industriel de la région. Le profil de quelques-unes devra être modifié afin d'éviter des rampes gênantes que ne peuvent gravir des trains transportant des charges dépassant un certain poids. Il faudra renforcer ou reconstruire des ponts pour permettre le passage de trains lourds, remorqués par les puissantes locomotives du type « Mikado » dont le réseau de l'État disposera après la guerre. Le matériel roulant devra être remis en état et considérablement augmenté. Un grand nombre de gares, et particulièrement de gares de marchandises, dont les voies et les halles sont insuffisantes et continuellement encombrées, devront être agrandies pour satisfaire aux besoins du commerce et de l'industrie.

Un tableau du mouvement des voyageurs et des marchandises en 1913, au départ et à l'arrivée des gares du réseau de l'État situées dans les limites du département du Calvados, est annexé au présent volume[1].

Les voies ferrées d'intérêt local sont celles du chemin de fer de Caen à la Mer, du réseau des chemins de fer du Calvados, du chemin de fer d'Argences à la gare de Moult et du chemin de fer de Pont-l'Évêque à Cormeilles.

La Compagnie du Chemin de fer de Caen à la Mer exploite la ligne à voie normale de Caen à Courseulles, d'une longueur de 25 kilomètres, et un raccordement de 4.500 mètres entre la gare locale de Caen-Saint-Martin et la gare de Caen du réseau des chemins de fer de l'État. Les lignes de la compagnie ont été déclarées d'utilité publique par décret en date du 12 janvier 1873 et successivement mises en exploitation de juin 1875 à septembre 1877.

Le chemin de fer de Caen à la Mer dessert la plaine de Caen et les stations balnéaires de la côte : Luc-sur-Mer, Langrune, Saint-Aubin, Bernières et Courseulles. Il a grandement contribué au développement de ces localités.

Le mouvement des voyageurs et des marchandises a été le suivant pendant les années de 1910 à 1913 :

		Nombre d'unités transportées			
	Années...	1910	1911	1912	1913
En grande vitesse	Voyageurs	293.701	304.566	310.699	320.045
	Chiens	7.258	6.380	6.110	5.843
	Colis-postaux expédiés..	17.230	17.630	17.293	14.793
	Colis-postaux reçus	27.840	30.070	31.219	25.055
En petite vitesse	Chevaux, mulets et ânes	90	95	102	95
	Bœufs et vaches	48	48	52	58
	Veaux et porcs	201	153	141	81
	Moutons et chèvres	—	15	116	78
	Voitures	12	25	21	28
		Tonnes			
	Céréales et farines	500	530	515	432
	Vins, vinaigres, esprits, boissons	240	260	220	214
	Epicerie, denrées alimentaires et coloniales	470	950	900	450
	Matières premières et objets manufacturés..	22.600	23.500	24.800	22.640
	Engrais et amendements	5.960	6.150	5.990	5.794
	Houille, coke et autres combustibles minéraux	6.000	9.000	10.040	11.850
	Marchandises diverses..	4.267	2.130	2.020	1.990
	Totaux...	40.037	42.520	44.485	43.370

		Kilomètres réellement parcourus			
	Années...	1910	1911	1912	1913
En grande vitesse	Voyageurs	5.744.116	6.007.216	6.125.352	5.018.044
	Chiens	—	—	107.980	47.321
	Colis-postaux expédiés..	—	—	276.688	255.674
	Colis-postaux reçus	—	—	593.161	471.895
En petite vitesse.	Chevaux, mulets et ânes	2.130	2.110	2.220	1.941
	Bœufs et vaches........	915	940	860	923
	Veaux et porcs.........	4.350	3.655	3.720	1.850
	Moutons et chèvres.....	—	470	1.480	1.120
	Voitures	210	430	415	515
	Céréales et farines......	8.200	8.500	8.110	7.241
	Vins, vinaigres, esprits, boissons	4.530	4.650	4.095	5.010
	Epicerie, denrées alimentaires et coloniales	6.750	12.150	11.540	10.852
	Matières premières et objets manufacturés..	475.600	480.100	488.650	463.620
	Engrais et amendements	9.575	10.200	9.480	8.642
	Houille, coke et autres combustibles minéraux	153.650	225.170	227.640	238.992
	Marchandises diverses..	51.640	27.840	29.410	28.541

En outre, il a été transporté, en grande vitesse, 3.295 kilos d'excédents taxés de bagages en 1910; 2.695 kilos en 1911, 2.552 kilos en 1912 et 3.875 kilos en 1913.

Depuis la guerre, il n'a été publié aucune statistique

détaillée du mouvement des voyageurs et des marchandises sur le chemin de fer de Caen à la Mer.

Conformément aux prescriptions de la circulation de M. le Sous-Secrétaire d'Etat des Transports, du 12 février 1917, le service des voyageurs a été supprimé depuis le 14 février de la même année sur la ligne de raccordement reliant la gare de Caen-État à la gare de Caen-Saint-Martin, et à partir du 21 février le service journalier entre Caen-Saint-Martin et Courseulles a été réduit à deux trains dans chaque direction. Depuis le 17 mai 1917, un train facultatif, comportant des voitures de voyageurs et des wagons de marchandises, avait été mis en marche trois fois par semaine entre Caen-Saint-Martin et Courseulles. Actuellement, trois paires de trains sont tous les jours en circulation entre ces deux gares.

Pour faire face aux difficultés financières d'exploitation, dues à l'état de guerre, la compagnie a demandé et obtenu, à titre provisoire, le relèvement des frais accessoires de la grande et de la petite vitesse. Pour le même motif, les billets d'aller et retour ont été supprimés. L'application de ces mesures date du 27 juillet 1916. La compagnie a demandé, en outre, l'autorisation de majorer les tarifs de grande et de petite vitesse, afin de pouvoir accorder des allocations spéciales à son personnel.

La Société des Chemins de fer du Calvados, constituée en 1894, exploite des lignes à voie étroite, d'un écartement de 0 m. 60, divisées en deux réseaux rattachés l'un au dépôt de Caen et l'autre à celui de Bayeux, mais placés sous la même direction.

Le réseau de Caen comprend les lignes suivantes :

1) De Caen à Dives et à Luc-s-Mer, longueur 38 k. 321 m.
2) de Caen à Falaise .... 45 k. 995 m.
3) Raccordement à la gare de l'Etat .... 1 k. 287 m.

Longueur totale .... 85 k. 603 m.

Le réseau de Bayeux comprend les lignes suivantes :

1) de Grandcamp à Isigny, longueur	10 k. 426 m.
2) de Grandcamp à la gare du Molay et à la mine de Littry	32 k. 280 m.
3) de Courseulles à Arromanches et à Bayeux	26 k. 097 m.
4) de Port-en-Bessin à Bayeux	10 k. 858 m.
5) de Luc à Courseulles	8 k. 026 m.
6) de la Mine de Littry à Balleroy	9 k. 402 m.
7) de Bayeux à la gare de la Besace	40 k. 535 m.
Longueur totale	137 k. 624 m.

L'ensemble des lignes de la Société présente un développement de 223 kilomètres 227 m. Plusieurs de ces lignes desservent les stations balnéaires du littoral de la Manche, depuis Dives-sur-Mer jusqu'à Isigny, et les mettent en relations avec le réseau des chemins de fer de l'État par de nombreuses gares de contact. La ligne de Caen à Falaise passe à proximité des riches gisements de minerai de fer de Saint-André, de May-sur-Orne, de Gouvix, d'Urville, d'Estrées, de Barbery, de Soûmont et de Perrières. En outre, la Société a entrepris des démarches en vue de compléter son réseau par la construction d'une ligne de 11 kilomètres, entre Port-en-Bessin et Saint-Laurent-sur-Mer.

Le mouvement des voyageurs et des marchandises a été le suivant pendant les années de 1910 à 1913.

		Nombre d'unités transportées			
	Années...	1910	1911	1912	1913
En grande vitesse	Voyageurs	745.329	784.199	785.827	830.331
	Chiens................	1.613	1.589	1.812	1.862
	Colis-postaux expédiés.	25.352	23.982	25.950	34.517
	Colis-postaux reçus....	37.588	41.057	44.771	38.269
En petite vitesse	Chevaux, mulets, ânes..	23	47	47	67
	Bœufs et vaches	702	793	860	947
	Veaux et porcs.........	988	1.062	1.404	1.322
	Moutons et chèvres,....	536	684	778	842
	Voitures	6	3	7	7
		Tonnes			
	Céréales et farines......	12.361	13.109	14.902	15.239
	Vins, vinaigres, esprits, boissons	1.536	1.400	1.420	1.626
	Épicerie, denrées alimentaires et coloniales	1.954	1.996	2.558	2.823
	Fontes, fers, métaux....	1.121	1.905	2.906	4.254
	Matières premières et objets manufacturés..	34.849	22.178	34.450	31.754
	Matériaux de construction	11.881	20.746	33.630	43.030
	Engrais et amendements	2.146	2.489	2.324	1.447
	Houille, coke et autres combustibles minéraux	9.178	11.793	12.091	12.428
	Marchandises diverses.	2.662	3.178	2.193	1.453
	Transports en services taxés................	—	2.082	782	765
	Totaux...	77.688	80.876	107.256	114.819

		Kilomètres réellement parcourus			
	Années...	1910	1911	1912	1913
	Voyageurs	7.863.012	8.593.301	8.384.427	8.735.188
En grande vitesse	Chiens	24.783	27.366	33.939	37.641
En grande vitesse	Colis-postaux expédiés..	87.051	239.107	252.735	245.555
En grande vitesse	Colis-postaux reçus.....	130.799			
	Chevaux, mulets, ânes..	1.041	1.822	1.965	2.752
En petite vitesse	Bœufs et vaches........	21.957	24.939	27.455	32.649
En petite vitesse	Veaux et porcs.........	36.220	31.800	42.577	44.040
En petite vitesse	Moutons et chèvres.....	15.966	21.352	25.409	28.700
En petite vitesse	Voitures...............	237	93	228	266
En petite vitesse	Céréales et farines.....	201.759	199.495	206 696	195.298
En petite vitesse	Vins, vinaigre, esprits, boissons..............	28.846	30.438	30.829	39.723
En petite vitesse	Epicerie, denrées alimentaires et coloniales	71.924	90.590	105.189	115.546
En petite vitesse	Fontes, fers, métaux....	21.846	42.812	43.238	49.588
En petite vitesse	Matières premières et objets manufacturés..	400.061	242.586	426.964	1.175.871
En petite vitesse	Matériaux de construction..................	227.369	353.947	504.703	717.314
En petite vitesse	Engrais et amendements	67.283	87.558	77.659	88.621
En petite vitesse	Houille, coke et autres combustibles minéraux	255.033	316.333	391.561	396.894
En petite vitesse	Marchandises diverses..	61.753	66.265	27.140	32.422
En petite vitesse	Transports en services taxés................	—	—	22.155	30.367

Depuis la guerre, il n'a été publié aucune statistique détaillée du mouvement des voyageurs et des marchandises sur le réseau de la Société des Chemins de fer du Calvados.

Les trains-kilomètres parcourus ont été :

	en 1913	en 1917
	—	—
Sur la ligne Caen-Dives-Luc	151.683	94.640
— Caen-Falaise	172.235	57.138
Sur le réseau de Bayeux	333.028	130.785
Totaux	656.946	282.563

Au début des hostilités, presque tout le personnel employé sur les lignes de la société a été mobilisé. Plus tard, un certain nombre d'agents furent mis en sursis d'appel. Mais d'après le rapport présenté à M. le Préfet du Calvados par M. l'Agent-voyer en chef à la date du 18 janvier 1916, il aurait été nécessaire, à cette époque, d'accorder des sursis à 18 autres agents et ouvriers, afin que le service de l'exploitation put être amélioré, tout en restant bien inférieur au minimum fixé par les cahiers des charges des concessions.

La presque totalité des locomotives et des wagons de marchandises de la Société avaient été réquisitionnés par l'autorité militaire en septembre et en octobre 1914. Depuis cette époque, le matériel a été remis à la disposition de la société. Sur certaines lignes, d'après les observations contenues dans le rapport présenté à M. le Préfet du Calvados par M. l'Agent-voyer en chef le 16 juillet 1917, les locomotives, les voitures et les wagons sont dans un état d'entretien insuffisant, les réparations ne sont pas faites en temps utile et la propreté laisse à désirer.

Le nombre des trains a été réduit sur toutes les lignes.

Sur celle de Caen à Dives et à Luc-sur-Mer, deux trains journaliers circulent dans chaque sens depuis le 18 décembre 1916; sur celle de Caen à Falaise, le service est assuré par un seul train journalier dans chaque direction, avec un train supplémentaire, entre Caen et Gouvix, le vendredi, jour de marché à Caen. La ligne d'Isigny à Balleroy n'est desservie que par un train par jour dans chaque direction. Celles de Port-en-Bessin à Bayeux et de Bayeux à la gare de la Besace sont desservies chacune par un train dans chaque direction, avec un train supplémentaire le samedi, jour de marché à Bayeux. Sur la ligne de Luc à Courseulles l'exploitation est entièrement suspendue depuis le 9 novembre 1914. Les communications entre ces deux localités sont assurées par le chemin de fer de Caen à la Mer.

En raison des difficultés financières résultant des circonstances de la guerre et notamment en raison de l'augmentation considérable du prix du combustible, la société a demandé et obtenu, pour tout son réseau, à titre provisoire, à partir de la date du 21 août 1916, le relèvement des tarifs des frais accessoires et du transport des valeurs, ainsi que la suppression des billets de retour. En outre, afin de se ménager les moyens d'accorder à son personnel des allocations spéciales pour cherté de vie, la société a présenté un avenant aux conventions qui la lient au département. Cet avenant a été adopté par le Conseil général du Calvados le 18 avril 1917 et approuvé par décret du 7 juin de la même année.

Le faible débit des lignes de la Société des Chemins de fer du Calvados ne peut suffire à assurer le trafic dans des régions appelées à un grand développement industriel. Les gares du réseau sont trop petites pour répondre aux besoins d'un mouvement de marchandises tant soit peu important. A moins de se borner au transport suburbain ou purement local des voyageurs, certaines de ces lignes constituent, dès à présent, un anachronisme au point de vue économique. Aussi est-il question de les transformer, en portant la largeur de leurs voies de 0 m. 60 à 1 mètre et en y électrifiant la traction. Mais ces projets ne pourront être réalisés qu'après la guerre.

Le chemin de fer d'intérêt local, à voie normale, d'Argences à la gare de Moult, d'une longueur de 3 kilomètres 741 mètres, avait été construit et exploité par la Société de la grande Tuilerie Normande à Argences. Cette ligne se raccordait, à la gare de Moult-Argences, au réseau des chemins de fer de l'État. Le matériel roulant comprenait deux locomotives, un wagon pour voyageurs, de 50 places, et 13 wagons à marchandises, dont un couvert. L'exploitation de cette ligne, dont le trafic intéressait presqu'exclusivement la Grande Tuilerie Normande, a été suspendue, dès le début de la guerre, par suite de la mobilisation du personnel. Du 5 au 23 mai 1917, il a été procédé à la démolition de la voie. Les rails ont été enlevés et réquisitionnés par l'autorité militaire. Les traverses ont été mises en dépôt dans les dépendances du chemin de fer. Cette démolition a été faite par les soins de l'administration des chemins de fer de l'Etat, à la suite de décisions prises par M. le Ministre de la Guerre.

La ligne du chemin de fer d'intérêt local à voie étroite de Pont-l'Evêque à Cormeilles fait partie du réseau de Cormeilles à Glos-Montfort et extensions. Cette ligne, d'une longueur totale de 17 kilomètres 405 mètres, a un parcours de 15 kilomètres 294 mètres dans les limites du département du Calvados, de Pont-l'Evêque à Bonneville-la-Louvet. Elle dessert trois gares.

Le mouvement des voyageurs et des marchandises a été le suivant pendant les années de 1910 à 1913 :

		Nombre d'unités transportées			
	Années...	1910	1911	1912	1913
En grande vitesse	Voyageurs	44.745	44.513	45.600	48.776
	Chiens	200	247	277	256
	Colis-postaux expédiés .	558	642	484	379
	Colis-postaux reçus	1.395	1.393	1.486	1.465
En petite vitesse	Chevaux, mulets, ânes .	114	97	111	93
	Bœufs et vaches........	468	355	598	460
	Veaux et porcs.........	14	22	31	35
	Moutons et chèvres.....	77	145	166	138
	Voitures	5	3	4	1
		Tonnes			
	Céréales et farines	1.303	1.346	1.425	1.932
	Vins, vinaigres, esprits, boissons	120	426	156	536
	Épicerie, denrées alimentaires et coloniales	44	80	68	68
	Fontes, fers, métaux ...	34	15	10	16
	Matières premières et objets manufacturés..	11	5	47	136
	Matériaux de construction..................	651	2.582	1.845	2.701
	Engrais et amendements	152	142	55	80
	Houille, coke et autres combustibles minéraux	1.837	2.028	2.460	2.413
	Marchandises diverses..	4.018	3.307	3.730	3.701
	Totaux...	8.165	9.931	9.796	11.583

		Kilomètres réellement parcourus			
	Années...	1910	1911	1912	1913
En grande vitesse	Voyageurs	541.988	527.904	535.992	592.548
	Chiens	2.400	3.460	3.878	3.585
	Colis-postaux expédiés	6.697	9.672	7.319	5.794
	Colis-postaux reçus	15.345	21.158	22.723	22.305
En petite vitesse	Chevaux, mulets, anes	1.368	1.355	1.663	1.396
	Bœufs et vaches	6.482	5.330	7.177	1.362
	Veaux et porcs	140	285	403	300
	Moutons et Chèvres	775	1.375	1.650	1.656
	Voitures	65	50	65	15
	Céréales et farines	19.300	19.518	18.834	25.060
	Vins, vinaigres, esprits, boissons	1.560	6.161	2.274	7.504
	Épicérie, denrées alimentaires et coloniales	616	1.246	748	1.143
	Fontes, fers, métaux	408	219	122	231
	Matières premières et objets manufacturés	132	60	752	1.641
	Matériaux de construction	8.463	28.402	24.722	33.544
	Engrais et amendements	2.280	2.087	825	1.197
	Houille, coke et autres combustibles minéraux	20.201	30.420	24.619	26.550
	Marchandises diverses	40.051	39.690	43.594	38.681

Depuis la guerre, il n'a été publié aucune statistique détaillée du mouvement des voyageurs et des marchandises sur la ligne du chemin de fer d'intérêt local de Pont-l'Évêque à Cormeilles.

Depuis le 18 février 1917, conformément aux instructions ministérielles, le service est réduit à un train par jour dans chaque direction, avec un train supplémentaire le vendredi, jour de marché à Cormeilles. Ce service réduit est insuffisant pour répondre aux besoins du trafic.

La construction d'un chemin de fer d'intérêt local de Lisieux à Vimoutiers avait été projetée avant la guerre.

La ligne de Caen à Falaise de la Société des Chemins de fer du Calvados étant d'un débit trop faible pour desservir la région minière qu'elle traverse, la Société des Mines de Soûmont a été autorisée, par décret en date du 3 avril 1912, à construire une ligne de chemin de fer à voie normale, d'une longueur de 35 kilomètres environ, pour relier ses exploitations aux Hauts-Fourneaux de Mondeville-Colombelles, au port et à la gare de Caen. Ce chemin de fer minier est en construction. Les travaux doivent être achevés très prochainement. Des embranchements seront construits ultérieurement pour relier à la ligne principale les exploitations minières qui ne se trouveraient pas sur son parcours et ne seraient pas directement desservies.

Les Forces Motrices

1) LES FORCES HYDRAULIQUES

Un relevé des chutes d'eau au point de vue leur utilisation agricole et industrielle a été fait dans le Calvados à la date du 4 septembre 1897. D'après ce relevé le nombre total des chutes y est de 604, se répartissant comme suit :

Dans le bassin	Nombre de Chutes	Force brute	Force utilisée en 1897
de la Touques	110 chutes de 1 à 52mp	2.069.90	1.088.48
de la Dives	102 chutes de 1 à 36mp	1.136.49	641.95
de l'Orne	155 chutes de 3 à 144mp	2.195.22	1.439
de la Seulles	44 chutes de 0.87 à 42mp	497.02	136.80
de l'Aure..............	69 chutes de 2 à 19mp	818.46	214.70
de la Vire	95 chutes de 3 à 50mp	1.427.30	912.45
de la Senène	2 chutes de 11mp	22. »	12 »
de la Sienne	5 chutes de 6 à 14mp	57. »	34 »
du littoral	22 chutes de 3 à 14mp	129.70	50.75
TOTAUX	604 chutes	8.353.09	4.530.13

Depuis lors l'importance et la répartition de la force utilisée ont certainement dû subir des variations plus ou moins sensibles. Mais aucun relevé nouveau et complet n'en a été fait. Il nous semble inutile de reproduire les tableaux détaillés de 1897, indiquant les usines qui, à cette époque, utilisaient la force des chutes d'eau. Ces documents ont bien leur valeur historique. Mais ne pouvant être mis en regard avec des documents de même nature et plus récents, ils sont sans grand intérêt pour l'étude que nous poursuivons. La carte industrielle du Calvados a subi de profondes modifications depuis vingt ans. Un grand nombre d'usines ayant existé alors ont actuellement disparu. D'autres se sont créées, et si quelques-unes d'entre elles se sont installées dans des bâtiments occupés autrefois par des établissements qui figurent sur les relevés de 1897, les conditions dans lesquelles elles utilisent les chutes d'eau ont pu varier d'une façon appréciable.

Au cours de notre enquête dans les centres industriels du Calvados, limitrophes du département de l'Orne, plusieurs industriels nous ont exprimé des doléances au sujet de l'utilisation incomplète et insuffisante des forces hydrauliques de cette région. Mais aucun d'eux n'a pu apporter de précisions suffisantes à l'appui de ses dires. Depuis la guerre, en présence de la difficulté croissante de se procurer les quantités de charbon nécessaires à tous les besoins et de l'augmentation des prix de ce combustible, le Gouvernement a reconnu qu'il était indispensable de prendre d'urgence des mesures pour provoquer une mise en valeur plus intensive de la puissance des chutes d'eau. En conséquence, une circulaire a été adressée par M. le Ministre de l'Agriculture à MM. les Préfets leur faisant connaître que le Gouvernement attachait la plus extrême importance au développement rapide de l'utilisation des forces hydrauliques en vue de restreindre la consommation du charbon, et leur demandant de lui faire parvenir une nomenclature des rivières ou portions de rivières, non navigables, ni flottables, qui seraient susceptibles d'être aménagées pour l'installation d'usines hydrauliques pouvant développer une puissance de 500 H. P. au minimum. De son côté, M. le Ministre des Travaux Publics adressait à la date du 6 novembre 1916 une circulaire à MM. les ingénieurs en chef des ponts et chaussées, leur rappelant que le Gouvernement et le Parlement, en inscrivant au budget un chapitre spécial pour l'établissement par l'Etat d'usines publiques pour la production de l'énergie hydro-électrique,avaient marqué l'intérêt qui s'attachait,avec plus de force que jamais,à l'aménagement de la puissance hydraulique des cours d'eau. M. le Ministre demandait, en conséquence,à MM. les ingénieurs de procéder à des études préliminaires,auxquelles les crédits votés par les Chambres étaient en partie destinés, et de dresser un inventaire des forces dont l'aménagement paraîtrait susceptible d'une utilisation pratique dans l'état actuel de la science hydrotechnique. Les résultats des recherches devaient être communiqués à l'administration centrale dans un délai aussi court que possible et MM. les ingénieurs étaient invités à recueillir de suite tous les renseignements utiles afin de n'avoir plus qu'à les inscrire méthodiquement sur des tableaux qui devaient leur être envoyés. Du rapport présenté le 9 décembre 1916 par M. l'Ingénieur en chef des ponts et chaussées du département du Calvados, il résulte que la rivière la Vire paraît susceptible d'être aménagée pour produire une force d'environ 700 H. P., avec une chute de 27 mètres et un débit de 1500 litres, en réunissant les chutes de 13 usines, dont trois utilisées actuellement, sur un parcours de 600 mètres.

Les mesures que le Gouvernement pourra prendre pour une utilisation plus complète de la force des cours d'eau sont certainement destinées à aboutir à des résultats pratiques dont l'industrie saura tirer le plus grand profit. En attendant, nous avons pu constater que si la force hydraulique est généralement insuffisante dans le Calvados pour actionner toute seule l'outillage mécanique d'établissements importants, tous les industriels sérieux se sont appliqués à l'utiliser dans la plus large mesure, partout où ils en ont eu la disposition. Quelques-uns, à côté des anciennes roues, ont installé des turbines et ont su avantageusement tirer parti de la force de l'eau pour suppléer à la pénurie de charbon.

Quelques plaintes ont été formulées par des industriels des vallées de la Touques, de l'Orbiquet et de la Courtonne au sujet des dérivations de courant faites au profit des irrigations. Il semble bien que certains abus soient dus à l'inexpérience du personnel, en majeure partie féminin, exploitant les fermes depuis la mobilisation. En tout cas, les industriels sont représentés dans les syndicats de riverains, régulièrement constitués, sous le contrôle desquels est placé le régime des eaux, spécial à chaque contrée selon la nature du terrain. Ils peuvent y faire entendre leurs protestations et rappeler les contrevenants au respect des accords intervenus entre les intéressés. Il y a lieu de présumer que lorsqu'après la guerre la situation sera redevenue normale, l'harmonie pourra être facilement rétablie entre les divers intérêts en présence.

B) LES APPAREILS A VAPEUR

Le nombre des appareils à vapeur en activité dans le département du Calvados et soumis au contrôle du service des mines a varié comme suit pendant les années de 1913 à 1916 :

	1913	1914	1915	1916
Chaudières fixes	532	536	532	548
Locomotives et rouleaux compres[rs]	26	23	22	17
Locomobiles	330	337	316	319
Récipients de vapeur d'eau d'une contenance de plus de 100 litres, assujettis au décret du 9 octobre 1907	98	96	95	92
Puissance totale des machines actionnées par les chaudières en activité	23.8 HP	25.000 HP	24.500 HP	30.000 HP

C) L'ÉNERGIE ÉLECTRIQUE

L'application de l'énergie électrique est appelée à centupler la puissance de l'industrie moderne. L'installation de grandes usines d'électricité centralise la production de la force motrice qui est ensuite distribuée, souvent à de très grandes distances, aux établissements industriels branchés sur les secteurs desservis. Il en résulte, pour l'industrie, une grande économie dans les installations et dans la consommation des combustibles et la faculté de limiter la dépense de force motrice très exactement aux besoins de la production.

Dans le département du Calvados, l'application de l'énergie électrique dans l'industrie n'est qu'à ses débuts. Des centres importants, tels que Lisieux et Condé-sur-Noireau, attendent avec impatience leur rattachement à la Centrale de Caen. A Condé-sur-Noireau, dont le développement industriel a été considérable depuis la guerre, il n'existe même pas de service public d'éclairage à l'électricité et dans un certain nombre d'usines de la ville et de sa région des installations particulières ont dû être faites pour éclairer les locaux.

L'établissement d'un vaste réseau, qui doit assurer la transmission de l'énergie électrique dans un grand nombre de localités, est projeté par la Société d'Électricité de Caen. Cette société avait été constituée en 1893, primitivement pour l'exploitation de la concession de l'éclairage de la ville de Caen. Elle a étendu ensuite ses lignes à la banlieue de cette ville et jusqu'à plusieurs localités situées dans un rayon de 25 à 30 kilomètres.

Actuellement, un feeder de 3000 volts alimente Caen, sa banlieue et s'étend vers l'ouest jusqu'à Fleury-sur-Orne et Verson.

Un feeder de 13.500 volts alimente la ligne de Caen à

Bayeux, avec postes intermédiaires, et celle de Caen à Cabourg, avec postes intermédiaires également. De Cabourg, le courant fourni par la Centrale de Caen est transmis par la Société d'Électricité du Littoral Normand dans les localités de la côte jusqu'à Trouville, d'où la Société Normande de Distribution de gaz et d'électricité en assure la distribution jusqu'à Honfleur.

Un feeder de 30.000 volts alimente la ligne de Caen à Mézidon, avec postes intermédiaires. Cette ligne doit être prolongée jusqu'à Lisieux.

Un autre feeder de 30.000 volts alimente la ligne de Caen à Bretteville-sur-Laize, destinée à desservir toute la région minière et à être prolongée jusqu'à Condé-sur-Noireau.

L'ensemble des lignes de la société en service au 31 décembre 1917 atteignait une longueur de 230 kilomètres environ.

Afin de pouvoir donner à son réseau une extension en rapport avec le développement industriel de la région qu'elle dessert, la Société a considérablement augmenté ses moyens de production et a procédé, à cet effet, à une transformation complète de ses installations. Elle a fait édifier, sur un terrain de 11.000 mètres carrés, situé à Caen, sur le bord du canal de Caen à la mer, une nouvelle centrale, dotée de tous les perfectionnements modernes. Cette Centrale est desservie par les voies reliant le port à la gare de Caen. L'ancienne usine que la société possédait dans le centre de la ville a été abandonnée et ses bâtiments ont été cédés récemment à des industriels des régions envahies. Le matériel qui s'y trouvait a été vendu et un outillage complètement neuf a été installé dans la nouvelle. Les bâtiments de celle-ci comprennent trois salles parallèles dont la première contient la chaufferie, la deuxième abrite des turbines et les générateurs électriques et la troisième est destinée aux transformateurs statiques et au tableau de distribution. A côté des bâtiments de l'usine a été aménagé un parc à charbon permettant d'en emmagasiner de 4.000 à 5.000 tonnes. Ce combustible est amené uniquement par eau.

L'usine nouvelle est, dès maintenant, organisée pour l'installation d'une puissance de 9.000 kilowatts, que des agrandissements ultérieurs permettront de tripler.

Son outillage comprend :

a) à la chaufferie — huit générateurs de construction française, installés par la Société des Etablissements Delaunay-Belleville. Ils sont réunis par groupes de deux et peuvent produire normalement chacun de 5.300 à 6.500 kilos de vapeur à l'heure, à la pression de 15 kilogr. et surchauffée à 325° centigrades. Chacun de ces générateurs est muni d'un économiseur Green, d'un surchauffeur de vapeur Delaunay-Belleville et de foyers automatiques à poussoir. Des silos de 9.000 kilos chacun sont installés en nombre égal à celui des générateurs pour en assurer l'approvisionnement en combustible. Une voie Decauville sert à l'enlèvement des cendres et des escarbilles. L'alimentation des générateurs en eau est assurée par un château d'eau, en ciment armé, d'une capacité de 80 mètres cubes, placé à l'extérieur des bâtiments et monté sur pylônes de onze mètres de hauteur au-dessus du radier général en béton armé, sur lequel sont assises les fondations de l'usine. L'eau douce nécessaire est extraite d'un puits d'une profondeur de 31 mètres, foré à proximité. La pompe centrifuge permettant de remplir le château d'eau est logée dans une chambre aménagée entre les pylônes, au niveau du radier. Les générateurs sont alimentés au moyen de deux pompes centrifuges septuples, de construction suisse. Un cheval alimentaire Belleville leur sert d'appareil de secours.

b) dans la salle des machines, desservie par un pont roulant de 25 tonnes et d'une portée de 18 m. 92, — pour la production du courant triphasé et du courant continu, trois groupes-turbos, dont deux avec turbines Brown-Boveri, de 2.000 kilowatts chacun, et un avec turbine Sulzer, de 800 kilowatts, et pour la transformation du courant triphasé de 2.800 volts en courant continu à 575 volts — un groupe convertisseur Alioth et une commutatrice Brown-Boveri. Des condenseurs à surface, logés dans le sous-sol, entre le radier et le plancher qui supporte les turbines, se trouvent placés sous chacune d'elles. L'eau condensée est immédiatement utilisée pour l'alimentation des chaudières. Une petite turbine auxiliaire à trois roues d'action, échappant dans la turbine principale au moyen d'une soupape à trois voies, actionne les pompes de chaque turbine Brown-Boveri. La pompe d'eau de circulation et la pompe à air sont réunies dans une chambre commune. Les pompes de la condensation de la turbine Sulzer sont accouplées directement à deux moteurs asynchrones à induit en court-circuit de 25 H. P. chacun. Les eaux nécessaires à la condensation sont puisées dans le canal de Caen à la mer et sont amenées à l'usine, après un parcours de 150 mètres, au moyen d'un système d'ouvrages en ciment armé et comprenant une prise d'eau, un bassin de décantation et des canaux d'amenée et de décharge.

c) dans le bâtiment du tableau de distribution — les divers appareils servant à la manœuvre des alternateurs, des génératrices à courant coutinu et de la commutatrice, les barres collectrices générales et de distribution des divers courants, l'appareillage des divers transformateurs, ainsi que celui destiné à la distribution générale des réseaux extérieurs.

Le tableau suivant présente le développement de l'exploitation de la société pendant les années de 1909 à 1917 :

	Nombre de clients desservis	Nombre de lampes à incandescence directement desservies	Nombre de moteurs directement branchés	Puissance des moteurs directement branchés
Au 31 décembre 1909...	2.119	36.000	219	967 HP
» 1910...	2.400	39.400	316	1.162 »
» 1911...	2.679	42.800	364	1.287 »
» 1912...	3.050	47.600	449	1.754 »
» 1913...	3.542	53.800	508	2.377 »
» 1914...	4.123	61.500	592	2.631 »
» 1915...	4.259	62.000	600	2.667 »
» 1916...	4.474	63.200	613	3.807 »
» 1917...	4.995	67.800	639	4.087 »

Les autres usines productrices d'énergie électrique existant dans le Calvados sont celle de MM. Bru et Lemercier, à Vire, celle de M. Delaunay et celle de M. de Clock, à Falaise.

L'usine hydro-électrique de MM. Bru et Lemercier à Vire a été installée en 1892. Elle utilise, d'une part, une partie des chutes d'eau de la rivière la Vire, à l'aide d'un barrage aménagé de façon moderne pour produire une force de 200 H. P. sous 15 mètres de chute au moyen de deux turbines horizontales, alimentées par une conduite forcée de 130 mètres de longueur, et, d'autre part, une partie des chutes de la Virène, à l'aide de deux barrages aménagés pour produire ensemble une force de 100 H. P.

L'outillage comprend :

3 dynamos Hillairet-Huguet, de Paris;

2 dynamos Henrion, de Nancy;

4 dynamos de la Compagnie Générale Electrique de Nancy;

2 dynamos de la Société de Constructions électriques de Saint-Ouen;

1 dynamo de construction allemande, achetée d'occasion;

2 commutateurs et un alternateur triphasé, construits aux ateliers de la Compagnie Générale Electrique de Nancy;

10 transformateurs triphasés, construits aux ateliers de la Compagnie Générale Electrique de Nancy;

et une batterie d'accumulateurs, construite à Vire, à l'usine même de MM. Bru et Lemercier.

La force motrice est fournie par trois turbines hydrauliques construites aux ateliers Bret frères, à Verneuil-sur-Avre, et pouvant développer ensemble une puissance maxima de 300 H. P. Pendant la période des basses eaux, la force hydraulique est remplacée par celle de trois moteurs à gaz pauvre, que l'usine utilise comme moteurs de secours. L'un de ces moteurs, d'une force de 100 H. P., a été construit aux ateliers de la Société Alsacienne de constructions mécaniques à Belfort. Son appareil gazogène vient de la maison Delion et Lepeu, de Paris. Le second, d'une force de 200 H. P., est de construction suisse et a été acheté d'occasion pour remplacer un *Duplex* de 150 H. P., mis hors de service à la suite d'un accident. Ce moteur fonctionne avec l'ancien gazogène Duplex. Le troisième, d'une force de 50 H. P., est de construction anglaise. Son appareil gazogène vient de la maison Pierson, de Paris.

MM. Bru et Lemercier ont, en outre, chez leurs clients, environ 200 moteurs pour leurs distributions en continu et en alternatif. Tous ces moteurs, de marques diverses, sont de construction française.

Afin d'exploiter plus complètement les forces hydrauliques de la Vire et de la Virène par une captation rationnelle de toutes leurs chutes, MM. Bru et Lemercier ont conçu le projet d'installer une centrale hydro-électrique au confluent de ces deux cours d'eau. Actuellement, une partie seulement de ces chutes est utilisée. Elles ne fournissent ensemble qu'une puissance de 500 H. P. L'installation projetée par MM. Bru et Lemercier permettrait de tripler au moins cette puissance et de produire une force de 1.500 H. P., dont 600 actionneraient les usines déjà existantes à Vire, le reste pouvant servir à alimenter des établissements industriels à créer dans la région. En outre, l'usine hydro-électrique de Vire pourrait être reliée à la Centrale de Caen en vue d'une coopération entre elles : pendant la période des basses eaux, la Centrale thermique de Caen pourrait fournir du courant à l'usine hydro-électrique et celle-ci pourrait lui transmettre la force non utilisée dans la région viroise à d'autres époques de l'année. Ce projet se heurte toutefois à la question de l'expropriation des chutes utilisées par divers riverains. Un accord à l'amiable avec les intéressés paraissant douteux, cette question ne pourrait être résolue que par une loi actuellement pendante devant les Chambres.

L'Usine d'électricité de M. Delaunay à Falaise a été fondée en 1892. Elle est installée dans les bâtiments d'une ancienne filature. Tout l'outillage est de construction française. La force est fournie par une roue hydraulique développant une puissance de 5 à 6 H. P., par un moteur à gaz pauvre de 25 à 27 H. P. et par une machine à vapeur de 150 H. P. La puissance de production maxima est de 70 kilowatts à l'heure.

L'usine ne fournit le courant que dans la ville de Falaise. Au début de son installation elle n'en produisait que pour l'éclairage et alimentait 500 lampes. En 1913, elle en alimentait 3.000. Depuis la guerre, par suite de la mobilisation d'une partie de la clientèle, de la fermeture de divers établissements et ateliers et de la réduction de l'éclairage public, la fourniture de courant pour l'éclairage a diminué. Par contre, la fourniture de courant pour la production de la force motrice a sensiblement augmenté. Parmi les établissements de la ville desservis par l'usine figurent une fabrique d'articles de bonneterie, la presse à fourrages de la gare, un atelier de fabrication de roues pour canons, établi depuis la guerre, un atelier de rééducation de mutilés, une cordonnerie militaire, une tannerie et plusieurs boulangeries. Tous ces établissements disposent de petits moteurs d'une puissance de 1 ½ à 8 H. P.

Avant la guerre, M. Delaunay s'était proposé de donner une plus grande extension à son entreprise et de fournir le courant dans les communes des environs de Falaise. Sitôt après la fin de la guerre et le retour de ses deux fils, qui sont mobilisés, il compte reprendre ses projets, pour la réalisation desquels son usine est suffisamment outillée, et s'entendre avec la Centrale de Caen au sujet d'une coopération en vue de la distribution de l'énergie électrique.

L'usine d'électricité de M. de Clock à Falaise a été fondée en 1898. Son fonctionnement est lié à celui de l'usine à gaz, qui est exploitée également par M. de Clock et qui fournit le gaz servant de force motrice à son outillage. Celui-ci est de construction française. La puissance de production maxima est de 50 kilowatts à l'heure.

L'usine fournit le courant exclusivement dans la ville de Falaise, pour l'éclairage d'une partie de cette ville et pour la marche de petits moteurs, chez des boulangers, de petits artisans, des mécaniciens, etc. Elle ne peut alimenter des établissements industriels ayant besoin d'une force motrice continue.

Les Combustibles

A) LE CHARBON

« Le charbon est le pain de l'industrie » a-t-on dit maintes fois. Un hasard fit découvrir vers le milieu du XVIIIe siècle un gisement houiller dans le Bessin. En 1741, un paysan du village de Littry, en creusant un puits ou un abreuvoir, rencontra la houille à une petite profondeur. Le marquis de la Cour de Balleroy et son fils, propriétaires de forges importantes dans une localité voisine, en furent aussitôt informés et s'y intéressèrent vivement. Ils firent exécuter des fouilles sérieuses en présence des intendants des Généralités de Caen et de Rouen. Les résultats ayant été trouvés satisfaisants, le marquis de Balleroy demanda la concession de la mine. Elle lui fut accordée par arrêt du Conseil en date du 15 avril 1744, confirmé par lettres patentes du 14 novembre de la même année, pour un temps illimité et pour un périmètre de 15 lieues de longueur sur 8 de largeur entre les vallées de l'Orne et de la Vire et les villes et les bourgs de Saint-Lô, de Caumont, de Villers-Bocage et de Goupillières.

Sans attendre l'arrêt du Conseil, ni sa confirmation, le marquis de Balleroy avait fait commencer l'exploitation. La première fosse fut ouverte en 1743. Trois autres puits furent creusés entre 1743 et 1745. Mais l'exploitation était mal dirigée et donna de piètres résultats. Le marquis céda alors sa concession à une société qui se constitua le 12 juin 1747.

Ce fut la première société formée en France pour l'exploitation d'une mine de charbon. Celle d'Anzin ne le fut que quelques mois plus tard. L'acte constitutif rédigé en

1747 était encore en 1880 la charte de la Société des Mines de Littry. Le capital primitif avait été fixé à 300.000 livres.

L'exploitation, déficitaire au début, donna bientôt de meilleurs résultats, lorsque la direction en fut confiée à M. Bisson qui resta à sa tête pendant une vingtaine d'années. En 1749, on ouvrit un cinquième puits et on y installa pour l'épuisement des eaux la première machine à feu dont on ait fait usage en France. Elle venait d'Angleterre, ayant été construite dans le pays de Galles. On ne put toutefois pas s'en servir bien longtemps. S'étant encrassée, elle fit explosion. Les réparations furent coûteuses, sans que la machine ait pu être remise en état. On y renonça donc et ses débris furent vendus en 1756 à l'encan. Entre 1759 et 1673, de nombreux puits nouveaux furent forés. Deux d'entre eux ont été exploités pendant une centaine d'années.

Après l'administration de M. Bisson, l'entreprise déclina jusqu'en 1784, date à laquelle un ingénieur distingué, M. Noël, fut placé à sa tête. Depuis lors la société connut une longue ère de prospérité, qui ne fut guère interrompue même pendant la période la plus agitée de la Révolution.

En l'an III, plus de 300 ouvriers — mineurs, charpentiers, etc., étaient employés à la mine. La production de charbon avait atteint 225.000 hectolitres. Les trois quarts en étaient absorbés par les fours à chaux de la région et le reste par les maréchaux et les manufactures. On plaça vers cette époque, sur un des puits de la mine, une machine à feu pour l'extraction du charbon. C'était la première de l'espèce construite en France. Bien que primitive, elle était encore en service peu d'années avant la dissolution de la Société, en 1880. En l'an XI, on installa, à Littry, la première machine à vapeur employée en France pour l'enlèvement du minerai à jour en même temps que pour l'épuisement des eaux. Elle y remplaça le travail journalier de huit chevaux. Par décision du Conseil des mines, approuvée par décret du 24 nivôse de l'an XIII, le périmètre de la concession fut réduit à 115 kilomètres carrés 86 ares.

D'après une communication faite le 26 juillet 1821 par M. Pattu à l'Académie des Sciences, des Arts et des Belles-lettres de Caen, l'extraction à Littry avait atteint à cette époque 12 millions de kilogrammes de charbon, employé surtout dans les fours à chaux de la région, dans un rayon de 40 à 50 kilomètres. Ces fours produisaient alors 83 millions de kilogrammes de chaux utilisée comme engrais.

Sous l'habile et sage direction de M. Noël et ensuite sous celle de M. Lance, son gendre, qui lui succéda, de multiples améliorations furent apportées dans les conditions d'exploitation de la mine. En même temps, la société prenait une série de mesures pour augmenter le bien-être de ses ouvriers. Un système d'aération avait été établi dans les galeries d'extraction. Des murs solides y avaient remplacé les revêtements en charpente, économisant ainsi le bois et réduisant les frais d'entretien. Des ateliers de charpentiers, de forgerons, de serruriers furent installés près de la mine. On y réparait tout l'outillage mécanique. La population ouvrière s'était groupée autour du centre de l'exploitation. Une bourgade se forma. La société y fit construire une église et y fonda deux écoles, avec instruction obligatoire et gratuite pour les enfants de ses ouvriers. D'après la notice publiée par M. Le Duc sur la mine de Littry, l'administration de celle-ci fut une des premières en France à instituer au profit de son personnel un ensemble d'œuvres sociales, telles que pensions de retraites, secours mutuels, gratuité des soins et des médicaments aux malades et aux blessés, etc. Un marché fut créé à Littry et sous la Restauration, surtout après la publication de la loi de 1824 sur les expropriations, la société contribua grandement à la construction et à la réparation de tout un réseau de routes qui facilitèrent le transport du charbon dans toute la région alimentée par sa production.

Mais, dès cette époque, il fallut se préoccuper de l'épuisement prévu du gisement. D'après les observations présentées en 1821 par M. Pattu, les parties exploitables de la veine de Littry se trouvaient à 300 pieds audessous du sol et avaient dans leur ensemble deux mètres d'épaisseur en moyenne. Elles n'étaient pas toutes absolument homogènes. La substance combustible n'y était ni également pure, ni également abondante. La société faisait procéder activement à de nouvelles recherches. Au prix de grosses difficultés, une veine avait été découverte en 1818 dans un bassin séparé, qu'on nomma bassin Noël et qui était situé au nord du siège primitivement exploité. Ce nouveau bassin fut abandonné après une trentaine d'années d'exploitation. Le bassin Floquet, découvert également en 1818, fut très peu exploité. Plusieurs autres bassins furent ensuite successivement découverts et abandonnés, dès que le rendement n'en était plus rémunérateur. En 1842, fut enfin découvert vers Bernesq, à la limite nord-ouest de la concession, le bassin Fumichon dont la richesse fit bientôt abandonner l'exploitation de tous les anciens puits. Vers 1847, tous les efforts de la société se portèrent sur ce point. Une rectification du périmètre de la concession fut demandée et obtenue.

Une sensible augmentation des frais généraux fut toutefois la conséquence du déplacement du centre de l'exploitation. Celui-ci se trouva à une distance assez grande de la voie ferrée. Le prix du transport, sur une route malaisée, était considérable. En outre, on se heurta à des difficultés d'extraction. D'autre part, l'ouverture du canal de Caen à la mer, la construction de la ligne de Caen à Cherbourg, avec ses tarifs réduits de pénétration, la baisse du frêt anglais, la réduction des droits de douane et de pavillon ne permirent bientôt plus à la Société de Littry, dont les moyens de production, avec un outillage démodé et un personnel restreint, étaient restés stationnaires, de lutter contre la concurrence anglaise. Malgré la proposition de M. Tarnier, le dernier directeur de la mine, d'employer les réserves de la société, qui s'étaient élevées à 1 ½ millions de francs, au forage de puits nouveaux, au renouvellement de l'outillage et au raccordement du siège de l'exploitation au réseau ferré, les actionnaires préférèrent liquider l'affaire. L'exploitation de la mine fut abandonnée en 1880. Le gisement était d'ailleurs épuisé.

Depuis cette époque aucune autre exploitation houillère n'a été entreprise dans le Calvados. Les études géologiques laissent cependant présumer qu'il n'y a pas lieu de renoncer complètement à l'espoir d'y découvrir de nouveaux gisements de charbon. Les recherches en ont été confiées à une commission à la tête de laquelle a été placé M. Bigot, le savant doyen de la Faculté des Sciences de l'Université de Caen. Mais ces recherches sont rendues difficiles par le fait que les gisements de houille qu'on suppose exister dans le Calvados, n'y forment pas une couche continue, mais des lentilles isolées et disséminées, dont il est à priori difficile de déterminer l'exact emplacement.

A défaut de production locale, le département du Calvados est obligé de recourir aux charbons d'importation. Ses ports sont autant de portes d'entrée par lesquelles pénètrent les houilles étrangères. Celles-ci arrivent en quantités toujours croissantes et se répandent bien au delà des limites du Calvados, dans tout l'arrière-pays tributaire des ports de ce département.

Dans le tableau ci-contre sont indiquées en tonnes les importations de charbons dans les ports du Calvados pendant les années de 1900 à 1917 :

Années	Honfleur	Trouville	Dives	Caen	Courseulles	Port-en-Bessin	Isigny	Totaux
1900	149.028	87.280	900	348.779	3.372	1.543	1.538	592.440
1901	126.542	68.615	930	328.948	4.522	2.008	1.635	533.200
1902	90.968	76.093	442	340.711	4.248	2.261	2.699	517.422
1903	82.810	71.242	926	376.784	3.818	1.377	2.626	539.583
1904	95.870	70.612	1.186	370.579	4.344	1.369	2.089	546.049
1905	104.695	62.465	1.122	383.554	4.010	959	2.090	558.895
1906	109.388	76.014	666	404.836	4.045	682	1.746	597.377
1907	155.111	82.865	307	416.485	4.808	967	1.438	661.981
1908	168.147	78.040	1.515	392.576	4.620	3.272	1.555	649.725
1909	160.902	90.678	1.068	469.208	5.244	3.461	2.528	733.089
1910	135.426	89.571	765	486.597	3.991	3.227	1.435	720.952
1911	112.875	73.855	183	500.851	4.991	4.095	2.436	699.286
1912	148.271	70.352	268	482.950	4.653	2.838	2.909	712.241
1913	163.829	78.220	149	549.259	4.633	2.557	3.000	801.947
1914	172.246	86.295	429	515.593	4.632	1.963	2.500	783.658
1915	289.000	133.254	....	740.869	4.164	2.039	2.914	1.172.240
1916	259.329	138.440	....	542.885	3.127	2.358	1.627	947.766
1917	246.219	90.785	....	745.125	1.803	2.423	3.098	989.453

Primitivement, les charbons étrangers qui entraient dans les ports du Calvados, provenaient exclusivement d'Angleterre. Mais à partir de 1895, l'importation de charbons allemands, venant par Rotterdam, a commencé à se développer progressivement et a atteint une centaine de mille tonnes par an dans les dernières années qui ont précédé la guerre. Ces charbons allemands étaient destinés principalement aux chemins de fer et aux usines à gaz. Depuis la guerre, l'importation de charbons de provenance allemande a cessé complètement. Ceux qui arrivent actuellement dans les ports du Calvados viennent d'Angleterre. Malgré les difficultés résultant de l'état de guerre, rareté et cherté du frêt, pénurie de wagons pour l'évacuation des charbons débarqués dans les ports, les importations de houille anglaise ont considérablement augmenté depuis le début des hostilités. Ces importations sont faites, en très grande partie, par les soins de maisons qui disposent d'un matériel considérable pour le déchargement des navires et qui transforment en agglomérés une partie des charbons importés. Elles possèdent des installations et un outillage importants pour leur fabrications. En outre, elles s'occupent du transit des charbons achetés directement à l'étranger par quelques grosses entreprises, telles que les chemins de fer et les usines à gaz.

Les principales maisons établies dans les ports du Calvados pour l'importation des charbons et la fabrication des agglomérés sont :

la maison A. Drouant, à Honfleur;

la Société Houillère d'Importations et d'Agglomérés, à Honfleur;

la maison Duval, à Trouville;

la maison L. Allainguillaume, à Caen;

la maison R. et G. Lamy, à Caen;

la Société Charbonnière du Calvados, à Caen.

La maison A. Drouant, à Honfleur, a été fondée en 1893

pour l'importation des charbons. La première à Honfleur elle a installé en 1900 une usine pour la fabrication d'agglomérés. Avant la guerre, elle importait et transformait des charbons exclusivement anglais. Depuis la guerre, à la suite des difficultés de transport des houilles anglaises, elle fait venir, en outre, des menus du bassin houiller du Nord de la France. Ces menus sont mélangés avec des fines anglaises pour la fabrication de briquettes et de boulets.

Les importations, qui avaient passé de 500 tonnes par an à l'époque de la fondation de la maison à 130.000 tonnes en moyenne en 1912 et 1913, ont été de 175.000 tonnes en 1915, dont 95.000 pour les besoins de l'État et 80.000 pour la transformation à l'usine, de 150.000 tonnes en 1916, dont 100.000 pour les besoins de l'État et 50.000 pour la transformation à l'usine, et de 99.000 tonnes en 1917, dont 90.000 pour les besoins de l'État et 9.000 pour la transformation à l'usine.

Le matériel de déchargement comprend huit grues à vapeur, dont six de construction française et deux de construction américaine. Ces deux dernières, dont la maison est concessionnaire, sont la propriété des chemins de fer de l'État.

A l'usine de transformation, l'outillage se compose d'appareils de criblage et de lavage, de broyeurs, de malaxeurs et de presses à vapeur pour la fabrication d'agglomérés. Tout ce matériel est de construction française. Les appareils de criblage ont été montés aux ateliers de la maison.

A l'atelier de réparation, avec forge, l'outillage se compose d'un étau limeur, de construction américaine, et d'un four, de construction suisse, achetés d'occasion.

La force motrice est fournie par plusieurs machines à vapeur, développant ensemble une puissance de 150 H. P.

L'usine est outillée pour une fabrication de 100 tonnes

d'agglomérés de jour et d'autant de nuit. Avant la guerre, la production était de 45.000 à 50.000 tonnes par an. En dehors des fournitures destinées aux besoins de l'Etat, les charbons et agglomérés étaient vendus aux établissements industriels des départements du Calvados, de l'Eure, de la Sarthe, ainsi qu'à ceux de la région parisienne.

Le personnel de la maison, aux chantiers et à l'usine, se composait, avant la guerre, de 35 ouvriers et ouvrières. Depuis la guerre, la maison en fait travailler 45. Mais ce personnel plus nombreux, composé d'hommes trop âgés ou trop jeunes et de femmes, fournit un travail d'un rendement plus médiocre.

Les établissements de la Société Houillère d'Importations et d'Agglomérés, à Honfleur, ont été fondés en 1909. Leurs installations avaient presque atteint en 1914 leur développement prévu. La société importe des charbons de Cardiff, qui sont passés dans un appareil de criblage, lavés et livrés à la consommation soit en charbons classés pour les divers usages industriels ou domestiques, soit après transformation en briquettes pour chemins de fer, mines, entreprises de battage, etc.

L'outillage comprend :

pour le déchargement des navires — une grue à vapeur de six tonnes, de construction française;

pour le traitement des charbons — un appareil de criblage et un lavoir mécanique, de construction française, pouvant traiter 200 tonnes de charbon par jour;

pour la fabrication des agglomérés — un broyeur, un malaxeur, une presse à briquettes produisant 12 tonnes à l'heure, une presse à boulets de 6 tonnes, le tout de construction belge, et un broyeur à charbon acheté d'occasion; en outre, une presse à briquettes a été commandée à l'industrie française.

La force motrice est fournie par une machine à vapeur Weyher et Richmond, de 150 H. P., avec chaudière de

250 mètres carrés de surface de chauffe. La maison dispose, en outre, d'une machine à vapeur de secours, de 30 H. P., de construction ancienne.

Un atelier de réparations avec forge est annexé à l'usine. L'outillage qui s'y trouve — tour et perceuse — est de construction française.

La production d'agglomérés, avant comme depuis la guerre, atteint environ 35.000 tonnes par an. Elle est vendue, de même que les charbons importés par la maison et non transformés, dans les départements du Calvados, de l'Eure, de Seine-et-Oise, de la Seine, de l'Eure-et-Loir, du Loiret, de l'Orne, de la Sarthe et de la Mayenne.

Le personnel de la maison employé à la fabrication des agglomérés comprend, depuis la guerre comme auparavant, 25 ouvriers, dont un chef de fabrication, qui est un spécialiste, cinq mécaniciens et chauffeurs et deux aides-mécaniciens. Depuis la guerre, la majeure partie du personnel est composée d'ouvriers belges.

Les établissements de M. Duval, ancienne maison Fouchet et Poirier à Trouville, ont été fondés en 1871. Primitivement, la maison ne s'occupait que d'importation de charbons. L'usine d'agglomérés a été fondée en 1885. M. Duval a repris l'affaire en 1894.

Les charbons importés, tant pour la vente que pour la fabrication des agglomérés, sont de provenance anglaise. Avant la guerre, les importations annuelles de la maison s'élevaient à 60.000 tonnes, dont 28.000 environ étaient transformées en agglomérés. Depuis le début de la guerre jsuqu'au commencement de 1917, la moyenne annuelle des importations avait atteint 70.000 tonnes. A la suite de la réglementation des importations de charbons, la maison n'a importé en 1917, que 43.000 tonnes.

Jusqu'en 1902, le transport des charbons avait été effectué sur navires anglais. Dans le courant de la dite année, M. Duval fit construire à Nantes un bateau de 1.200 tonnes, qui assura les transports de la maison jusqu'au 31 décembre 1917, date à laquelle il fut perdu en mer.

L'outillage de la maison est de construction française. Les installations récentes de son atelier de criblage et de calibrage lui permettent de traiter 350 tonnes de tout venant par jour. Celles de l'atelier de lavage des charbons criblés et calibrés donnent un rendement de 120 tonnes par jour. La fabrication des agglomérés avait été de 50 tonnes par jour depuis la fondation de l'usine jusqu'en 1897. A cette époque, de nouvelles installations permirent à M. Duval de porter cette production à 90 tonnes par jour. En 1908, le matériel ayant été encore modernisé, elle a atteint 130 tonnes par jour. La maison n'ayant pu assurer l'importation des charbons nécessaires à ses fabrications d'agglomérés depuis la perte de son bateau, son usine s'est trouvée pendant quelque temps arrêtée. Mais depuis le mois de mai 1918 elle travaille de nouveau sous le contrôle du Bureau National des Charbons.

La forcè motrice est fournie aux établissements de M. Duval par une machine à vapeur de 120 H. P., de construction française.

Les charbons et les agglomérés de la maison sont vendus dans les départements du Calvados, de l'Eure, de Seine-et-Oise, de l'Eure-et-Loir, de la Sarthe et de l'Orne. Afin de favoriser le transport des charbons importés par le port de Trouville vers les départements de l'Eure et de l'Eure-et-Loir qui en sont tributaires, M. Duval souhaiterait le prolongement de la ligne de Lisieux à la Trinité de Réville jusqu'à Breteuil, où elle se raccorderait à celle d'Evreux à Verneuil, et la construction d'un tronçon de voie ferrée reliant Verneuil à la gare de Saint-Sauveur-Château-Neuf, sur la ligne de Dreux à Chartres.

La maison L. Allainguillaume à Caen a été formée à la fin de 1916, par la fusion des maisons Allainguillaume et fils et Vérel et Cie, pour l'importation de charbons et la fabrication d'agglomérés. L'ancienne maison Allainguillaume et fils avait été fondée en 1881, la maison Vérel et Cie en 1866.

En 1915, les importations de chacune de ces deux maisons avaient atteint 120.000 tonnes environ, soit ensemble environ 240.000. En 1916, elles avaient importé chacune 100.000 tonnes environ, soit ensemble 200.000. En 1917, les importations des établissements réunis sont tombées à 150.000 tonnes par suite de la rareté du frêt. La réglementation des importations de charbon et la pénurie de matériel de chemin de fer font prévoir une nouvelle diminution pour 1918.

Les établissements de la maison L. Allainguillaume comprennent deux usines, dont l'une est située sur le quai de la Londe et l'autre près du Nouveau bassin du port de Caen. Chacune de ces usines dispose d'un important matériel de débarquement et de stockage, d'un matériel de concassage et de criblage et d'un matériel pour la fabrication des agglomérés.

L'outillage de l'usine du quai de la Londe comprend :

1) une grue électrique de quatre tonnes, sur ponton en fer, et deux grues à vapeur, de 1.500 kilogr. chacune, l'une sur ponton en fer et l'autre sur ponton en bois; ces trois grues et leurs pontons sont de construction française;

2) un transporteur de 200 tonnes à l'heure, avec quatre moteurs électriques, le tout de construction française;

3) deux cribles mobiles, de construction française, actionnés par deux moteurs électriques de construction allemande;

4) pour la fabrication des agglomérés — une presse pour briquettes de sept kilogr., un broyeur Carr, un trommel, un moulin à bras avec les élévateurs et transporteurs nécessaires, deux laveurs à charbon, système Bérard, complétés par deux cribles classeurs; tout ce matériel est de construction française;

5) un atelier de réparations, comprenant deux tours, une perceuse, une grande forge avec accessoires et deux meules; tout ce matériel est de construction française;

6) une scie à ruban, avec moteur électrique de 3 H. P., de construction française, pour le bois de chauffage.

La force motrice est fournie à l'usine du quai de la Londe par un moteur Corliss à lames de sabre, de 150 H. P., de construction française, avec chaudière à foyers intérieurs, de 100 mètres carrés de surface de chauffe, de construction française également.

L'outillage de l'usine du Nouveau bassin comprend :

1) trois grues électriques, d'une puissance de levée de trois, de quatre et de cinq tonnes; celles de trois et de cinq tonnes sont de construction française; celle de quatre tonnes est de construction allemande; toutes les trois sont à bennes automatiques;

2) des appareils de stockage et de manutention mécanique, de construction française, dont 3 grues à vapeur, d'une puissance de levée de 1.500 kilogr. chacune, avec leurs moteurs;

3) des appareils de concassage et de criblage, de construction française;

4) pour la fabrication des agglomérés — trois presses fournissant une production de sept, de huit et de quinze tonnes à l'heure; elles sont toutes les trois de construction française;

5) trois chaudières, dont deux ont une surface de chauffe de 60 mètres carrés chacune et la troisième une surface de chauffe de 90 mètres carrés; elles sont toutes les trois, ainsi que les appareils qui les alimentent, de construction française.

La force motrice est fournie à l'outillage de l'usine du Nouveau Bassin par les appareils suivants :

1) quatre moteurs électriques, dont trois de 15 H. P. chacun et un de 85 H. P., à courant continu de 500 à 550

volts, actionnant la grue de cinq tonnes; ils sont de cons-de construction française;

2) trois moteurs électriques, dont deux de 10 H. P. chacun et un de 70 H. P., à courant continu de 500 à 550 volts, actionnant la grue de quatre tonnes; ils sont tous de construction allemande;

3) quatre moteurs électriques, dont trois de 7 H. P. chacun et un de 45 H. P., à courant continu de 500 à 550 volts, actionnant la grue de trois tonnes; ils sont tous de construction française;

4) trois moteurs électriques de 16 H. P. chacun, actionnant les appareils de manutention mécanique; ils sont à courant triphasé, de 200 à 210 volts, 50 périodes;

5) des moteurs électriques, dont un de 150 H. P., un de 70 H. P., un de 30 H. P., deux de 13 H. P. et un de 5 H. P., actionnant le matériel de concassage et de criblage ainsi que l'outillage pour la fabrication des agglomérés; le moteur de 150 H. P. est de construction suisse, celui de 70 H. P. de construction anglaise, et celui de 30 H. P. de construction allemande.

La maison R. et G. Lamy, à Caen, a été fondée en 1837 par le grand-père des propriétaires actuels,pour l'importation des charbons. L'usine pour la fabrication des agglomérés a été installée par leur père en 1884.

Les opérations de la maison se sont développées progressivement. Au début, ses importations se chiffraient par 10.000 à 15.000 tonnes par an. Vers 1865, elles étaient de 20.000 à 25.000 tonnes. En 1890, elles atteignaient environ 35.000 tonnes. En 1913, elles se sont élevées à 150.000 tonnes. En outre, la maison importait de 50.000 à 60.000 tonnes comme transitaire pour le compte de compagnies de chemins de fer ou de gros industriels qui achetaient leurs charbons directement en Angleterre.

Le matériel de déchargement, qui a été sensiblement augmenté et amélioré depuis la guerre, pour permettre la réception de navires d'un fort tonnage, comprend :

1) une grue électrique de 5.500 kilogr., de construction française;

2) deux grues électriques de cinq tonnes chacune, de construction française;

3) un ponton-grue à vapeur, de 2.000 kilogr., de construction française;

4) deux pontons-grues, de 1.500 kilogr. chacun, de construction française;

5) un transporteur aérien, système Robins, de construction américaine, pour la mise en stock.

L'outillage de l'usine de fabrication d'agglomérés comprend :

1) deux presses à briquettes, chacune d'une production de 13 tonnes à l'heure, avec malaxeur, broyeur, cribles et accessoires divers; tout ce matériel est de construction française;

2) une presse à boulets, de construction française, d'une production de 13 tonnes à l'heure;

3) un transporteur souterrain, de construction française, prenant les charbons sous les stocks pour l'alimentation de l'usine;

4) plusieurs petits transporteurs électriques mobiles, des cabestans électriques, des cribles, des laveurs et divers appareils accessoires, le tout de construction française.

La force motrice est fournie par une machine à vapeur de 150 H. P., construite aux ateliers Dujardin, à Lille, avec deux chaudières semi-tubulaires, de 250 mètres carrés de surface de chauffe, toutes les deux de construction française. La machine à vapeur devait être compoundée et portée à une force normale de 300 H. P. Mais la guerre a empêché MM. Lamy de faire cette transformation. Ils ont été obligés d'adjoindre provisoirement à leur machine à vapeur un moteur électrique Alioth, de 150 H. P., acheté d'occasion.

Les charbons et agglomérés de la maison Lamy sont vendus dans le Calvados, dans les départements limitrophes et au delà, dans une région dont la périphérie est jalonnée par Chartres, Le Mans, Laval et Saint-Lô. Lorsque des navires d'un plus fort tonnage pourront entrer dans le port de Caen, le rayon de la vente pourra être étendu de 20 à 25 kilomètres.

La main-d'œuvre a toujours été assez rare à Caen. MM. Lamy ont suppléé à son insuffisance par l'installation de nombreux et puissants engins mécaniques.

La Société Charbonnière de Caen, constituée en 1906 pour l'importation de charbons et la fabrication d'agglomérés, a repris les établissements de l'ancienne maison Larue, fondée en 1870.

L'outillage de l'usine d'agglomérés comprend des cribleurs-classificateurs mécaniques, un laveur mécanique, un malaxeur et une presse. Une nouvelle presse doit être installée prochainement. Tout ce matériel est de construction française. La force motrice est fournie par une machine à vapeur, de construction française, avec chaudière française également.

La production d'agglomérés s'élève à environ 110 tonnes par jour et atteindra 180, lorsque la nouvelle presse aura été mise en service. En temps normal, les charbons et agglomérés de la maison sont vendus dans les départements du Calvados, de la Manche, de l'Orne, de la Sarthe, ainsi qu'en quantités moindres dans ceux de l'Eure et de l'Eure-et-Loir.

Le personnel se compose de 45 ouvriers, dont 20 sont employés dans les chantiers de la société et 25 exclusivement à l'usine d'agglomérés.

Une dizaine de maisons d'habitation ont été construites en 1911 et en 1912 à frais commun par les importateurs de charbon et fabricants d'agglomérés de Caen pour le logement de leur personnel. Actuellement, ses maisons sont occupées par des ouvriers marocains dont le travail est d'un rendement fort médiocre et qui n'ont causé que des déboires aux industriels qui les emploient.

En vue de faciliter l'importation des charbons, les trois grandes maisons importatrices de Caen ont constitué en 1903 la Société Navale Caennaise. Cette entreprise de navigation était arrivée en 1914 à disposer d'une flotte d'un tonnage de 12.000 tonnes. Au moment de la déclaration de la guerre la société était en pourparlers avec des chantiers anglais pour la construction de deux ou de trois nouveaux bateaux qui auraient porté l'ensemble du tonnage de sa flotte à environ 18.000 tonnes. Depuis la guerre, ses bateaux ont continué leur trafic normal entre Caen et l'Angleterre, malgré les difficultés et les risques de la traversée. La société a perdu au cours des hostilités quatre de ses navires sur sept, représentant plus de 70 % de son tonnage. Ces pertes ont consisérablement gêné les opérations des importateurs de charbons. Des mesures devront être prises pour favoriser la reconstitution de la flottille caennaise, afin de lui permettre de reprendre après la guerre la place qu'elle occupait dans le trafic maritime et d'assurer au port de Caen un apport de combustible, indispensable aux besoins de la région.

Les installations insuffisantes de la gare de Caen et la pénurie de matériel roulant sont autant d'entraves au développement des importations de charbons. Dès avant la guerre, gare et matériel de chemins de fer ne pouvaient suffire au trafic du port. Actuellement, les quais de ses bassins sont encombrés de charbons qui s'y accumulent et qu'il est impossible d'évacuer à défaut de wagons. Entre temps, de nombreux établissements industriels sont obligés de restreindre et même d'arrêter leur production faute de combustible. La création et le développement de hauts-fourneaux, de chantiers navals, d'exploitations minières et d'autres entreprises industrielles importantes, à Caen et dans ses environs, sont appelés à augmenter dans des proportions énormes le mouvement des marchandises dans le port et sur les voies ferrées qui le desservent. Les installations de la gare de Caen devront être complètement remaniées et agrandies pour répondre au trafic intense prévu pour l'après-guerre. Le matériel roulant destiné à assurer les transports devra être augmenté en conséquence.

B. — LA TOURBE

En temps normal, l'emploi de la tourbe comme combustible dans le département du Calvados est à peine appréciable. Mais depuis la guerre, la question de l'exploitation des tourbières s'y est posée pour suppléer à la pénurie de charbon. Une campagne intéressante en faveur de l'utilisation de la tourbe a été entreprise par un savant et éminent publiciste, M. l'abbé Masselin, curé de Cormelles. Dans une série d'articles de presse, parus sous sa signature, et dans des brochures qu'il a publiées, M. l'abbé Masselin a fait connaître les principaux gîtes de tourbe du département et a indiqué les procédés d'extraction et les modes d'emploi de ce combustible.

Les gîtes se trouvent, d'après M. l'abbé Masselin, soit en terrain accidenté — dans la vallée qui avoisine la bruyère de Plessis-Grimoult, à six kilomètres environ de la gare d'Aunay, sur la ligne de Caen à Vire, soit en vallée sans pente — à Biéville, à Rots, à Secqueville-en-Bessin, à Chicheboville, à Bellengreville, à Billy, à Vimont, à Saint-Pair, au marais de Villers-Canivet près de Falaise et dans la vallée de la Vire, aux environs du Petit-Vey, soit le long de la mer — dans les marais de Criquebœuf près d'Honfleur, dans ceux de Blonville et de Villers-sur-Mer, dans ceux de Colleville et d'Hermanville, dans ceux de Courseulles et dans ceux de Ver-Meuvaines, ainsi que le long du rivage du Bessin et dans la vallée marécageuse de Saint-Laurent-Vierville. Toutefois, on ne saurait utiliser actuellement tous les gîtes indiqués. Le dessèchement des marais a mis à la disposition de la culture d'anciennes tourbières et le prix de location en serait excessif aujourd'hui. D'autre part, en certains endroits, le long de la mer, la tourbe a été en grande partie recouverte par d'épaisses couches de sable. Néanmoins, plusieurs tourbières pourraient être utilement exploitées. M. l'abbé Masselin signale comme particulièrement intéressantes celles de la vallée du Plessis-Grimoult, celles des rivages du Bessin, celles du marais de Ver-Meuvaines et celles du bassin de Chicheboville-Bellengreville. Ces dernières ont autrefois fait l'objet d'une exploitation restée d'ailleurs presque toujours rudimentaire.

La campagne entreprise par M. l'abbé Masselin aboutit à des résultats pratiques. En 1917, plusieurs personnes demandèrent aux administrations compétentes l'autorisation d'exploiter des tourbières à Chicheboville, sur le rivage entre Courseulles et Arromanches et entre cette dernière localité et Isigny.

Nous devons une mention spéciale à la mise en exploitation du gisement de tourbe marine, situé sur la plage entre Courseulles et Bernières, pour l'aménagement duquel l'intervention de la Section Economique de la 3e Région fut demandée. En janvier 1918, M. Leblanc, président de la Chambre de Commerce d'Evreux, vint exposer à M. le Préfet de l'Eure l'intérêt qu'il y aurait à mettre en valeur ce gisement, dont MM. Brillat et Lemonnier étaient concessionnaires, afin de procurer un combustible d'appoint aux industriels du département. M. le Préfet chargea aussitôt M. l'adjudant Marion, correspondant du délégué du Ministre de la Guerre auprès du Sous-comité consultatif d'Action Economique du département de l'Eure, de se rendre sur les lieux, d'étudier l'affaire et d'organiser avec le concours de M. le Président de la Chambre de Commerce, dans les plus brefs délais, l'exploitation du gisement. Grâce à l'intervention rapide et efficace de la Section Economique, main-d'œuvre et matériel furent mis à la disposition des concessionnaires. Ceux-ci obtinrent de cette façon des équipes de travailleurs russes du dépôt d'Evreux, des rails pour voies Decauville, des wagonnets, des chevaux, des harnais, de l'outillage en provenance de Paris et d'Evreux, ainsi que les wagons nécessaires au transport du combustible par voies ferrées. L'exploitation, qui ne peut se faire qu'à marée basse, a commencé au mois de mars 1918 et donne des résultats satisfaisants. Dans le courant des trois premiers mois il a été expédié jusqu'à 1.500 tonnes de tourbe dans diverses localités des départements du Calvados et de l'Eure. Pour l'alimentation du foyer domestique ce combustible est particulièrement apprécié. Mélangé par moitié avec du charbon, il entretient facilement le feu et permet de réaliser de notables économies. Plusieurs négociants de Caen en vendent couramment et en assez grosses quantités, au prix de 6 fr. l'hectolitre. Dans l'industrie, après quelques tâtonnements du début, une certaine préparation de ce combustible avant son utilisation semble devoir en permettre l'emploi dans de bonnes conditions.

C. — LE BOIS

Il faut remonter au XVIIe et au XVIIIe siècle, à une époque où la houille n'était guère encore utilisée, ou ne l'était qu'à peine, pour retrouver, dans les contrées actuellement comprises dans les limites du Calvados, l'emploi du bois et du charbon de bois, sur une plus ou moins grande échelle, comme combustibles pour les besoins de l'industrie. Le charbon de bois était employé alors dans les hauts-fourneaux et dans les forges, pour le traitement du minerai et la fusion des métaux. L'usage qui en était ainsi fait nécessitait une grande consommation d'arbres et avait pour conséquence le déboisement de la région. Les richesses forestières de celle-ci ne pouvaient certes pas se comparer à celles de l'Oural, où tout dernièrement encore le charbon de bois était le principal combustible utilisé par l'industrie métallurgique. Le pouvoir royal s'émut de la disparition des forêts de Normandie. Pour protéger celles-ci, et le gibier qu'elles abritaient, une série de mesures furent édictées dès le XVIIe siècle, imposant de très strictes limites à la consommation du bois par la métallurgie. Le développement de celle-ci fut atteint par cette réglementation, qui détermina l'abandon successif d'exploitations jusqu'alors fort nombreuses. Elles disparurent dans le Calvados avant que l'utilisation de la houille s'y fut généralisée dans l'industrie et que ce combustible y ait à peu près complètement supplanté le bois et le charbon de bois.

L'emploi de ces derniers s'était pourtant encore maintenu jusqu'à la guerre actuelle dans la poterie et dans la boulangerie. Mais le bois et le charbon qui y étaient brûlés, ne provenaient généralement pas des forêts du Calvados.

D'après une statistique datant de 1912, la superficie totale des espaces boisés de ce département ne représente que 38.241 hectares, dont 3.401 hectares de forêts domaniales, 40 hectares de bois communaux et 34.800 hectares de bois appartenant à des particuliers. L'ensemble de ces forêts ne couvre que 6, 9 % de la superficie totale du département. Les essences les plus répandues y sont le chêne, le hêtre, le châtaigner, le bouleau, le peuplier, l'orme, le sapin et le pin sylvestre.

Les forêts domaniales traitées en futaies sont aménagées à la révolution de 120 ans. Les taillis sous futaie domaniaux sont exploités à des révolutions variant de 25 à 30 ans. Dans les bois non soumis au régime forestier, le traitement le plus généralement adopté est celui des taillis sous futaie, à révolutions de 12 à 30 ans. Les révolutions inférieures à 20 ans sont toutefois les plus courantes. On ne réserve presqu'exclusivement que les baliveaux. Le taillis simple est exploité à la révolution de 8 à 12 ans. Aucune futaie n'est aménagée. Les coupes y sont pratiquées selon les besoins des propriétaires. Il en résulte, parfois, des exploitations abusives. Pendant les dernières années qui ont précédé la guerre, quelques reboisements en résineux avaient été effectués dans des parties de massifs importants, ruinés par une exploitation abusive de taillis à courte révolution.

La production annuelle des forêts du Calvados était, avant la guerre, de 4.800 mètres cubes de bois d'œuvre et de 18.400 stères de bois de feu pour les forêts domaniales, et de 3.900 mètres cubes de bois d'œuvre et de 120.000 stères de bois de feu pour les forêts particulières, soit au total de 8.700 mètres cubes de bois d'œuvre et de 138.400 stères de bois de feu. Cette production était loin de suffire à la consommation. Les coupes du Calvados étaient surtout employées pour le chauffage domestique dans les campagnes. Les marchands de bois de Saint-Laurent-de-Condelle fournissaient des fagots à la boulangerie. Mais pour satisfaire entièrement aux besoins de celle-ci en combustibles, le Calvados était largement tributaire des départements forestiers voisins, de l'Eure et de l'Orne. C'est surtout de ce dernier département, des régions d'Argentan et de la Ferté-Macé, en particulier de la forêt d'Almenèches, que venait le bois destiné aux boulangers.

Au début de la guerre, ainsi qu'il résulte d'un rapport présenté le 17 janvier 1916 par M. Corbin, inspecteur des eaux et forêts, au Sous-Comité d'Action Economique du département du Calvados, la production du bois d'œuvre était tombée à zéro et celle du bois de feu à 59.000 stères environ. La mobilisation de nombreux propriétaires et gérants de propriétés et des marchands de bois, ainsi que la pénurie de la main-d'œuvre ont été les causes de cette diminution de production. Les stocks existants furent, d'autre part, réduits de près de moitié à la suite des réquisitions faites pour le compte de l'Intendance. Les prix du bois s'en ressentirent sensiblement et leur hausse, qui pour les mêmes raisons s'était généralisée dans toute la région, s'est de plus en plus accentuée depuis lors, tant en raison de la multiplication des demandes, que de l'accroissement constant de tous les frais de production — augmentation des salaires et renchérissement de la nourriture des hommes et des chevaux, ainsi que de tout ce qui est nécessaire à l'entretien de la cavalerie et du harnachement, ferrures, cuirs, etc.

En effet, la pénurie de charbon a non seulement nécessité l'emploi de quantités plus considérables de bois pour le chauffage domestique, mais a obligé de nombreux industriels de recourir à ce combustible et d'en constituer des stocks pour assurer la marche de leurs usines. La plupart des stocks ainsi constitués dans les établissements industriels du Calvados ne proviennent cependant pas des coupes de ce département, mais de celles des départements forestiers voisins, et particulièrement de l'Orne. Les bois du Calvados alimentent, presqu'exclusivement, le chauffage domestique et la boulangerie, sans pouvoir même y suffire entièrement.

Au cours de notre enquête dans ce département, nous avons vu quelques industriels utiliser, comme combustible, la sciure de bois, qui nécessite un aménagement spécial des appareils de chauffage, mais donne des résultats satisfaisants. Le tan usé et les briquettes de tan sont également employés comme combustibles, mais dans une mesure naturellement fort limitée.

La Production Agricole

Une étude détaillée de la production agricole ne rentre pas dans le cadre de notre enquête. Mais le Calvados est un des plus riches départements agricoles de la France et divers produits de la culture et de l'élevage y constituent la base d'un certain nombre d'importantes industries. Nous allons donc passer rapidement en revue les principales productions végétales et animales de ce département.

A. — LA PRODUCTION VÉGÉTALE

Ce qu'il faut relever en tout premier lieu c'est, d'une part, la transformation constante et progressive dans le Calvados, depuis plus d'une cinquantaine d'années, des terres arables en prairies naturelles et d'autre part, la disparition à peu près complète des jachères.

D'après les statistiques agricoles, on comptait en 1865 dans ce département environ 308.000 hectares de terres labourables, 103.000 hectares de prairies naturelles, 45.000 hectares de bois et 31.000 hectares de jachères. En 1903, les surfaces engazonnées occupaient 236.000 hectares, en 1913 — 261.000 h. Actuellement, le tiers environ du département est occupé par les cultures et la moitié au moins par les prairies naturelles.

La superficie totale cultivée en céréales s'était accrue

jusqu'en 1835. Depuis lors, elle n'a cessé de décroître, d'abord à la suite du développement de la culture du colza et plus tard à la suite de la conversion des champs de labours en herbages.

La diminution des surfaces emblavées en blé a été particulièrement sensible. Progressivement réduites, ces surfaces ne représentaient plus en 1913 que la moitié de ce qu'elles avaient été en 1887, ainsi qu'il ressort du tableau suivant :

1887 :	107.000	hectares
1890 :	103.000	—
1892 :	96.100	—
1895 :	89.800	—
1901 :	68.884	—
1904 :	57.480	—
1913 :	54.000	—

Les surfaces emblavées en seigle, dont la culture est d'ailleurs assez restreinte, ont passé de 6.098 en 1842 à 3.650 H en 1913. Une partie seulement du seigle cultivé dans le Calvados est récolté en grains. Le reste est fauché et employé tant pour l'alimentation des vaches laitières que pour la confection des liens. Ces derniers sont toutefois de plus en plus remplacés, avec le développement des procédés mécaniques, par des ficelles lieuses et du fil de fer.

Les emblavements en orge sont depuis de longues années stationnaires. Ils occupaient une surface de 20.648 hectares en 1842, de 20.060 hectares en 1913. L'orge commune, cultivée en majeure partie dans la plaine de Caen, est surtout utilisée pour la nourriture des bestiaux. On ne cultive guère d'orge de brasserie dans le Calvados.

La culture du sarrazin qui n'a cessé de diminuer en surface et qui occupait en 1913 une superficie de 15.290 hectares, n'a qu'une importance toute locale dans le Bocage, où cette céréale sert à l'alimentation de la population, sous forme de galettes et de bouillie.

Les surfaces emblavées en avoine, après avoir subi de multiples fluctuations, se trouvent à peu près pareilles en 1842 et en 1913, plutôt en légère augmentation, passant de 37.553 hectares à 40.890 H.

Cependant, si les surfaces emblavées en blé et en seigle ont subi une sensible réduction et si celles emblavées en avoine sont restées à peu près stationnaires, le rendement moyen à l'hectare s'était, d'une façon générale, considérablement accru depuis plus de 70 ans avant la guerre actuelle, ainsi qu'il résulte du tableau suivant :

ANNÉES	BLÉ	SEIGLE	AVOINE
	(en hectolitres)		
1842	13,35	10,87	15,68
1882	17 —	16 —	21 —
1883	18 —	17 —	22 —
1890	17,57	15 —	19,75
1895	16,50	16 —	18 —
1901	16,49	15,47	24,35
1912	21 —	17 —	26 —
1913	22 —	13 —	27 —

Dans les bons limons de la plaine de Caen on avait atteint un rendement de 30 à 40 hectolitres de blé à l'hectare.

Ces progrès ont été dûs à l'application de méthodes rationnelles de culture, à l'introduction du colza et des plantes sarclées, qui avaient nécessité des labours profonds et des fumures abondantes, à l'extension des prairies artificielles et des cultures fourragères, à l'adoption de variétés de blé à grande production, à l'augmentation du cheptel et du fumier dans les fermes, à l'emploi des engrais chimiques et spécialement des engrais phosphatés, ainsi qu'aux drainages et irrigations, à l'amélioration de l'outillage agricole et au développement des moyens de communication.

Parmi les engrais, les premiers employés ont été le guano, dont l'utilisation est actuellement réduite par suite de l'épuisement des gisements, et les tourteaux. Plus tard, furent adoptés divers engrais chimiques, tels que nitrate de soude, sulfate d'ammoniaque, chlorure de potassium, superphosphate de chaux et scories de déphosphoration.

Toutefois, en présence de la diminution ou de l'état stationnaire des surfaces emblavées, l'augmentation du rendement à l'hectare n'a pas été suffisante pour accroître la production du blé, évaluée avant la guerre à un million de quintaux, ni celle de l'avoine, évaluée à 500.000 quintaux, au point de satisfaire à tous les besoins de la consommation du département. Celui-ci était, en conséquence, tributaire des départements voisins et d'autres régions de la France pour parfaire les quantités nécessaires de ces céréales. Pour l'approvisionnement en avoine, on avait même eu recours à l'importation étrangère, notamment aux avoines de provenance suédoise.

La culture de la pomme de terre n'a jamais pris une bien grande extension dans le Calvados. Les surfaces emblavées s'élevaient, avant la guerre, à environ 5.000 hectares et n'avaient guère varié depuis une quarantaine d'années. Les pommes de terre récoltées dans le Calvados ne font généralement pas l'objet d'un commerce. Elles servent en grande partie à l'alimentation domestique dans les fermes et sont, en outre, employées, dans une certaine mesure, pour la nourriture des porcs. Leur récolte ne suffit pas à la consommation du département qui en reçoit une certaine quantité du dehors.

Les cultures maraîchères sont généralement peu développées dans le Calvados. Il y aurait pourtant intérêt à leur donner une plus grande extension, particulièrement dans les environs de Caen. On y cultive bien quelques fraises et quelques melons; mais ces plantations, ainsi que celles des légumes, sont tout à fait insuffisantes pour satisfaire aux besoins de la consommation locale qui est appelée à s'accroître avec l'augmentation prévue de la population de la ville. La culture des légumes a cependant acquis une certaine importance dans la région du littoral de la Manche avoisinant les stations balnéaires de Langrune, de Luc et de Lion-sur-Mer. On y plante des oignons, des carottes et des choux. Avant la guerre, les carottes faisaient l'objet d'exportations assez suivies vers l'Angleterre.

Les prairies artificielles ont pris une extension considérable dans la plaine de Caen. Son sol calcaire ou argilo-calcaire convient particulièrement au sainfoin qui est un fourrage excellent et dont la culture est une des meilleures préparations à celle du blé. Avant la guerre, le sainfoin occupait dans le Calvados environ 30.000 hectares, le trèfle, 15.000 H., la luzerne 3.500 H. Le trèfle commun ou violet est cultivé dans les parties les plus argileuses du Bocage.

La culture de la betterave fourragère s'est également étendue dans de sensibles proportions. Alors qu'en 1842, on n'en récoltait que 136.824 quintaux, les récoltes atteignaient jusqu'à près d'un million de quintaux dans les dernières années qui ont précédé la guerre actuelle. Les bonnes terres de la plaine de Caen donnaient un rendement de 100.000 kilogs à l'hectare. La betterave fourragère sert à l'alimentation du bétail, particulièrement des vaches laitières.

La culture de la betterave sucrière a été entreprise dans la plaine de Caen pour remplacer celle du colza, vers la fin du XIXe siècle, sur l'initiative des dirigeants de la sucrerie de Nassandres. Cette culture exige des labours profonds et de nombreux et lourds charrois pour lesquels il faut des chevaux de trait ou même des bœufs. Les chevaux de demi-sang élevés dans la plaine de Caen ne peuvent y suffire. Il faudrait modifier l'élevage pour donner à cette culture une plus grande extension. Les surfaces cultivées, qui en 1895 n'étaient que 77 hectares, ont atteint un millier d'hectares en 1913.

La culture de lin, qui en 1855 occupait 331 hectares, principalement dans les arrondissements de Lisieux et de Vire, était tombée à 9 hectares en 1903 et à 8 en 1910.

La culture du colza avait fait au milieu du XIXe siècle la fortune des agriculteurs de la plaine de Caen. Introduite au début du siècle par M. Joseph Vautier, elle s'était notablement développée et occupait en 1854 une superficie de 30.000 hectares. Le rendement en avait été en cette année de 40 hectolitres à l'hectare et la récolte avait rapporté une cinquantaine de millions de francs. A partir de 1865, la concurrence des huiles étrangères, végétales et minérales, fit subir aux prix du colza une baisse qui s'accentua au point de faire abandonner la culture de cette plante. Cet abandon n'a pas manqué d'exercer une fâcheuse influence sur l'état des terres : leur nettoyage en a souffert et leur préparation en a été moins soignée, l'emploi des engrais y a été réduit, les récoltes sont devenues moins belles et la valeur locative et vénale des propriétés a baissé.

Les innombrables pommiers plantés dans les herbages du Calvados fournissent des fruits à pressoir. La production du cidre, autrefois presqu'exclusivement domestique, s'étant en notable partie industrialisée, nous en parlons dans un chapitre spécial.

Des plantations de pommiers et de poiriers pour la production des fruits de luxe ont été créées dans diverses localités du Calvados.

Des cultures fruitières produisant des fruits à noyaux, des poires à couteau et des groseilles ont atteint un assez grand développement dans la région de Honfleur où elles occupaient, avant la guerre, une superficie de plus de 200 hectares. Les fruits étaient, en majeure partie, exportés en Angleterre. En 1912, ces exportations s'étaient élevées à 1935 tonnes.

La guerre a profondément modifié la situation des industries agricoles dans le Calvados. La mobilisation a aggravé, dans de notables proportions, la pénurie de main-d'œuvre dont la culture avait déjà souffert auparavant. Le relèvement des salaires en a été d'autant plus sensible. Ce relèvement, ainsi que le très grand nombre d'allocations ont amené une recrudescence de l'alcoolisme. Les besoins de la Défense Nationale, les difficultés de transport, la fermeture de certains marchés ont déterminé la raréfaction de diverses matières premières et de nombreux produits nécessaires à la culture, notamment des engrais, des cuirs, des ferrures, des aciers et des fontes moulées entrant dans la construction des machines agricoles, etc. Leur renchérissement s'est accentué à la suite de la hausse du frêt et des assurances maritimes, ainsi que de la perte au change.

Dans un remarquable rapport présenté le 31 janvier 1916 au Sous-Comité d'Action Economique du Calvados, M. Hédiard, le très distingué directeur des services agricoles de ce département, a fait ressortir que l'action combinée de ces différents facteurs avait grandement affecté les productions végétales et déterminé une réduction des surfaces ensemencées, une diminution du rendement à l'hectare, la perte de certains produits, une augmentation des charges du cultivateur et un accroissement considérable des prix de revient. La diminution des ensemencements en blé a été particulièrement inquiétante, tombant à 51.000 hectares en 1915 et à 42.000 hectares en 1916.

Divers remèdes ont été successivement apportés à la situation. Les professionnels agricoles des vieilles classes ont été mobilisés à la terre dans leur département et, en général, dans leur commune. Les agriculteurs, propriétaires et fermiers, ont été directement renvoyés dans leurs exploitations. Les ouvriers agricoles ont été mis à la disposition de la Commission départementale de la main-d'œuvre agricole. Le nombre des hommes de cette dernière catégorie rendus à la terre dans le Calvados a atteint 2.000 environ en 1917. Plusieurs catégories de spécialistes indispensables à l'agriculture ont été appelés à bénéficier de sursis d'appel. Des permissions ont été accordées à de nombreux agriculteurs et prolongées. Des équipes agricoles ont été constituées et leurs effectifs considérablement augmentés en 1917 : près de 1.800 militaires furent mis par les subdivisions du Calvados à la disposition des cultivateurs pour les travaux de récolte. Des militaires belges ont prêté un concours très apprécié à la culture et à la récolte des betteraves. Des prisonniers de guerre et des internés civils ont été répartis dans les exploitations par les soins de la Commission départementale de la main-d'œuvre agricole. Des essais de motoculture ont été faits et un certain nombre d'appareils pour la culture mécanique ont été mis en service dans le département. Les céréales ont été taxées à des prix successivement plus élevés et actuellement largement rémunérateurs. De nombreux réfugiés des régions envahies sont venus reprendre les fermes abandonnées et mettre les terres en valeur.

Les mesures prises et les efforts déployés semblent devoir apporter une sensible amélioration à la situation des campagnes. Les surfaces de terres abandonnées et non cultivées, qui à la fin de l'année 1916 avaient atteint 5.000 hectares dans le département, sont en diminution considérable. Les perspectives de récoltes de céréales pour 1918 ont été jusqu'à l'entrée de l'été généralement favorables.

B. — LA PRODUCTION ANIMALE

La Basse-Normandie était de longue date, une des régions les plus réputées de la France pour l'élevage des animaux des races chevaline et bovine. Ainsi que le dit M. René Musset, professeur au Prytanée Militaire de la Flèche, dans son intéressant ouvrage *l'Elevage du Cheval en France*, elle était au XVIII° siècle la seule région spécialisée dans l'élevage. Les autres n'y cherchaient qu'un surcroit de ressources et la culture des grains y était la préoccupation dominante. La Basse-Normandie s'intéressait avant tout à l'élevage.

Pour celui des chevaux, elle tenait en France le premier rang quant au nombre des produits, qui était considérable. Pour la qualité, les chevaux normands rivalisaient avec les limousins comme animaux de selle. Comme chevaux de carrosse, ils n'avaient pas leur pareils. Ce n'est que vers la fin du XVIII° siècle que les chevaux anglais leur furent préférés.

On élevait à cette époque dans le Bessin, dans la plaine de Caen et dans le Pays d'Auge deux espèces de chevaux bien distinctes : les carrossiers et les *bidets d'allure*. Les premiers, élevés dans les environs de Bayeux et de Caen et appelés *Cotentins*, étaient de grandes bêtes dont la taille atteignait 1 m. 66. Les bidets d'allure étaient des chevaux de selle qui ne trottaient pas, mais *allaient l'amble*.

Pendant les guerres de la Révolution et du Premier Empire, les réquisitions épuisèrent les ressources de la production chevaline de la Basse-Normandie. Les chevaux de valeur de l'ancienne race normande avaient presque tous disparu. Seuls étaient restés des animaux communs et grossiers. Au début du XIX° siècle, on n'a pas cherché à reconstituer l'ancienne race. M. Alfred Gallier a reproduit dans son remarquable ouvrage *le Calvados agricole*, la description suivante du cheval normand de 1830 à 1840, parue dans un journal de l'époque : « Cheval à encolure courte, épaisse, commune, au garrot noyé dans la graisse, au dos bas et foulé, au rein long et mou, aux hanches hautes, droites, effacées, au jarret plein, vacillant et taré, au genou creux sur le devant, aux canons minces, aux tendons grêles, aux articulations mal attachées ». La conformation défectueuse de ces animaux les rendait inaptes à faire de bons chevaux de cavalerie. Les acheteurs de chevaux de selle et de carrosse, dit M. René Musset, exigeaient des animaux plus fins, plus élégants que les anciens chevaux français. Le type préféré fut le cheval anglais.

Le croisement d'étalons de pur sang anglais avec des juments du pays, auquel on a procédé à partir de 1820, avec le concours de l'administration des Haras, a régénéré la race, en produisant le demi-sang normand. L'élevage de celui-ci s'est considérablement développé dans le département du Calvados, surtout depuis le milieu du XIXe siècle, tant au point de vue de l'augmentation du nombre des animaux que de l'amélioration de leur race. Cette amélioration a été due aux constants efforts de l'administration des Haras et aux encouragements prodigués par l'Etat, le Département et les communes, ainsi que par les Sociétés hippiques et de courses. Selon la taille, les membres, la conformation, les allures, la vitesse et l'énergie des sujets, la race anglo-normande fournit des chevaux de selle, des trotteurs ou des carrossiers. Ces chevaux naissent généralement dans les pays d'herbages et sont élevés dans la plaine de Caen. Il est peu de cultivateurs qui n'y soient éleveurs en même temps. La production du Calvados est cependant loin de suffire à leurs demandes. Les départements voisins de l'Orne et de la Manche, où ils se rendent pour acheter dans les foires des poulains de six à huit mois, leur fournissent l'appoint nécessaire. Les jeunes chevaux sont élevés en plein air, dans les prairies artificielles. Dès l'âge de deux ans, on commence à les faire travailler. Lorsqu'ils ont atteint celui de trois ans, on cherche à les vendre soit à l'administration des Haras, soit à la remonte de l'armée, soit au commerce. Caen est le plus grand marché aux chevaux du Calvados. L'administration des Haras y achetait, avant la guerre, une centaine d'étalons tous les ans. La commission de remonte, qui y siège en permanence, y achetait de 2.500 à 3.000 chevaux d'armes. D'importants achats étaient pratiqués pour le compte d'armées étrangères et particulièrement de l'armée allemande.

Cependant, au cours des années qui ont précédé la guerre actuelle, une crise avait affecté l'élevage des chevaux de race anglo-normande. Les causes en avaient été multiples. L'élevage des chevaux de selle avait été atteint par les prix trop peu rémunérateurs auxquels la remonte achetait les chevaux d'armes, ainsi que par la concurrence du pur sang qui semblait avoir gagné faveurs et encouragements. L'élevage des chevaux d'attelage avait souffert du développement de l'automobilisme et de la concurrence des chevaux de gros trait qui étaient de plus en plus recherchés. Un certain nombre de cultivateurs préfèrent, en conséquence, aux aléas que comportait l'élevage du demi-sang les avantages que procurait celui des bovins.

A côté du demi-sang, on élève dans le Calvados des pur sang et des chevaux de gros trait.

D'après le rapport présenté par M. Aumont au Sous-Comité d'Action Economique du Calvados le 20 janvier 1916, ce département occupait sans conteste le premier rang parmi ceux où était fait l'élevage du pur sang. Onze haras privés réunissaient ensemble 25 étalons et environ 350 juments et divers petits éleveurs possédaient chacun quelques juments, dont le nombre total n'était pas inférieur à 200. En temps normal, l'élevage du pur sang devait sa prospérité aux sommes distribuées comme prix dans les courses, aux ventes de jeunes produits et aux ventes de chevaux de grande valeur à l'étranger. Les sommes distribuées comme prix de courses atteignaient environ 20 millions de francs par an. La vente des jeunes produits en donnait trois millions chaque année. Parmi les chevaux de grande valeur, deux avaient été vendus, peu de temps avant la guerre, à l'Allemagne, l'un au prix de 300.000 francs et l'autre au prix de 400.000 francs. Un troisième avait été vendu au prix de 625.000 francs à l'Autriche.

L'élevage des chevaux de gros trait avait progressé d'une façon continue, avant la guerre, dans les arrondissements de Lisieux et de Pont-l'Evêque. D'après la rapport présenté par M. Boucherot, président de la Société hippique de Trait Augeron, au Sous-Comité d'Action Economique du Calvados le 15 janvier 1916, l'élevage du cheval de trait répondait aux besoins de l'agriculture de la région dans laquelle il s'était développé. Le terrain accidenté du pays d'Auge nécessite l'emploi d'animaux puissants pour les travaux agricoles et les transports. La richesse du sol y donne au cheval de trait le développement et la précocité permettant de l'employer à l'âge de deux ans aux travaux agricoles. La grande superficie des herbages favorise l'augmentation considérable de la jumenterie. M. Boucherot estimait que les juments augeronnes, qui pouvaient être considérées comme dérivées de la race percheronne, étaient mieux que toutes autres capables de produire, en subissant l'influence de leur milieu d'élevage, des chevaux de gros trait recherchés pour leurs qualités.

La population chevaline totale du Calvados était évaluée dans les dernières années qui ont précédé la guerre actuelle à environ 65.000 bêtes, dont 41.000 environ ayant dépassé l'âge de trois ans.

Depuis la guerre, ce nombre a été sensiblement diminué à la suite des réquisitions et des achats de la remonte, auxquels sont venus s'ajouter, dans les derniers temps, les achats des Américains. Il était tombé en 1915 à 49.983 animaux ,dont 32.169 ayant dépassé l'âge de trois ans, et en 1916, à 49.350, dont 32.500 d'un âge au-dessus de trois ans.

L'élevage des bovins tient une très grande place dans la vie économique des campagnes du Calvados. La race bovine normande qui y est élevée, est une des meilleures de France, tant au point de vue de la production laitière, que de l'aptitude à l'engraissement. Depuis le milieu du XIX° siècle jusqu'à la guerre actuelle, à la suite de la conversion progressive des terres arables en herbages, le troupeau bovin du Calvados s'est considérablement accru. En 1842, il comptait 176.059 têtes; au 31 décembre 1887, 197.326; au 31 décembre 1913, environ 285.000, dont environ 135.000 vaches laitières et environ 150.000 taureaux, bœufs, veaux et génisses de tout âge, parmi lesquels environ 30.000 bœufs à l'engrais.

L'augmentation du nombre des vaches laitières avait été particulièrement importante. La production du lait pour sa consommation en nature s'était considérablement développée dans les exploitations situées dans un rayon de 8 à 10 kilomètres des villes. D'autre part, sa transformation en beurre et en fromage était en constante progression. Cette transformation s'étant en grande partie industrialisée, nous en parlons dans des chapitres spéciaux.

L'engraissement des bœufs se pratique dans le Calvados surtout dans les herbages du pays d'Auge. C'est une des branches les plus importantes et les plus lucratives de l'élevage dans ce département. Les herbagers ne se contentent d'ailleurs pas d'engraisser des bœufs nés dans leur contrée. Ils parcourent les foires de la Manche, du Maine, de l'Anjou, du Poitou, de la Bretagne, et y achètent des bœufs maigres qu'ils mettent dans les pâturages et qu'ils vendent lorsqu'ils sont gras. Avant la guerre, environ 25.000 bœufs, auxquels il faut ajouter environ 13.000 à 14.000 vaches grasses, étaient envoyés tous les ans du Calvados au marché de la Villette.

Depuis la guerre, l'élevage des bovins a évolué dans le Calvados selon les conditions diverses dans lesquelles il s'est trouvé par suite de la répercussion des événements sur la vie économique de la région. Les réquisitions ont d'abord enlevé de nombreuses têtes de bétail. Les effectifs du troupeau laitier et la production du lait ont été sensiblement affectés par la raréfaction et le renchérissement des fourrages et des tourteaux et par la pénurie, la cherté et l'inexpérience de la main-d'œuvre. Le nombre des vaches est tombé à 122.241 en 1915 et à 121.410 en 1916. Par contre, le chiffre des élèves bovins, qui avait fortement diminué en 1914, s'était sensiblement relevé à la fin de 1915 et davantage encore à la fin de 1916, ainsi qu'il résulte du tableau suivant :

ANNÉES	1913	1914	1915	1916
Elèves de plus d'un an :	71.350	63.240	67.515	69.520
Elèves de moins d'un an :	46.090	42.960	44.696	46.080
Totaux :	117.440	106.200	112.211	115.600

Le nombre des bœufs à l'engrais avait diminué au début de la guerre à la suite des réquisitions opérées dans les départements qui en fournissaient au Calvados. Plus tard, à la suite de la hausse des prix de la viande, les éleveurs de ces départements ont souvent préféré garder leurs animaux dans leurs propres prairies, au lieu de les vendre aux herbagers du Calvados.

A l'heure actuelle, il y a toutefois, dans ce département une reprise générale de l'élevage tant pour la production laitière que pour l'engraissement.

Le Calvados est un des départements qui a le troupeau ovin le plus faible de France et l'espèce ovine y disparaît d'une façon continue, ainsi qu'il résulte des chiffres ci-dessous :

ANNÉES	NOMBRE DE TÊTES
1847 :	183.906
1892 :	108.338
1901 :	50.168
1913 :	43.180
1915 :	32.737
1916 :	27.570

L'élevage des porcs, qui se fait surtout dans le Bessin et dans le Bocage, s'était peu développé dans le Calvados depuis le milieu du XIXe siècle jusqu'à la guerre actuelle et est en sensible décroissance depuis la guerre, ainsi qu'il ressort des chiffres ci-dessous :

ANNÉES	NOMBRE DE TÊTES
1842 :	45.547
1887 :	59.913
1892 :	71.629
1902 :	61.376
1913 :	64.520
1915 :	44.450
1916 :	36.960

L'engraissement des porcs se fait dans les fromageries.

Parmi les oiseaux de basse-cour, on élève dans le Calvados des poules, de la race de Crévecœur dans l'est du département, et de la race de Caumont dans l'ouest. Les unes et les autres comptent parmi les meilleures de France. Leurs œufs ne font pas l'objet d'un grand commerce. Par suite du développement du bien-être dans la population rurale du département, ils servent en majeure partie à la consommation domestique dans les fermes. L'élevage des canards et des dindes est relativement moins important que celui des poules et celui des oies l'est encore moins.

Les Industries de l'Alimentation

1. — LA MINOTERIE

Le Calvados est un des départements français qui comptent le plus grand nombre de moulins. Mais la meunerie n'y est pas une grande industrie. A l'exception de deux établissements relativement importants à Caen et d'une dizaine de minoteries moyennes, qui sont disséminées dans diverses localités, mais dont quelques-unes sont intéressantes à cause de leur outillage moderne, la plus grande part des moulins du Calvados sont de petites exploitations de campagne utilisant les chutes des nombreux cours d'eau. Dans ce pays d'élevage et de grosse production de lait, ces petits moulins se sont multipliés pour travailler surtout au concassage de l'orge et du maïs destinés à l'alimentation des vaches laitières.

En temps ordinaire, avant la guerre, ils ne faisaient que très peu de mouture de céréales et encore n'en faisaient-ils qu'à façon. Les minoteries moyennes travaillaient pour les besoins locaux. Quant aux deux établissements importants de Caen, ils vendaient leurs farines, en raison des conditions particulières de leur production, en partie en dehors du département du Calvados. Ce département était alimenté d'ailleurs, à cette époque, avec des farines venant de l'Eure et de la Sarthe.

Depuis la guerre, presque tous les moulins du Calvados, petits, moyens et grands, travaillent pour le ravitaillement de la population du département. Leur production y suffit à peu près et pourrait y suffire entièrement. La très légère insuffisance de cette production est complétée par des importations de farines du département de l'Orne, fournies par deux importantes minoteries se trouvant dans des localités limitrophes du Calvados, la minoterie Russo, à Flers, et la minoterie Deslandes, à Pont-Erambourg.

Il est certain qu'après la guerre les petits moulins de campagne du Calvados devront revenir à leur production primitive, c'est-à-dire au concassage des grains pour la nourriture des animaux.

La minoterie la plus importante du Calvados est celle qui a été fondée par M. Auger en 1882 et reprise en 1915 par M. Lemanissier. Elle transforme des blés indigènes et exotiques en farines.

L'établissement a subi successivement toutes les transformations rendues nécessaires par les progrès réalisés dans les procédés de fabrication. La minoterie Auger-Lemanissier a été une des premières en France à adopter le broyage par cylindres. Le blutage est fait par planchister.

Les installations ont été faites par la maison Tesse, de Chartres, et tous les appareils, qui sont tout à fait modernes, sont de construction française. L'outillage est actionné par un moteur à gaz pauvre, de 150 H. P., de construction française, et la minoterie dispose, en outre, de cinq moteurs électriques dont trois, pouvant développer une force de 100 à 120 H. P., sont constamment en marche et dont les deux autres servent de moteurs de secours. Le courant est fourni par la Centrale de Caen. Trois des moteurs électriques de la maison sont de construction française et deux de construction allemande. L'installation de ces deux moteurs allemands a eu lieu à un moment où il y avait eu urgence à les faire fonctionner de suite. Les maisons françaises de construction, sollicitées les premières, n'avaient pu se charger de faire les installations dans les délais voulus, alors que les Allemands ont pu procéder de suite à la livraison des appareils demandés.

La production de la maison est de 500 quintaux par 24 heures. La maison vendait ses farines, avant la guerre, dans le Calvados et dans la Manche, ainsi que sur le marché du Havre; avant 1901, la maison avait fait quelques ventes à l'étranger, notamment en Angleterre. Depuis la guerre, la maison travaille pour le ravitaillement de la population civile du département du Calvados.

Le personnel se composait, avant la guerre, d'une trentaine d'ouvriers, recrutés dans le pays, dont quelques spécialistes. Depuis la guerre, ce personnel a été réduit, par suite de la mobilisation, à une vingtaine d'ouvriers. Toutefois, les spécialistes que la maison employait lui sont restés, ayant été mis en sursis d'appel.

La minoterie de MM. Primois et de Gouville, à Caen, a été fondée vers 1880, pour la transformation des blés indigènes et exotiques en farines. La maison s'est développée normalement depuis sa fondation jusqu'à la guerre.

L'outillage mécanique se compose de cylindres avec planchister et bluterie. Cet outillage est modernisé et est en totalité de construction française, à l'exception d'un cylindre de provenance étrangère, acheté d'occasion. La force motrice est fournie par une machine à vapeur de 150 H. P., de construction française, avec chaudière de construction également française. La maison possède des silos pouvant emmagasiner 10.000 quintaux de blé.

La production est de 240 quintaux par 24 heures. Avant la guerre, elle était écoulée tant dans le département du Calvados et dans les départements limitrophes, qu'au Havre, et avant 1901 en partie à l'étranger, en Angleterre, aux Pays-Bas et en Norvège. Depuis la guerre, la maison travaille sous le contrôle de l'administration civile pour le ravitaillement de la population du département du Calvados.

Le personnel de la maison, avant comme depuis la guerre, comprend une vingtaine d'ouvriers.

La minoterie de M. Busnel, à Mesnil-Mauger, a été fondée il y a une centaine d'années par les ascendants du propriétaire actuel. En 1907, M. Busnel l'a complètement transformée, modernisée et agrandie. Les blés sont habituellement achetés dans la région. Toutefois, dans les années déficitaires, M. Busnel se trouve obligé d'acheter certaines quantités de blés exotiques. En temps normal, les farines sont vendues dans la région. Actuellement, toute la production est réservée au ravitaillement de la population civile du département du Calvados. Cette production s'élève à 125 quintaux par 24 heures.

L'outillage mécanique est tout à fait moderne et de construction française. Il comprend 4 cylindres et convertisseurs, 3 bluteries centrifuges, une bluterie ronde, un planchister système Meyer, deux bluteries à son, un nettoyage combiné, une brosse à blé, une brosse à son, un sasseur, une machine à battre les sacs, deux paires de meules pour la mouture de l'orge. La force motrice est fournie par une turbine hydraulique de 40 H. P. Un moteur de secours, à gaz pauvre, de 40 H. P., avec gazogène, a été installé pour fonctionner lorsque la force hydraulique est insuffisante. Ce moteur et son gazogène sont de construction suisse. Une petite dynamo, de construction française, sert à la production de la lumière électrique.

Le personnel comprend trois ouvriers et 2 charretiers.

La minoterie de MM. Verger frères, à Pont-l'Evêque, a été fondée en 1871 par M. Louis Mars, grand-père des propriétaires actuels; primitivement moulin à 5 paires de meules, elle a été transformée en 1912 en moulin à cylindres. Depuis la fondation jusqu'à la guerre, l'établissement s'est développé normalement et a amélioré ses installations.

L'outillage mécanique de la maison comprend un fendeur-dégermeur, deux cylindres cannelés pour broyage, quatre cylindres lisses, dits convertisseurs, une bluterie métallique pour fendeur, deux quarts de planchister pour les granulateurs et le premier passage de broyage, une bluterie à son pour le deuxième passage de broyage, deux quarts de planchister pour les deux premiers convertisseurs, deux bluteries centrifuges pour les deux derniers convertisseurs et une bluterie de sûreté. Tout cet outillage est de construction française, tout à fait moderne. Il est actionné par une force hydraulique de 30 à 40 H. P. environ, selon le débit des eaux de la Calonne, dont le débit ordinaire est de 1.200 litres à la seconde, donnant une force de 30 H. P.; à l'époque des hautes eaux on peut en obtenir 40. L'établissement dispose, en outre, d'une autre chute, sise à 995 mètres en amont, également sur la Calonne et pouvant fournir une force de 40 à 45 H. P.. Cette chute n'est pas utilisée actuellement, mais les propriétaires de la minoterie se proposent d'installer une transmission électrique de sa force.

Avant la guerre, la minoterie de MM. Verger frères transformait en farines des blés provenant du département de l'Eure, ainsi que quelques blés exotiques.

La production s'élève à 120 quintaux par 24 heures. Cette production était vendue, avant la guerre, dans les arrondissements de Pont-l'Evêque et de Lisieux. Depuis la guerre, toute la production est destinée au ravitaillement de la population civile de ces deux arrondissements.

Le personnel de la maison se composait, avant la guerre, de 5 ouvriers spécialistes, originaires de Rouen. Depuis la guerre, il comprend 4 ouvriers, dont deux sursitaires et un belge.

La minoterie de l'Aure, de M. James, à Bayeux, a été reprise en 1908 par son propriétaire actuel. Les blés sont habituellement achetés aux cultivateurs de la région. Dans les années déficitaires seulement M. James achète des

9

blés étrangers. En temps normal, les farines sont vendues dans les départements du Calvados et de la Manche. Actuellement, toute la production est réservée au ravitaillement de la population civile du Calvados. Cette production s'élève à 70 ou 80 quintaux par 24 heures.

L'outillage mécanique est entièrement de construction française et comprend un nettoyeur combiné, des broyeurs, des convertisseurs, des planchister, des bluteries, des épurateurs, des détacheurs, etc... La force motrice est fournie par deux turbines hydrauliques, développant ensemble une puissance de 12 H. P., et par un moteur à gaz pauvre, de 32 à 35 H. P. Ce moteur est de construction suisse et son appareil gazogène de construction française.

Le personnel se compose de deux conducteurs — un de jour et l'autre de nuit — et de 3 hommes de plancher.

La minoterie de M. Rivière à Honfleur a été fondée en 1914, s'est toujours développée depuis la guerre et des installations nouvelles sont en cours d'aménagement pour l'agrandissement de l'établissement après la guerre.

L'outillage, comprenant un fendeur, un granulateur, un broyeur et un convertisseur, est tout à fait neuf, de construction française moderne. La force motrice est fournie par deux moteurs à gaz pauvre, l'un de 25 H. P., de construction allemande, acheté à Paris, et l'autre, servant de moteur de secours, de 15 H. P., de construction française.

La minoterie de M. Rivière transforme en farine des blés du pays et des blés exotiques.

La production est de 50 quintaux par 24 heures. Les produits de la maison sont destinés au ravitaillement de la population civile de la ville de Honfleur.

Le personnel de la maison se composait, avant la guerre, de 5 ouvriers, dont 2 conducteurs, 2 hommes de plancher et un charretier. Depuis la guerre, la maison dispose de 5 ouvriers dont 2 prisonniers de guerre.

Les autres minoteries du Calvados sont celles :

de M. Le Brun, à Sully, production — 150 quintaux par 24 heures, outillage de construciton française système Brault, usagé, mais bien entretenu, force hydraulique de 50 H. P. et machine à vapeur de 55 H. P.

de M. Auger, à Bully, production — 140 quintaux par 24 heures, outillage de construction française ancienne, système Brault, planchister et bluterie, force hydraulique de 50 H. P.

de M. Roussel, à Saint-Gabriel, production — 100 quintaux par 24 heures, outillage de construction française, Rose frères, force motrice de 35 H. P.

de M. Robinault, à Crocy, production — 70 quintaux par 24 heures, outillage de construction française, force motrice hydraulique de 40 H. P.

Les moulins de moindre importance sont :

1. — Les petits moulins produisant moins de 50 quintaux par 24 heures :

	qx
1° Vve Legorgu, à Vienne,	30
2° Gibon, à Ablon,	30
3° Vassard, à Soumont-Saint-Quentin,	30
4° Lecœur, à Cesny-aux-Vignes,	30
5° Thomasse, à Audrieu,	30
6° Anne, à Castillon,	25
7° Roulland, à Ellen,	25
8° Lefèvre, à Saon,	25
9° Defrance, à Villy,	25
10° Pincon, à Fontaine-le-Pin,	25
11° Busnel, à Grainville-sur-Odon,	20
12° Chéfdeville, à Ouville-la-Bien-Tournée,	20
13° Vve Romy, à Pont-l'Evêque,	20
14° Gautier, à Saint-Jean-des-Essartiers,	20
15° Vasnier, à Neuville,	20

16° Adélée, à La Graverie, 20
17° Vve Legorgu, à Neuville, 20
18° Duval, à Beaumais, 20
19° Philippe à Commes, 20
20° Lucas, à Vicques, 20
21° Délavenne, à Brevedent, 20
22° Letouzey, à Croïsilles, 15
23° Guillemin, à Juvigny, 15
24° Lecomte, à Saint-Germain-de-Tallevende, 15
25° Regnault, à Cheux, 15
26° Dubois, à Lisieux, 12
27° Morin, à Lisieux, 12

B. — Les moulins affectés à la mouture du blé et des succédanés pour la consommation familiale, produisant en moyenne de 10 quintaux en 24 heures :

1° Dubreuil, à Vaux-sur-Seulles.
2° Martin, à Guéron.
3° Mariette, à Cormolain.
4° Ménard, à Crouay.
5° Yver, à Trévières.
6° Anne, à Planquery.
7° Le Goux, au Vey.

C. — Moulins utilisés seulement pour la mouture des grains grossiers et produisant 5 quintaux en 24 heures :

1° Leblanc, à Moult.
2° Barbier, à Amblie.
3° Billard, à Cully.
4° Leroyer, à Evrecy.
5° Lafontaine, à Audrieu.
6° Saulnier, à Argences.
7° Ridel, à Argences.
8° Pottier, à Aunay-sur-Seulles.
9° Laflet, à Saint-Louet-sur-Seulles.

10° Frilley, à Parfouru-sur-Odon.
11° Guillot, à Sainte-Honorine-du-Fay.
12° Libois, à Verson.
13° Anne, à Curcy.
14° Lacour, à Ranville.
15° Marguerie, à Feuguerolles-sur-Seulles.
16° Jeanne, à Juaye-Mondaye.
17° Ecolasse, à Sainte-Honorine-Ducy.
18° Blaise, à Aignerville.
19° Lemasle, à Bernesq.
20° Menant, à Aignerville.
21° Guillemette, à Esquay-sur-Seulles.
22° Nativelle, à Vaux-sur-Aure.
23° Colleville, à Sept-Vents.
24° Marie, à Barbeville.
25° Mulot, à Sainte-Marguerite-d'Elle.
26° Martin, à Saint-Germain-d'Ectot.
27° Enguchard, à Courson.
28° Maincent, à Landelles.
29° Lepage, à Pleines-Œuvres.
30° Vve Hamon, à Pontfarcy.
31° Eudeline, à Saint-Aubin-des-Bois.
32° Eudeline, à Sept-Frères.
33° Marie, à Roullours.
34° Adelée, à Saint-Martin-de-Tallevende.
35° Marie, à Truttemer-le-Grand.
36° Besnier, à Viessoix.
37° Deschamps, à Culey-le-Patry.
38° Patour, à Croisilles.
39° Vve Duchêne, à Tournebu.
40° Lequet, à Fresnay-le-Puceux.
41° Cleusses, à Livarot.
42° Jouvin, à Orbec.
43° Lemoine, à Sainte-Foy-de-Montgommery.
44° Lequet, à Saint-Pierre-sur-Dives.

45° Dammerville, à Pont-l'Evêque.
46° Vautier, à Rumesnil.
47° Bourgeon, à Dozulé.
48° Simon, à Glainville.
49° Fouque, à Pennedepie.
50° Siquot, à Danvou.
51° Guillain, à Danvou.
52° Bougeard, à Mesnil-Auzouf.
53° Breville, à Le Plessis-Grimoult.
54° Lehéron, à Saint-Georges-d'Aunay.
55° Lecomte, à Saint-Germain-d'Aunay.
56° Mondchard, à Saint-Germain-d'Aunay.
57° Bidel, à Campeaux.
58° Lecomte, à Saint-Vigor-des-Mézerets.
59° Eudeline, à Beaumesnil.
60° Aunay, à Champ-du-Boult.
61° Vaudey, à Clinchamps.
62° Audeline, à Courson.
63° Chapdelaine, à Fonternemont.
64° Leboursier, à Mesnil-Aubert.
65° Aubel, à Pontfarcy.
66° Tardif, à Pontfarcy.
67° Lecomte, à Saint-Manvieu-Bocage.
68° Lecomte, à Coulonces.
69° Legris, à Saint-Martin-de-Tallevende.
70° Feuillet, à Saint-Martin-de-Tallevende.
71° Feuillet, à Truttemer-le-Grand.
72° Harin, à Malloué.

Le moulin de Jort, dont la production était de 100 quintaux par 24 heures, est fermé, son propriétaire ayant disparu en 1914, trois ou quatre jours avant la mobilisation. L'outillage de ce moulin comprend des appareils en majeure partie allemands, de construction ancienne. L'installation en avait été faite par des ouvriers allemands.

B. — LA BISCUITERIE

Les biscuiteries du Calvados, à l'exception d'une seule maison de Caen, déjà ancienne, sont toutes de fondation récente. Leur développement, qui date des dernières années qui ont précédé la guerre, est dû à l'industrialisation des procédés de fabrication des *sablés normands*, qui jouissent d'une renommée universelle et avaient fait naguère la réputation de plus d'un pâtissier. Le succès de ces entreprises, modestes au début, semble s'être affirmé très rapidement. Elles avaient d'ailleurs à leur disposition, dans le pays et sur les lieux mêmes, des matières premières de premier choix. L'outillage de ces biscuiteries, très moderne dans celle d'entre elles qui est la plus importante et qui s'est plus particulièrement spécialisée dans la fabrication des sablés, est dans toutes de construction française. Leur production était en progression. Leurs biscuits avaient acquis une vogue considérable. Le placement en était facile : ils étaient vendus dans toute la France, demandés aux Colonies. Le recrutement du personnel ouvrier se faisait sur place et sans difficulté.

La guerre a sensiblement gêné cette industrie, en lui enlevant d'abord presque tout son ancien personnel, et en la privant ensuite de certaines de ses matières premières. Le régime des restrictions l'a condamnée, depuis février 1918, à un arrêt complet. Mais il est certain qu'après la guerre, la biscuiterie du Calvados est appelée à prendre un nouvel essor.

Cette industrie mérite d'ailleurs d'être puissamment encouragée. Elle procure à la population un aliment sain et agréable, dont la fabrication sur une vaste échelle doit pouvoir facilement en abaisser le prix de revient et le prix de vente, de façon à le rendre accessible à toutes les bourses. Le biscuit français doit, d'autre part, pouvoir devenir un article de grande exportation et doit pouvoir conquérir sur les marchés étrangers, par ses excellentes qualités, cette réputation mondiale que les conserves françaises y ont déjà acquise.

La biscuiterie la plus importante du Calvados est la biscuiterie Marie, à Bayeux.

Elle a été fondée en 1908 par M. Marie, un boulanger de la ville, qui avait réussi à se faire une renommée par ses sablés et qui a voulu se spécialiser dans la fabrication de ces biscuits sur une plus grande échelle. L'installation de son usine, agrandie et perfectionnée depuis sa fondation, est tout à fait moderne et de construction entièrement française. Ses deux fours à roulement continu, à chaînes, peuvent produire jusqu'à 3.000 kilos de biscuits par jour.

Les matières premières transformées étaient, avant la guerre, le beurre et les œufs du pays, les farines et les sucres de France. Depuis la guerre, à la suite des restrictions alimentaires, les farines de blé ont été remplacées par des farines de riz d'abord et par des farines de manioc ensuite, le sucre par la cassonade et la glucose.

Les fabrications faites avec de la farine de riz ont d'ailleurs donné de très bons résultats.

La production, avant la guerre, avait atteint 1.000 kilogs de biscuits par jour. Depuis la guerre, les installations ayant été successivement avancées et complétées, elle s'était élevée à 1.500 kilogs par jour, sans pouvoir suffire à la demande. A la suite du décret du 12 février 1918, la fabrication a été complètement arrêtée le 24 du même mois et l'usine fermée.

Les sablés Marie étaient vendus dans toute la France. Pour l'après-guerre, des demandes ont été faites à la maison pour l'exportation de ses produits en Algérie et au Maroc.

Le personnel ouvrier de la maison se composait, avant la guerre, de 56 ouvriers hommes. Depuis la guerre et jusqu'à la fermeture de l'usine, la maison avait disposé d'un personnel de 12 ouvriers et de 70 ouvrières, ces dernières toutes femmes, mères, filles ou sœurs de mobilisés. Elles gagnaient des salaires qui s'élevaient jusqu'à 6 francs par jour.

La biscuiterie Mollier, à Caen, est la plus ancienne du Calvados. Elle a été fondée en 1850.

Elle fabrique des biscuits secs, dits biscuits de Reims, des biscuits « Duchesse » ou biscuits à la cuiller, des sablés normands et des petits fours.

Avant la guerre, la maison employait pour ses fabrications des farines et des œufs du pays, du beurre de la Manche, de la végétaline importée par Marseille et des amandes importées par Aix en Provence. Depuis la guerre, les farines locales avaient été remplacées par des farines de riz et de manioc, importées par Marseille et par le Havre.

L'outillage mécanique de la maison et ses fours sont de construction française. La force électrique est fournie par la Centrale de Caen.

Avant la guerre, la maison vendait ses produits dans toute la France. Depuis la guerre, la production a subi diverses fluctuations en corrélation avec les diverses restrictions concernant l'emploi de telles ou telles autres matières premièrse. A la suite des mesures édictées en février 1918, la maison ne travaille plus que pour l'armée.

Le personnel de la maison Mollier se composait, avant la guerre, de 10 ouvriers pour la fabrication et de 8 ouvrières pour la manutention. Depuis les restrictions alimentaires, la maison employait deux hommes, tous les deux des Suisses, dont l'un est depuis 15 ans à son service, et 10 ouvrières de Caen et des environs.

La biscuiterie Alabarbe-Martin avait été fondée à Caen et a été transférée en 1910 à Mézidon. Depuis son établissement dans cette localité et jusqu'à la guerre, la maison s'est agrandie et développée, surtout à la suite de l'association de M. Alabarbe-Martin avec M. Dudouit.

Les articles fabriqués sont une vingtaine de variétés de biscuits : sablés, gauffrettes, etc... Les matières premières transformées étaient, avant la guerre et les restrictions, les farines, le beurre, les œufs du pays, le sucre de fabrication française, la végétaline importée provenant de Marseille. Depuis les restrictions, les farines du pays ont été remplacées par des farines de manioc et le sucre par de la glucose.

L'outillage comprenant 4 fours tournants, des laminoirs, des concasseurs, etc..., est de construction française et moderne. Un moteur à gaz pauvre de 12 H. P., de construction française, fournit la force motrice et sert au chauffage des fours à gauffrettes.

La production, avant la guerre, était d'environ 400 kilogs de biscuits par jour, soit de 120.000 kilogs par an. Les produits de la maison étaient vendus dans toute la France. Le personnel se composait, avant la guerre, de 25 ouvriers et ouvrières, dont un certain nombre de spécialistes. Le contre-maître était originaire du Midi de la France, le reste du personnel était recruté dans la région. Fermée au moment de la mobilisation, l'usine a été rouverte en janvier 1915, avec un personnel réduit d'abord, complété ensuite. Divers arrêts ont été déterminés plus tard, tantôt par suite de manque de combustible, tantôt par suite de la pénurie de matières premières. Depuis février 1918, l'usine est de nouveau fermée. A cette époque, le personnel se composait d'une douzaine d'ouvriers et d'ouvrières, dont quelques réfugiés du Nord et quelques Belges.

La biscuiterie Rouillard à Isigny a été fondée en 1911 pour la fabrication des biscuits spécialités, de quatre genres différents : petits beurres, sablés, préférés et croquettes. Depuis sa fondation jusqu'à la guerre, la maison s'est constamment développée et a augmenté sa production.

La mobilisation du personnel, la pénurie des matières premières et le régime des restrictions ont considérablement gêné la production de la maison. Cette production a été complètement arrêtée à la suite du décret de février 1918.

Avant la guerre, la maison employait pour ses fabrications des farines, des beurres, du lait, des œufs du pays, de la végétaline achetée à Marseille. Depuis la guerre, les farines de froment ont été remplacées d'abord par des farines de riz et ensuite par des farines de manioc, achetées à divers intermédiaires en France.

L'outillage, comprenant un four rond à deux compartiments, un pétrin mécanique, un laminoir et une machine à petits beurres, est de construction française et moderne. Cet outillage est actionné par un moteur à gaz de ville de 7 H. P.

La production s'était élevée, avant la guerre, à environ 200 kilogs de biscuits par jour. Depuis la guerre, tant que la fabrication a duré, elle a suivi les fluctuations qui lui ont été imposées par les circonstances, ainsi que par les mesures restrictives du Gouvernement. L'outillage actuel de la maison lui permettrait toutefois de fabriquer au moins 500 kilogs de biscuits par jour. Les produits étaient vendus, avant la guerre, dans toute la France. La maison se propose d'entreprendre après la guerre, l'exportation de ses produits à l'étranger et de chercher des débouchés en Angleterre et en Belgique. Dès avant la guerre, elle avait d'ailleurs été sollicitée de faire des expéditions de biscuits en Algérie et au Canada.

Le personnel se composait, avant la guerre, d'une dizaine d'ouvriers, dont un spécialiste pour la fabrication des petits beurres. Tout ce personnel était français et en majeure partie recruté dans le pays. Depuis la guerre, le personnel de la maison avait été réduit, jusqu'à sa fermeture, à 6 ouvriers et ouvrières. Les ouvriers mobilisés avaient été remplacés, dans la mesure du possible, par des jeunes gens non encore touchés par la mobilisation.

La biscuiterie Fourcy, à la Maladrerie, près de Caen, a été fondée en 1913 pour la fabrication des biscuits sablés. La production commençait à se développer lorsque la guerre a éclaté.

Dès le début des hostilités, la fabrication a été arrêtée, le personnel de la maison ayant été mobilisé. Les locaux de l'usine ont été réquisitionnés pour le logement d'environ 300 hommes de troupe. La fabrication a pu reprendre vers la fin de 1915, avec un personnel réduit et de fortune. Les diverses restrictions ont ralenti la production et enfin, depuis le 25 février 1918, elle est complètement arrêtée.

Les matières premières employées avant la guerre étaient des farines de froment, des œufs et des beurres du pays, de la végétaline d'importation. Depuis le régime des restrictions alimentaires, les farines de froment ont été remplacées d'abord par des farines de riz et ensuite par des farines de manioc.

Les fours de la maison sont de construction française.

Ses produits étaient vendus dans toute la France.

Son personnel se composait, avant la guerre, de 14 ouvriers et ouvrières. Depuis la guerre, le travail a été assuré d'abord par un personnel restreint de jeunes gens de 18 ans, qui bientôt ont été pris par le service militaire, et dans les tout derniers temps par les membres de la famille du propriétaire de l'établissement, aidés d'un seul apprenti.

C. — LA BEURRERIE

La production du beurre est une des industries les plus

importantes du Calvados. En 1877, M. Morière estimait la valeur de cette production à 70 millions de francs. Avant la guerre actuelle, le Calvados, qui occupait parmi les départements français le cinquième rang pour la production du lait, en occupait le premier pour celle du beurre. Celle-ci était évaluée à 12 ou 13 millions de kilogrammes par an.

La principale région de production du beurre est le Bessin. Les beurres qui y sont fabriqués, dans les cantons d'Isigny, de Trévières, de Bayeux et dans une grande partie de ceux de Ryes, de Balleroy et de Caumont, sont universellement connus sous le nom de beurres d'Isigny et jouissent d'un réputation mondiale pour leur excellente qualité et leur finesse au goût. Ils sont très supérieurs à ceux qu'on fabrique dans d'autres parties du Calvaods, même à ceux du pays d'Auge. Leur supériorité tient, d'une part, à la nature des herbages où paissent les vaches laitières et, d'autre part, aux soins tout particuliers apportés à la fabrication. « Dans le pays d'Auge et surtout dans le Bessin, dit M. Alfred Gallier, la laiterie est l'orgueil de la maîtresse de maison : les timbales dans lesquelles on recueille le lait brillent, comme de l'or; les terrines, où on le coule pour laisser monter la crème, sont soigneusement lavées avec des orties et de l'eau chaude, puis rincées à l'eau froide; en hiver, un calorifère entretient une température égale, tandis qu'en été un courant d'eau fraîche abaisse cette température. Le barattage se fait le plus souvent avec des barattes mues par un cheval, deux et même trois fois par semaine, de sorte que le beurre est toujours de première qualité. ».

L'adoption d'écrémeuses centrifuges et la vulgarisation des notions de microbiologie agricole ont considérablement modifié et amélioré la production du beurre au cours des dernières années qui ont précédé la guerre actuelle. En même temps, cette production, autrefois exclusivement fermière, s'est industrialisée à la suite de la création d'importantes beurreries coopératives et d'établissements de malaxage qui disposent d'installations modernes et d'un outillage perfectionné.

Actuellement, à côté des beurres fermiers provenant des régions d'Isigny et de Bayeux, le Calvados produit industriellement des beurres dits centrifuges normands, fabriqués dans les beurreries coopératives, et des beurres marchands, préparés dans les établissements de malaxage. Les beurres centrifuges sont fabriqués d'après des méthodes scientifiques, après pasteurisation de la crème et son ensemencement avec des ferments spéciaux. Ces beurres sont particulièrement appréciés pour leur pâte tendre et aromatique et sont recherchés tant en France qu'à l'étranger. Les beurres marchands, dont la fabrication s'était considérablement développée avant la guerre, sont le produit d'un mélange et d'un remalaxage de beurres ramassés dans les fermes ou achetés sur les marchés.

Les beurres normands sont en partie consommés sur place et en partie écoulés dans diverses parties de la France et exportés à l'étranger. En France, les beurres centrifuges trouvaient, avant la guerre, d'importants débouchés dans les départements de la région du Nord et dans les villes du Centre et du Midi. Les envois de beurres d'Isigny à Paris avaient une tendance à diminuer, passant de 812.978 kilogs en 1903 à 542.610 kilogs en 1910. Le marché de Paris était de plus en plus approvisionné par les Charentes et le Poitou. Les exportations de beurres du Calvados à l'étranger étaient principalement dirigées vers l'Angleterre et le Brésil. Mais depuis plus d'une vingtaine d'années l'exportation des beurres français sur le marché anglais avait considérablement diminué par suite de la concurrence des beurres provenant des colonies anglaises, du Danemark, de la Suède et de la Russie. L'exportation au Brésil, qui était faite par une seule maison, était également en très sensible décroissance.

Depuis la guerre, la diminution du nombre des vaches laitières, les mauvaises conditions dans lesquelles se fait la traite, son rendement inférieur, le ramassage du lait par les fromageries, la pénurie de main-d'œuvre et l'augmentation des frais généraux ont sensiblement réduit la production du beurre dans le Calvados et en ont fait tripler les prix par rapport à ceux qui existaient auparavant.

Parmi les grands établissements industriels s'occupant de la fabrication du beurre dans le département du Calvados, le plus important est la Laiterie Coopérative des Fermiers d'Isigny. Cet établissement, qui peut être considéré comme un modèle du genre et qui passe pour n'avoir son pareil ni en France, ni à l'étranger, est la propriété personnelle de M. Dupont. Celui-ci, ayant repris l'ancienne maison Demagny, fondée en 1860 à Isigny pour l'exportation des beurres, a entrepris avec ses deux fils, un voyage aux États-Unis, en Norvège, en Suède, au Danemark, en Hollande et en Allemagne, afin d'y étudier les installations d'usines pour la fabrication du beurre. Au retour de ce voyage, M. Dupont a installé son usine d'Isigny qu'il a dotée de tous les aménagements les plus modernes et les plus perfectionnés qu'il a pu connaître dans les divers pays qu'il a visités.

Les produits fabriqués dans les établissements de M. Dupont sont le beurre, le fromage et la caséine. La fabrication du beurre comprend d'une part, la transformation du lait en beurre frais pour la consommation en France et, d'autre part, la préparation des beurres salés pour l'exportation.

Pour la fabrication des beurres frais le lait est fourni par les fermiers de la région d'Isigny. A l'arrivée de ce lait à l'usine, on en évalue tout d'abord la teneur en matières grasses. Ensuite, il est réchauffé et écrémé. Le petit lait est rendu aux fermiers qui veulent l'utiliser pour les besoins de leur élevage. Celui qui n'est pas repris est employé pour la production de la caséine. La fabrication du beurre est faite d'après les procédés scientifiques modernes — pasteurisation de la crème, son ensemencement avec des ferments spéciaux, maturation, refroidissement, barratage et malaxage.

Tout l'outillage pour la fabrication des beurres comprenant des bacs à lait, des écrémeuses, des réchauffeurs, des pasteurisateurs, des pompes à crème, des bacs à crème, des réfrigérateurs, des barattes et des malaxeurs, est de la construction la plus moderne. Mais tout cet outillage est de provenance étrangère, la fabrication d'appareils perfectionnés pour l'industrie laitière ne se faisant, malheureusement, guère en France. Les barattes sont de construction américaine, les écrémeuses de construction suédoise, tous les autres appareils sont de construction danoise.

La force motrice est fournie par une machine à vapeur de 150 H. P., de construction française, avec deux chaudières, françaises également.

Une dynamo, de construction française, est installée à l'usine pour la production de la lumière électrique.

Depuis la fondation de l'usine jusqu'à la guerre, la production du beurre frais s'était développée dans des proportions considérables : dans le courant du mois de juin 1905, la quantité de lait transformée n'avait été que de 50.000 litres. Elle s'est élevée à 2.750.000 litres en juin 1910. La moyenne journalière du lait traité avait atteint, avant la guerre, 87.000 litres, soit la production d'environ 7.000 vaches et de 5.000 hectares d'herbages. Depuis la guerre, la moyenne journalière est tombée à 7.000 litres. Cette diminution tient à ce que, d'une part, les fermiers ont trouvé à vendre leur lait à des prix très élevés, sans souci de sa richesse en matières grasses, et que, d'autre part, beaucoup d'entre eux, faute de moyens de transport, se sont mis à préparer le beurre chez eux par leurs propres moyens.

Les beurres frais fabriqués à l'usine de M. Dupont sont vendus dans toute la France, mais principalement à Paris. La maison se charge de la vente. Mais sur les bénéfices réalisés, après déduction des frais de fabrication, une répartition est faite à des époques déterminées aux fermiers, proportionnellement à leurs apports de lait et à sa teneur en matières grasses. Le producteur a ainsi intérêt à fournir un lait aussi riche que possible.

La préparation des beurres salés pour l'exportation était faite, avant la guerre, avec des beurres achetés aux fermiers. Ces beurres étaient malaxés, salés, mis dans des boîtes métalliques et expédiés presque exclusivement au Brésil. Le transport était effectué sur bateaux français ou étrangers et ne nécessitait aucune installation frigorifique. Actuellement, la préparation des beurres salés est complètement arrêtée par suite de l'interdiction de l'exportation.

La fabrication du fromage de camembert a été entreprise depuis la guerre, les apports réduits de lait ne suffisant plus à alimenter la production normale et continue du beurre.

La caséine était vendue, avant la guerre, en Allemagne. Elle y était utilisée, d'une part, pour la fabrication d'articles de tabletterie, de peignes, de coupe-papier, de perles, d'imitations de corail, de manches de parapluies, etc., qui étaient exportés en grandes quantités tant en France que dans le monde entier et, d'autre part, comme matière première employée pour différentes préparations industrielles, telle que celle des papiers peints. Cette caséine était, dans certains cas, revendue et réexpédiée en France sans avoir subi aucune transformation. Depuis la guerre, quelques usines ont été fondées dans notre pays pour la fabrication d'articles en caséine.

En dehors de son usine d'Isigny, M. Dupont exploitait, avant la guerre, plusieurs stations d'écrémage dans diverses localités de l'arrondissement de Bayeux. Depuis la guerre, il a vendu les bâtiments et les installations de celles de Sainte-Marguerite-d'Elle et du Molay-Littry. Celle de la Cambe a été fermée faute de combustible nécessaire et celle de Trévières le sera également, si la diminution des apports de lait et la pénurie de combustible s'aggravent davantage.

M. Dupont se propose d'organiser après la guerre une exploitation fermière complète et modèle qui servira d'étalon à la production laitière pouvant alimenter sa fabrication industrielle des beurres. Cette exploitation assurera, en même temps, l'entretien des chevaux de son usine.

Le personnel de l'usine se composait, avant la guerre, d'une centaine d'ouvriers et d'ouvrières. La moitié environ de cette main-d'œuvre était féminine. Actuellement, une quinzaine de personnes, dont les quatre-cinquièmes sont des femmes, sont employées dans la maison.

Les établissements de la Société Anonyme de l'Union des Beurreries de France, marques Fortin et Leboucher, à Vire, ont été fondés vers 1873. La maison recueille sur les marchés normands, les beurres fabriqués à la baratte par les éleveurs et les fermiers. Au début, la collecte était limitée à la région de Vire. Elle s'est étendue ensuite à une grande partie des marchés des départements du Calvados, de l'Orne et de la Manche. Actuellement, le ramassage est fait dans la région de Villers-Bocage, Caumont, Isigny, Carentan, Sainte-Mère-l'Eglise, Valognes, Saint-Lô, Avranches, Coutances, Villedieu.

Les fromageries étant peu nombreuses dans cette région, les quantités de lait disponibles pour la fabrication du beurre n'ont guère beaucoup varié depuis la guerre. La diminution du cheptel laitier, d'abord à la suite des réquisitions et plus tard à la suite de la vente d'un grand nombre de vaches laitières à la boucherie, en raison du renchérissement des fourrages et de l'attrait des hauts prix de la viande, avait cependant eu comme conséquence une diminution de la production du lait. Mais cette diminution n'avait affecté, dans cette région, que la vente du lait pour sa consommation en nature. Pour cet usage, il a été, en effet, souvent difficile d'en trouver dans les fermes au-delà d'un certain minimum. Tout le reste de la récolte était réservé pour la production du beurre. Dans ces derniers temps, à la suite des hauts prix atteints par les beurres, on a pu constater, dans les campagnes, une certaine réaction contre la vente des vaches laitières à la boucherie.

Les beurres ramassés sur les marchés et dans les fermes sont transportés à l'usine de la société pour y subir un travail de malaxage qui en enlève le petit lait et l'eau qu'ils contiennent. Leur conservation sans goût rance est ainsi assurée pour une plus longue durée.

L'usine de la Société et ses dépendances sont édifiées sur un terrain de deux hectares, à proximité de la gare de Vire. L'outillage comprend deux malaxeurs, de construction française, deux malaxeurs turbines, de construction française, et une machine à couper le beurre construite en France d'après les plans de la maison. Les installations frigorifiques et leurs appareils ont été construits en Suisse et ont été montés par des ouvriers spécialistes venus de ce pays. Elles se composent de trois chambres comprenant ensemble 12 compartiments et représentant une superficie de 400 mètres carrés. De nouveaux appareils frigorifiques fonctionnant à l'électricité ont été commandés à des constructeurs français pour être installés et mis en marche après la guerre.

La force motrice est fournie par une machine à vapeur de 200 H. P., de construction française, avec deux chaudières également françaises. Mais cette machine est appelée à être remplacée, après la guerre, par des moteurs électriques et à ne plus servir que de machine de secours.

La maison dispose d'un atelier de réparations, d'une buanderie et d'une imprimerie.

L'outillage de l'atelier de réparations comprend un tour, deux perceuses, avec tout le matériel nécessaire, actionnés par un petit moteur; tout l'outillage, ainsi que le moteur sont de construction française.

Le matériel de la buanderie se compose d'essoreuses et de boîtes à laver, de construction française.

Une machine du type *Minerve*, de construction française, est installée à l'imprimerie pour l'impression des prix courants, des tickets, des emballages, etc... Cette machine est actionnée par un petit moteur électrique.

Un autre petit moteur électrique fait marcher les pompes de l'usine. Deux dynamos, de construction française, sont installées pour la production de l'éclairage électrique.

Pour le ramassage du lait, la maison dispose de deux camions automobiles, de six chevaux et de six voitures.

La production fermière des beurres dans la région où la société procède à leur ramassage n'ayant pas sensiblement diminué depuis la guerre, la production de l'usine a peu varié. Elle oscille entre 150.000 et 200.000 kilogs par mois, suivant les saisons. Reduite en hiver, elle s'accroît en été, lorsque les pâturages donnent leur plein rendement.

Avant la guerre, environ les deux tiers de la production étaient exportés en Angleterre. Le transport des beurres jusqu'à Cherbourg était fait dans des wagons frigos que la société louait aux chemins de fer de l'Etat. Elle avait ainsi à sa disposition cinq wagons affectés à son service exclusif. Les expéditions en Angleterre n'avaient pas besoin d'être faites sur bateaux avec installations frigorifiques. Quelques envois de beurre avaient été faits également aux Colonies et au Brésil. Depuis 1916, les beurres de la maison sont vendus en France. Environ la moitié en est expédiée à Paris, aux Halles Centrales. Après la guerre, la production sera poussée à 300.000 kilogs par mois, dont 200.000 environ seront destinés au marché français et 100.000 à l'exportation à l'étranger. Une reprise des envois en Angleterre est à prévoir.

Le personnel comprenait, avant la guerre, 150 employés et ouvriers, dont un certain nombre de spécialistes dégustateurs de beurres. On comptait très peu de femmes parmi ce personnel qui était recruté dans la région. Depuis la guerre, le personnel est tout aussi nombreux qu'auparavant. Les ouvriers et employés mobilisés ont été remplacés par des femmes et par des réfugiés du Nord et des Belges. Ces réfugiés sont au nombre d'une trentaine.

La Laiterie Coopérative de la Région de Bayeux, à Vaucelles, près de Bayeux, a été fondée en mars 1907 uniquement pour la transformation du lait, récolté journellement chez les fermiers-coopérateurs, en beurre.

L'outillage mécanique comprend quatre écrémeuses de construction suédoise, deux barattes-malaxeurs, de construction danoise, un réchauffeur, de construction française, un pasteurisateur, de construction également française, et une machine à glace, de construction suisse. La force motrice est fournie par une machine à vapeur de 30 H. P., de construction anglaise, avec deux chaudières de construction française.

La production s'était développée progressivement depuis la fondation de l'établissement jusqu'à la guerre. En 1907, on y transformait 15.000 litres de lait par jour. En 1914, on en transformait 30.000. Depuis la guerre, les quantités de lait traitées ont subi une sensible diminution, s'élevant à 23.000 litres par jour au maximum pendant la période de grande production, en mai et en juin. Les beurres sont vendus exclusivement en France.

Le personnel se composait, avant la guerre, de 8 ouvriers et ouvrières. Il en comprend 10 depuis la guerre.

La Laiterie Coopérative de Juaye-Mondaye, à Juaye-Mondaye, a été fondée en 1909 pour la transformation du lait en beurre.

Cette entreprise est une coopérative au sens propre du mot. Le lait est fourni exclusivement par ses adhérents. Le petit lait leur est rendu pour les besoins de leur élevage. Les opérations s'étaient développées assez rapidement jusqu'au jour où le ramassage du lait pour la fromagerie a pris dans la région une extension qui a sensiblement diminué les quantités restant disponibles pour la fabrication du beurre.

L'outillage mécanique comprend deux écrémeuses, de construction danoise, un pasteurisateur, de construction étrangère,et un appareil frigorifique,de construction française. La force motrice est fournie par une machine à vapeur, de 15 H. P., de construction française. L'établissement dispose, en outre, d'une machine à vapeur demi-fixe, de 7 à 8 H. P., achetée d'occasion, qui lui sert de moteur de secours.

La production est vendue à Paris et dans sa banlieue. Aucune exportation n'a été faite à l'étranger.

Le personnel se compose de deux ouvriers et de 9 ouvrières, dont un ouvrier et sept ouvrières pour le ramassage du lait et un mécanicien et deux ouvrières pour la fabrication.

D. — LA FROMAGERIE

Le Calvados occupe le premier rang parmi les départements français pour la production des fromages, qui était évaluée, avant la guerre, à plus de 7 millions de kilogrammes par an. Cette production y est très ancienne. Au XIIIe siècle, les environs de Pont-l'Evêque étaient déjà célèbres pour les excellents fromages qu'on y préparait. Guillaume de Loris en a chanté la gloire et les vertus dans son « *Roman de la Rose* », datant de 1230. D'autres auteurs parlent dans leurs écrits des fromages du pays d'Auge : Charles Bourgueville, sieur de Bras, dans ses « *Recherches et antiquitez de la Province de Neustrie* », datant de 1588, Hélie de Cordier, dans un poëme intitulé « *le Pont-l'Evêque* », paru en 1662, M. de Masseville, dans un traité sur « *l'Etat géographique de la Province de Normandie* », publié en 1722. Ces fromages étaient connus au XVI° et XVII° siècles sous le nom « *d'Augelots* », et par déformation sous celui d' « *Angelots* ». On leur donnait autrefois les formes les plus diverses, telles que celles de fleurs de lys, de croix du Saint-Esprit, de cœurs, de croissants, de dauphins ou de lièvres. Actuellement, ces fromages ne sont plus désignés dans le commerce que sous le nom de fromages de Pont-l'Evêque, cette ville étant le centre de la région où ils sont préparés. Ils ont la forme carrée des moules en bois de frène ou de hêtre, qui servent à leur préparation.

Celle-ci est restée jusqu'à nos jours fermière et ne s'est pas industrialisée. La qualité des fromages de Pont-l'Evêque varie selon la quantité de crême que contient le lait employé à leur préparation. Les meilleurs sont faits avec le lait non écrémé, aux mois de septembre et d'octobre, lorsque les vaches se trouvent dans les regains et qu'elles sont bien nourries. Avant de pouvoir être livré à la consommation, le fromage de Pont-l'Evêque doit faire un séjour plus ou moins prolongé à la cave. La durée en dépend de la qualité du produit, de sa consistance, de son épaisseur, ainsi que de la température. Le passage à la cave, ou cavage, est une opération qui demande beaucoup de soins et de surveillance. Une catégorie spéciale de commerçants, connus sous le nom de « *caveurs* » s'en chargent habituellement. Ils achètent les fromages, lorsqu'ils sont encore blancs, dans les fermes ou sur les marchés, les gardent le temps voulu dans leurs caves et les revendent ensuite dans les centres de consommation.

L'origine du fromage de Livarot, qui doit son nom au bourg qui est le centre du pays de production, semble être moins ancienne que celle du fromage de Pont-l'Evêque. Le livarot est fait également avec du lait de vache. Ce sont également les mois de septembre et d'octobre qui sont les plus favorables à la préparation. Comme le pont-l'évêque, le livarot a besoin d'un passage à la cave. Le cavage peut se prolonger jusqu'à cinq ou six mois, selon les dimensions et l'épaisseur du produit et les conditions de la température. On nomme fromages de Lisieux ou petits-lisieux, des fromages qui ont la même pâte et la même forme que les livarots, mais qui s'en distinguent par un format plus réduit. Au milieu du XIXe siècle, les livarots étaient, de tous les fromages préparés dans le Calvados, les plus demandés par les consommateurs. D'après M. Morière, ils constituaient, en quelque sorte, la viande de l'ouvrier. Ils pouvaient, en outre, se conserver et étaient facilement transportables. M. Morière en évaluait la production à 1.678.800 francs en 1866 et à 4.491.840 francs en 1877, alors que celle des pont-l'évêque n'était évaluée qu'à 120.000 francs en 1866 et à 1.763.220 francs en 1877, et celle des camemberts à 200.000 francs en 1866 et à 2 millions de francs environ en 1877. Depuis cette époque, le livarot a été détrôné par le camembert. Avant la guerre actuelle, la production du livarot ne s'était pas industrialisée dans le Calvados et la préparation de ce fromage y était restée essentiellement fermière. Depuis la guerre, la maison Ch. Gervais a entrepris la fabrication industrielle des livarots dans l'un des deux établissements dont elle a tout récemment fait l'acquisition au Molay-Littry. Les fromages qui y sont fabriqués sont expédiés pour le cavage dans la région de Lisieux.

L'origine du fromage de Camembert remonte à la fin du XVIIIe siècle. L'honneur d'en avoir trouvé le mode de préparation revient à Mme Harel, née en 1761. Elle exploitait avec son mari, en 1791, une ferme dans la commune de Camembert, dans le canton de Vimoutiers du département de l'Orne. Le camembert tient donc son nom de la commune qui en a été, pour ainsi dire, le lieu de naissance. Au début, le nouveau produit fut vendu surtout sur place. Les jours de marché on en trouvait également à Argentan. Le succès fut rapide, la vente avantageuse. En 1798, Mme Trouvé, une marchande de comestibles de la rue de l'Horloge, à Argentan, se mit à vendre couramment des fromages de camembert dans sa boutique. Mme Paynel, la fille aînée de Mme Harel, continua l'industrie de sa mère, en 1813, à Champosoult. M. Paynel introduisit le camembert dans la consommation à Caen, par l'intermédiaire de Mme Chalenge, marchande de fromages, rue de la Monnaie. La première fabrique de camemberts fut créée dans le Calvados par la filleule de M. Paynel, Mme Morice, de Lessart. Les enfants de M. et de Mme Paynel fondèrent quatre maisons pour la préparation du camembert. L'une fut établie à Camembert, dans l'Orne, la seconde, primitivement installée à Garnetot, dans le Calvados, fut ensuite transportée à Mesnil-Mauger; la troisième fut établie à Champosoult, dans l'Orne, et la quatrième à Mézidon, dans le Calvados. Des progrès furent successivement réalisés dans la préparation du camembert et progressivement sa production a pris une importance qui n'a cessé de s'accroître jusqu'à nos jours.

Depuis une trentaine d'années, cette production s'est industrialisée et les fabricants du véritable camembert de Normandie ont constitué un syndicat pour la défense de leurs marques contre les nombreuses contrefaçons de leurs produits, tant en France qu'à l'étranger. Ce syndicat groupe plus de 80 fromageries, disséminées dans les départements du Calvados, de la Manche, de l'Orne, de l'Eure, de la Seine-Inférieure et même dans une partie du département de l'Oise. Mais la plupart de ces fromageries se trouvent dans les limites du département du Calvados. Ce département et, en particulier, le pays d'Auge peuvent être considérés, à juste titre, comme le centre de la production du camembert. Les fromageries affiliées au Syndicat des fabricants du véritable camembert sont, dans le Calvados, au nombre de 51, savoir :

1° La fromagerie de M. Beaudot, à Moutiers-en-Auge, par Morteaux-Coulibœuf;

2° La fromagerie de M. Maxime Bazin, à Saint-Pierre-sur-Dives;

3° La fromagerie de M. Elmire Bisson, à Boissey, par Saint-Pierre-sur-Dives;

4° La fromagerie de M. Georges Bisson, à Livarot;

5° La fromagerie de M. Raymond Bisson, à Sainte-Marguerite-de-Viette;

6° La fromagerie de M. Blondel, au Breuil-en-Auge;

7° La fromagerie de M. Robert Busnel, à Sainte-Marie-aux-Anglais;

8° La fromagerie de M. Maurice Busnel, à Ouville-la-Bien-Tournée, par Saint-Pierre-sur-Dives;

9° La fromagerie de M. Buquet-Sercy, à Boissey, par Saint-Pierre-sur-Dives;

10° La fromagerie de M. Henry Dutacq, à Corbon;

11° La fromagerie de MM. Du Merle et Olcron, à Friardel, par Orbec;

12° La fromagerie de M. André Fromage fils, à Saint-Michel-de-Livet, par Livarot;

13° La fromagerie de M. Gaston Fromage fils, à Mesnil-Bacley, par Livarot;

14° La fromagerie de M. Ernest Fromage, à Saint-Michel-de-Livet, par Livarot;

15° La fromagerie de M. Gontier fils, à Tortisambert, par Livarot;

16° La fromagerie de Mme A Guilmin, à Saint-Martin-de-Fresnay, par Saint-Pierre-sur-Dives;

17° La fromagerie de M. Eugène Houlette, à Ecots, par Saint-Pierre-sur-Dives;

18° 19° et 20° Les fromageries de MM. E. Lanquetot et fils et Cie, à Saint-Martin-de-Bienfaite, à Orbiquet-Orbec-en-Auge, et aux Veys, près d'Isigny-sur-Mer;

21° La fromagerie de M. Léon Lebourgeois fils, à Boissey, par Saint-Pierre-sur-Dives;

22° 23° et 24° Les fromageries de Mme Aug. Lepetit et ses fils, à Saint-Maclou-Sainte-Marie-aux-Anglais, par Mesnil-Mauger, à Bretteville-sur-Dives par Saint-Pierre-sur-Dives et à Falaise;

25° La fromagerie de Mme Emmanuel Lepetit, à Vieux-Pont-en-Auge, par Saint-Julien-le-Faucon;

26° La fromagerie de M. E. Lenormand, à Lessard-et-le-Chêne, par Saint-Julien-le-Faucon.

27° 28° 29° et 30° Les fromageries de M. Lermat, à Navarre par Argences, à Pont-Roch par Audrieu, à Caumont-l'Eventé et au Manoir de Cléville par Méry-Corbon;

31° La fromagerie de M. Loriot, à Lisores;

32° La fromagerie de M. Alfred Marie, à Montpinçon;

33° La fromagerie de M. Joseph Pichard, à Vieux-Pont-en-Auge, par Saint-Julien-le-Faucon;

34° La fromagerie de M. Ernest Pottier, à Livarot;

35° La fromagerie de MM. Quesnay et Bulot, à la Houblonnière par la Boissière;

36° La fromagerie de Mme Rendu, à Rocques, par Lisieux;

37° La fromagerie de M. Gaston Roussel, à Quétiéville, par Mézidon;

38° La fromagerie de M. Léon Roussel, à Boissey, par Saint-Pierre-sur-Dives;

39° La fromagerie de MM. Saffrey frères, à Saint-Loup-de-Fribois, par Crèvecœur-en-Auge;

40° La fromagerie de M. Fernand Seigneuret, à Hottot-en-Auge, par Beuvron;

41° La fromagerie de Mme Léon Seigneuret, à Mesnil-Bacley, par Livarot;

42° La fromagerie de M. Aldonce Serey, à Sainte-Marie-aux-Anglais, par Mesnil-Mauger;

43° La fromagerie de M. Gaston Serey, à Mesnil-Mauger;

44° La fromagerie de Mme Léon Serey, à Bretteville-sur-Dives par Saint-Pierre-sur-Dives;

45° La fromagerie de Mme E. Vallée, à Sainte-Marie-aux-Anglais, par Mesnil-Mauger;

46° 47° 48° 49° et 50° Les fromageries de la Société Laitière des Fermiers Normands, dirigées par M. Vigniboul, à Morteaux-Coulibœuf, à Jort, à Fief-Nouvel par May-sur-Orne et à Aunay-sur-Odon;

51° Les fromageries des établissements Godefroy, à Orbec-en-Auge.

Un grand nombre de fabricants de camembert, affiliés au Syndicat, appartiennent à des familles dont les membres s'étaient occupés de père en fils, depuis plusieurs générations, de la préparation des fromages. Parmi les établissements industrialisés, utilisant un outillage mécanique et des appareils à vapeur, les plus anciens sont la fromagerie de M. E. Bisson fils, à Boissey, fondée par son père en 1877, celle de Mme Rendu, à Rocques, fondée en 1883, celle de Jort, fondée en 1883 et exploitée par la Société Laitière des Fermiers Normands, qui a fondé successivement les fromageries de Morteaux-Coulibœuf en 1891, de Berjou, dans l'Orne, en 1893 et de Fief-Nouvel en 1895; la fromagerie des Établissements Godefroy, fondée en 1885, celles de la maison Auguste Lepetit, à Saint-Maclou et à Bretteville-sur-Dives, fondées en 1888, celles de la maison Lanquetot, à Saint-Martin-de-Bienfaite et à Orbiquet, fondées il y a environ 25 ans, et celle de la maison Lermat, à Navarre, fondée en 1897.

Bien que les propriétaires de la plupart des fromageries industrielles exploitent des fermes, parfois très importantes, la production laitière de leurs domaines ne peut suffire à leur production fromagère. Pour se procurer les quantités de lait nécessaires, ils en font le ramassage dans les fermes situées dans un rayon plus ou moins étendu autour de leurs exploitations. Le ramassage est fait soit au moyen de camions automobiles et de voitures à chevaux appartenant aux fromagers, soit par les soins d'une catégorie spéciale de voituriers-commissionnaires qui se chargent de faire la récolte du lait dans les fermes et de l'apporter aux fromageries. On emploie généralement 100 litres de lait pour la production de 15 kilogs de fromage de camembert. L'importance de la production varie selon les saisons dans une proportion d'à peu près 50 %. La plus forte production a lieu de septembre à décembre.

Depuis la guerre, de très âpres et violentes polémiques se sont élevées au sujet du ramassage du lait par les fromagers. Ces derniers ont été accusés de priver les enfants, les malades et les vieillards d'un aliment indispensable, d'enlever le petit lait nécessaire à l'élevage des veaux et de porter atteinte à la fabrication du beurre. Il ne nous appartient pas de prendre position dans cette controverse qui se présente d'ailleurs sous des faces assez diverses, selon les différentes régions. Il est incontestable que la diminution de la production laitière depuis la guerre a amené une rupture d'équilibre dans la répartition du lait pour les différents usages auxquels il est destiné. M. Vignioboul, président du Syndicat des Fabricants du véritable camembert de Normandie, estime que dans le Calvados un tiers seulement de la production du lait est absorbé par la fabrication du camembert. Les propriétaires des plus importantes fromageries déclarent tous que leur production a sensiblement diminué depuis la guerre. Les fromageries de la Société Laitière des Fermiers Normands qui, avant la guerre, transformaient 73.000 hectolitres de lait par an, n'en transforment plus que 50.000 actuellement. M. Ernest Pottier, qui, avant la guerre, transformait en moyenne 6.000 litres de lait par jour dans ses établissements de Mesnil-Bacley, près de Livarot, n'en transforme plus que 3.200. M. Lermat, qui en transformait 7.000 par jour dans son établissement de Pont-Roch et 4.000 à 5.000 dans celui de Caumont-l'Eventé, n'en transforme plus que 3.000 dans chacun de ces deux établissements. La production de MM. Saffrey frères, à Saint-Loup-de-Fribois, qui, avant la guerre, atteignait 4.500 fromages de camembert par jour en pleine saison, est actuellement réduite de moitié; celle de Mme Vve Emmanuel Lepetit, à Vieux-Pont-en-Auge, l'est également de moitié et celle de M. E. Bisson, à Boissey, l'est encore davantage. Mais il est, d'autre part, certain, qu'en présence de la demande toujours croissante de fromages de camembert, surtout pour le front, il s'est créé dans le Calvados, comme ailleurs, un très grand nombre de fromageries nouvelles qui, à n'importe quel prix, prennent n'importe quel lait et dont les produits médiocres n'ont du camembert que la forme et l'aspect extérieurs. Ce pullulement de fromageries nouvelles et leurs procédés fâcheux de ramassage et de fabrication ont contribué, d'une part, à accentuer la hausse du lait et, d'autre part, à jeter sur le marché, sous le nom de camembert, des fromages très inférieurs aux produits du cru normand, qui doivent leur goût très fin et leur arôme particulier aux règles classiques de leur préparation. Cependant, comme le disait M. le Président du Syndicat des Fabricants du Véritable Camembert de Normandie, dans un rapport adressé le 17 janvier 1916 à M. le Préfet du Calvados, les fromages normands ont été recherchés à tel point, que les plus mauvaises fabrications étaient enlevées à des prix très élevés. Pour réagir, dans une certaine mesure, contre les pratiques qui favorisent la production de fromages de qualité très inférieure et qui nuisent à la fabrication loyale, il y aurait lieu, d'après l'avis autorisé de M. Vignioboul, de rendre obligatoires, d'une part, le ramassage par traites séparées, sans en admettre le mélange, et, d'autre part, le tamisage du lait. Le développement de la fromagerie avait été, avant la guerre, un puissant stimulant à l'augmentation du cheptel laitier. La fromagerie avait fait doubler, en une vingtaine d'années, la production du lait. C'est dans une nouvelle augmentation de cette production, par l'accroissement du nombre des vaches laitières et par un rendement supérieur de la traite, et non dans des mesures de restriction ou de taxation, qui peuvent être justifiées en temps de guerre, lorsque tous les rouages de la vie économique du pays sont faussés, mais qui en temps normal sont généralement inopérantes et provoquent la fraude, qu'il faut chercher la solution de la crise qui actuellement dresse, les uns contre les autres, les intérêts divergents de la consommation du lait en nature, de l'élevage des veaux, de la production du beurre et de la fabrication des fromages. Il est, d'ailleurs, permis de croire qu'après la guerre, lorsque la situation sera redevenue normale dans les campagnes, l'équilibre et l'harmonie ne tarderont pas à se rétablir entre les divers intérêts en présence.

Cependant, après avoir fait la part des besoins de la consommation en nature, de l'élevage et de la production du beurre, il y aurait intérêt à réserver en premier lieu à la préparation du camembert la portion nécessaire et suffisante de la production locale du lait et d'en éviter un drainage excessif, sous forme de crême ou de pâte, vers d'autres régions. Ce drainage alimente et développe des fabrications étrangères au département auquel ce lait appartient, pour ainsi dire, géographiquement par les qualités naturelles qu'il tire de son sol et qui en font une matière première indispensable à la préparation de produits essentiellement locaux. Les laits du pays d'Auge, qui servent à la fabrication des meilleures marques de camembert, ne semblent, d'ailleurs, guère convenir par leur composition, ni à la pasteurisation et au transport vers des localités plus ou moins éloignées pour la consommation en nature, ni même à la production d'un beurre pouvant se conserver frais pendant longtemps.

Il y a lieu, d'autre part, d'accorder à la fabrication du camembert une protection efficace contre la fraude et la contrefaçon. Cette protection est d'autant plus nécessaire que le camembert n'est pas seulement un produit de grande consommation locale, mais que, grâce à ses excellentes qualités, il s'est acquis d'importants débouchés dans toute la France, et en premier lieu sur le marché de Paris, ainsi qu'à l'étranger. Les imitations et falsifications en devenaient d'autant plus nombreuses que sa vogue allait en grandissant. On en faisait tant en France qu'à l'étranger. Il importe de mentionner tout particulièrement la contrefaçon qui se pratiquait en Allemagne sur une très grande échelle. Des ouvriers employés dans des fromageries de Normandie avaient été débauchés à prix d'or et étaient allés dans des laiteries installées à Dusseldorf, à Breslau, à Reichenbach et dans diverses localités de Silésie et de Thuringe apprendre aux Allemands la façon de préparer le camembert. Les fromages ainsi contrefaits étaient expédiés à Hambourg où on les mélangeait avec des camemberts de provenance authentique dans des caisses contenant 15 fromages français sur 45 allemands. Des bateaux, pourvus d'installations frigorifiques, les transportaient dans les deux Amériques où ils étaient vendus comme fromages normands à des prix inférieurs à ceux auxquels le commerce français pouvait offrir des produits loyaux.

Le Syndicat des Fabricants du Véritable Camembert de Normandie s'emploie activement à protéger le produit régional normand qu'est le camembert contre toute fraude et toute falsification. Il n'a pas encore réussi à obtenir une délimitation législative, analogue à celle qui a été établie pour la protection de certains autres produits régionaux, tels que les vins de Champagne. Mais il ne cesse de poursuivre les contrefaçons par la voie judiciaire et de demander que l'origine et l'authenticité du produit soient attestées sur l'étiquette sous laquelle il est vendu et que le nom du marchand ne puisse qu'accompagner et non prendre la place de la marque du fabricant.

L'exportation du camembert avait pris, avant la guerre, un développement très considérable, le succès de ce fromage à l'étranger tendant à s'affirmer chaque jour davantage. Il est intéressant de noter que les premières exportations dans les pays d'outre-mer ont été dues à l'initiative des maîtres d'hôtel de bord, qui transportaient dans leurs petits frigorifiques des fromages achetés au départ. Les installations frigorifiques modernes dans les ports et à bord des navires ont permis de donner à l'exportation des camemberts toute l'ampleur voulue pour répondre à une demande toujours croissante. Malheureusement, les compagnies de navigation françaises n'ont pas su faire sur leurs bateaux les aménagements nécessaires et se sont laissé enlever par les armateurs étrangers le transport du camembert. Des compagnies américaines notamment faisaient prendre, avant la guerre, au Havre, deux fois par semaine, par des bateaux spéciaux, des produits français et, en particulier, des camemberts pour les transporter soit à Southampton, soit à Liverpool, où ces fromages étaient entreposés et conservés dans des « *cold storages* » jusqu'au départ des transatlantiques qui les déversaient dans les deux Amériques. Il n'était pas rare de voir des bateaux emportant du Havre 60.000 camemberts et plus. Notre marine marchande devra faire après la guerre un effort sérieux pour doter ses navires des installations frigorifiques indispensables à l'exportation de produits dont les débouchés sont appelés à se multiplier et pour le transport desquels le commerce français a été jusqu'à présent tributaire de la navigation étrangère. L'absence de ces installations n'a guère permis d'organiser l'exportation des camemberts aux colonies.

La plupart des fabricants de camembert exploitent comme annexes à leurs fromageries des fermes, des beurreries et des porcheries. Leurs fermes leur fournissent, entre autre, le fourrage nécessaire aux chevaux employés pour le ramassage du lait. Les beurreries leur permettent d'utiliser le lait pendant la saison chaude, époque à laquelle la fabrication du fromage est très réduite, et de transformer, en temps ordinaire, en beurre la petite quantité de crême qui se forme à la suite du stationnement du lait entre l'heure de son arrivage du soir et le commencement de la fabrication du matin. Dans les porcheries, on engraisse les porcs avec le sérum provenant de l'égouttage des camemberts. L'importance de ces porcheries, qui s'étaient considérablement développées avant la guerre, a cependant une tendance à diminuer actuellement, en raison de la difficulté de se procurer les produits servant de nourriture complémentaire aux animaux.

L'outillage mécanique des fromageries est généralement de peu d'importance. Les écrémeuses qui y sont employées sont presque toutes de construction danoise, mais le reste du matériel est en grande partie de fabrication française. La force motrice est fournie dans une dizaine de fromageries par des roues hydrauliques, dans d'autres par des machines à vapeur ou des moteurs à gaz pauvre, dans un très petit nombre d'entre elles, par des moteurs à essence. Quelques-unes disposent d'installations pour la production de la lumière électrique.

Avant la guerre, un personnel de 25 ouvriers et ouvrières en moyenne était considéré comme suffisant dans une fabrique de camemberts transformant de 3.000 à 5.000 litres de lait par jour. Depuis la guerre, le rendement de la main-d'œuvre ayant baissé, le même personnel est nécessaire pour une production de moindre importance. Tous les travaux de fabrication proprement dite sont confiés à un personnel féminin. Il est peu de fromageries qui ne forment d'apprentis. La main-d'œuvre est, en majeure partie, recrutée dans le pays et le personnel est généralement logé et nourri dans l'établissement.

Le fromage de Port-Salut ou fromage de la Grande Trappe, dont la préparation était faite à l'origine dans les couvents de trappistes, est fabriqué actuellement, dans le Calvados, à la Laiterie-Fromagerie de Sainte-Croix-Grand-Tonne, près de Bretteville-l'Orgueilleuse. L'établissement avait été fondé en mai 1910 pour la fabrication des fromages et de tous les dérivés du lait — beurre, caséine, poudre de lait et sucre de lait — par la Société en nom collectif Casséga frères, Magrini, Ponis, Rabault et Mérigiani. Cette Société ayant été liquidée à l'amiable en décembre 1912, l'affaire fut reprise, de janvier à septembre 1913, par M. H. Passega et ensuite par la Société du Double qui a exploité l'établissement jusqu'au 4 août 1914. A cette date l'usine a été fermée. Elle a été réouverte en octobre 1915 et exploitée pour le compte des Sociétés réunies de la Bonne-Espérance et de Sainte-Croix jusqu'en novembre 1916. A cette époque, elle a été rachetée par M. H. Passega qui a transformé l'affaire le 24 janvier 1918 en société à capital variable.

En dehors de la fabrication du fromage de Port-Salut, dans la préparation duquel la société s'est spécialisée depuis la guerre, elle produit actuellement dans ses établissements le beurre et utilise les déchets de sa production fromagère pour l'engraissement des porcs. Elle se propose de reprendre, après la guerre, toutes les autres fabrications pour lesquelles son usine avait été primitivement installée et, entre autres, celles d'objets en caséine.

Le lait transformé était ramassé, avant la guerre, au moyen de camions automobiles, dans un rayon de 40 kilomètres. Depuis la guerre, le ramassage se fait avec des voitures à chevaux dans un rayon de 10 à 12 kilomètres. La maison dispose, à cet effet, de cinq chevaux et de cinq voitures, dont un cheval et une voiture de louage.

Les quantités de lait transformées avaient atteint, avant la guerre, un maximum de 12.000 litres par jour. Actuellement, la moyenne est de 5.000.

L'outillage mécanique comprend un matériel complet pour la fabrication des fromages, du beurre et de la caséine. Les écrémeuses sont de construction danoise, les pasteurisateurs — de construction suédoise, les presses à fromages — de construction française, les installations frigorifiques pour la conservation de la crême et du beurre de construction anglaise. Les bidons sont de fabrication française. Les cuves à caséine, copiées sur des modèles italiens, ont été construites en France.

La force motrice est fournie par une machine à vapeur de 50 H. P., de construction française, avec chaudière également française. En outre, la maison dispose d'un moteur à essence de 6 H. P., de construction anglaise, et comme machine de secours, d'une locomobile de 6 H. P., de construction française.

Les produits étaient vendus, avant la guerre, en France et en Angleterre. Ils sont vendus actuellement en France seulement, aux Halles Centrales de Paris, aux coopératives militaires du front et aux hôpitaux.

Le personnel qui, avant la guerre, se composait de 36 ouvriers et ouvrières, n'en compte plus qu'une vingtaine actuellement. Une partie en est logée dans des locaux et dans des maisons appartenant à la Société.

La fabrication du fromage anglais « *Cheddar* », genre de Chester, est faite dans les établissements de la Laiterie de Breuil-en-Auge limited, fondés en avril 1914 par une société anglaise dont le siège est à Londres. L'usine, dont les installations avaient été terminées en juillet 1914, avait été créée pour la préparation de la poudre de lait et du lait condensé. Mais par suite de la mobilisation, la fabrication de ces produits n'a pu être commencée qu'au mois de novembre de la même année et a dû être abandonnée en octobre 1915 en raison de la pénurie de charbon. Actuellement, la Société fabrique uniquement le cheddar. Mais elle se propose de reprendre, après la guerre, la production de la poudre de lait.

Le lait est ramassé dans les fermes dans un rayon de 15 kilomètres. La maison dispose, à cet effet, de 19 chevaux et de 12 voitures. Le petit lait est rendu, après écrémage, aux fermiers pour les besoins de leur élevage.

L'outillage mécanique, tout à fait moderne, comprend des écrémeuses de construction suédoise, des bacs, des presses et des moules de construction anglaise, et une installation frigorifique de construction suisse. La force motrice est fournie par une roue hydraulique développant une force de 45 H. P., et par une machine à vapeur de 150 H. P., de construction anglaise, avec trois chaudières, de construction anglaise également. Une dynamo de 150 volts, de construction française, sert à la production de la force et de l'éclairage électrique.

L'établissement dispose d'un atelier de réparation avec outillage complet — tour, perceuse, taraudeuse, etc..., de construction anglaise — et avec forge, pour le ferrage des chevaux.

La production a atteint 120 tonnes de fromages au cours de la dernière année financière qui a pris fin le 30 septembre 1917. Toute cette production est destinée au marché français. Actuellement, la Société fournit des fromages, entre autre, à l'Armée Française d'Orient.

Le personnel se compose de cinq spécialistes anglais, et d'ouvriers et d'ouvrières dont le nombre varie selon les saisons. En été, on en compte jusqu'à 40 environ. Cette main-d'œuvre est recrutée dans le pays et comprend, en outre, quelques réfugiés belges. La société dispose de quatre maisons d'habitation pour le logement de son personnel.

La pâte nécessaire à la production des fromages dits « *petits suisses* » fabriqués dans les établissements de la maison Ch. Gervais à Gournay-Ferrières, dans le département de la Seine-Inférieure, est préparée à l'usine que cette maison a installée le 1er mars 1917 à Sainte-Marguerite-d'Elle, dans les bâtiments achetés à M. Dupont, d'Isigny, qui y exploitait, avant la guerre, une station d'écrémage. Une fromagerie est en construction auprès de l'usine.

Le lait est ramassé chez les fermiers dans un rayon de 10 kilomètres. La maison dispose, à cet effet, de chevaux et d'une dizaine de voitures. Le ramassage est fait par les soins de petits entrepreneurs-commissionnaires qui conduisent les voitures de la maison et dont quelques-uns possèdent des chevaux. Les quantités de lait ramassées s'élèvent à 8.000 ou 9.000 litres par jour. La moitié en est écrémée et le petit lait rendu aux fermiers pour les besoins de leur élevage. Le reste, mélangé à la crême, est employé à la préparation de la pâte qui est expédiée en totalité à Gournay-Ferrières pour la fabrication des petits suisses.

L'outillage mécanique, qui provient de l'ancienne station d'écrémage de M. Dupont, comprend un réchauffeur de la marque « *Astra* », de construction étrangère, trois écrémeuses de construction suédoise, un pasteurisateur, de construction danoise, et une installation frigorifique, de construction étrangère. La force motrice est fournie par une machine à vapeur, de construction étrangère, avec chaudière de construction française. On procède actuellement au montage d'une deuxième chaudière, de construction française également.

Le personnel comprend une dizaine d'ouvriers et d'ouvrières recrutés dans le pays.

La maison Ch. Gervais a acheté, en outre, depuis la guerre, deux autres usines dans le Calvados, toutes les deux au Molay-Littry. L'une est une ancienne station d'écrémage exploitée, avant la guerre, par M. Dupont, d'Isigny. Aucune fabricaiton n'y est encore faite. L'autre est une ancienne laiterie coopérative où, avant la guerre, on produisait du beurre. La maison Ch. Gervais y fabrique depuis le 1er octobre 1917 de la crême, du beurre et des fromages. Elle y dispose de quatre chevaux et de trois voitures pour le ramassage du lait chez les fermiers. Les quantités ramassées s'élèvent jusqu'à 12.000 ou 13.000 litres par jour. La production des fromages atteint un millier de camemberts et 800 à 900 livarots par jour en pleine saison. Les camemberts sont vendus aux Halles Centrales à Paris. Les livarots sont expédiés à l'état de fromages blancs dans la région de Lisieux, où on en fait le cavage. Une partie du petit lait est rendue aux fermiers pour les besoins de leur élevage. Le reste est utilisé à la porcherie de l'établissement. L'outillage comprend trois écrémeuses, de construction suédoise. La force motrice est fournie par une machine à vapeur de 25 H. P., de construction française, avec chaudière française également. Le personnel se compose d'une vingtaine d'ouvriers et d'ouvrières recrutés dans le pays.

Quelques autres variétés de fromages avaient été autrefois fabriquées dans le Calvados.

Vers la moitié du XVIIIe siècle, une famille Mignot avait préparé, à Beuvron, un fromage auquel elle avait donné son nom. La fabrication du mignot s'est poursuivie au cours du XIXe siècle. Ce fromage était vendu sur les marchés de Beuvron, de Troarn et de Dozulé. On en exportait même sur les marchés de Paris et de Rouen. Mais le mignot ne pouvait se conserver et sa production n'a jamais pris une grande extension.

Le « *Fromage à Louis* », variété de camembert frais, avait été préparé par Mme Louis Marin, une sœur de Mme Harel. La préparation de ce fromage n'avait lieu que pendant la pleine saison. Il ne pouvait être conservé pendant plus de trois à quatre jours. On en vendait autrefois à Falaise.

Deux essais ont été faits dans la première moitié du XIXe siècle pour introduire dans le Calvados la fabrication des fromages de Hollande. En 1817, M. Dumarais fonda un établissement pour la préparation de ces fromages à Pont-Bénard, près d'Isigny. Mais le prix de revient des produits était trop élevé et leur écoulement difficile. A la suite des pertes éprouvées, M. Dumarais fut obligé d'abandonner en 1820 sa fabrication et de fermer son usine. En 1821, MM. Scribe et Dewant entreprirent la fabrication des fromages de Hollande à la ferme d'Hercouel, près de Varaville. Ils voulaient affranchir la France du tribut qu'elle payait aux Pays-Bas pour les fromages qu'elle en importait et comptaient vendre leurs produits à la Marine. Mais aucune commande n'ayant été faite par l'Etat, l'entreprise de MM. Scribe et Dewant eut le même sort que celle de M. Dumarais.

E. — LES LAITS DE CONSERVE

La préparation des laits de conserve — lait stérilisé, lait condensé, poudre de lait — s'est développée, depuis une vingtaine d'années, surtout à l'étranger, d'abord en Suisse, où une puissante compagnie internationale a installé des usines qui inondent le monde entier de leurs produits, et ensuite en Hollande et au Danemark, où la même compagnie a établi ses filiales. La France s'est laissé distancer par ces pays dans la fabrication des laits de conserve et particulièrement dans celle du lait condensé qui est un produit appelé à conquérir de très importants débouchés tant sur notre marché métropolitain qu'aux Colonies et à l'étranger, et entre autre dans les pays d'Orient.

La préparation du lait condensé, qui paraît, à première vue, assez simple, puisqu'elle se réduit à une évaporation d'eau, est en réalité très complexe et difficile à réussir. En tout premier lieu, le lait qu'il s'agit de condenser doit être de qualité absolument irréprochable. Il faut qu'il soit l'objet d'une rigoureuse sélection et que les plus grands soins de propreté soient apportés tant à sa récolte qu'à sa manipulation. L'évaporation doit être faite à basse température, afin que la caséine ne se coagule pas et que le lait puisse être reconstitué dans son état primitif au moyen d'une simple addition d'eau. La concentration est obtenue dans des chaudières où le vide est fait au moyen de pompes à air et à eau. L'addition de sucre, dans la proportion de 11 à 14 %, rend le lait moins fluide, plus sirupeux, et assure mieux sa conservation. La fabrication du lait condensé non sucré est beaucoup plus difficile, attendu que le sucre faisant défaut comme agent de conservation, il y a lieu d'obtenir le même résultat par une stérilisation parfaite que l'opération préalable de la condensation rend extrêmement délicate. On est néanmoins parvenu à la réaliser et on trouve actuellement dans le commerce des laits condensés non sucrés et non écrémés d'excellente qualité, qui peuvent se conserver longtemps et qui additionnés de deux ou trois fois leur volume d'eau peuvent remplacer le lait frais dans de multiples usages.

Dans le Calvados, les premiers essais de préparation de laits de conserve ont été faits une dizaine d'années avant la guerre actuelle. Vers 1904, a été fondée à Creully la Laiterie de Creully en vue de l'exploitation d'un brevet pour la production du lait stérilisé « *Salvator et Vita* ». Ce lait était vendu en bouteilles. On a entrepris ensuite dans le même établissement la fabrication de lait et de chocolat condensés. En 1912, la Laiterie de Creully, dont les débuts avaient été difficiles, a été reprise par la Société des Grandes Laiteries de Touraine et de Normandie, A. Paillaud et Cie, dont le siège social est à Tours. Cette société a pour objet la produciton du lait stérilisé et du lait condensé, du beurre et du fromage.

Le ramassage du lait traité aux établissements de Creully est fait dans un rayon de 9 kilomètres environ. La société dispose à cet effet d'une dizaine de voitures et de 20 à 30 chevaux selon les besoins. La récolte moyenne varie d'une saison à l'autre, passant de 5.000 ou 6.000 litres par jour en hiver, à 12.000 en été.

L'outillage de l'usine comprend un matériel complet pour l'écrémage, la pasteurisation, la stérilisation, la condensation et le barattage.

Pour l'écrémage :

un réchauffeur, de construction danoise,

deux écrémeuses, de construction suédoise,

un réfrigérant cylindrique, de construction française,

une pompe à petit lait, de construction également française.

Pour la pasteurisation et la stérilisation :

quatre pasteurisateurs, de construction allemande,

deux réfrigérants, de construction suisse; un troisième a été commandé à l'industrie française.

Pour la condensation :

deux groupes d'appareils à condenser dans le vide, dont l'un, de construction suisse, mais mis au point en France, est en service, et l'autre, de construction également suisse, est en voie de montage;

trois bacs à tapettes tournantes, dont deux sont en service et un troisième en voie de montage; tous les trois sont de construction suisse;

trois sertisseuses, dont deux, l'une de construction française et l'autre de construction américaine, sont en service, et la troisième, de construction américaine, est en voie de montage.

deux homogénéisateurs, ou machines à fixer, de construction française;

trois autoclaves, de construction française.

Pour le barattage :

une baratte, de construction allemande.

En outre, la maison dispose de nombreuses pompes, dont trois à eau, débitant 105 mètres cubes à l'heure, de bacs de réception et de rinçage, de bidons, etc., le tout de construction française.

La force motrice est fournie par une turbine hydraulique actionnant un générateur électrique d'une puissance de 25 H. P., de construction française. Ce générateur alimente plusieurs moteurs, de construction également française, qui assurent la marche de différents appareils. L'usine dispose, en outre, d'une machine à vapeur développant une puissance de 20 à 25 H. P., de construction française, avec trois chaudières, également françaises, dont deux en service et une en voie de montage. Ces trois chaudières représentent ensemble une surface de chauffe de 300 mètres carrés.

La production, qui a commencé à prendre un développement considérable depuis la reprise de l'usine par MM. A. Paillaud et Cie, a passé de 1.500 boites de lait condensé par jour en 1912 à une moyenne journalière de 5.000 actuellement. Cette moyenne pourrait être facilement doublée. Le chiffre de 10.000 boites par jour a, d'ailleurs, été atteint en automne 1917. Le lait condensé de la maison porte la marque « *Salva* ». Depuis le commencement de l'année 1918, la maison ne pouvant plus se procurer du sucre, alors que ses concurrents étrangers et particulièrement suisses semblent en disposer dans une mesure suffisante, ne peut produire que du lait condensé non sucré. Elle se trouve ainsi placée dans un état d'infériorité vis-à-vis de ses concurrents, le lait condensé sucré étant préféré par les consommateurs à celui qui ne l'est pas. En outre, sa production se trouve réduite du fait que pour être condensé sans sucre, le lait doit subir l'opération de la stérilisation par les hautes températures et que la moitié environ de celui qui arrive à l'usine de MM. A. Paillaud et Cie ne peut, en raison de son degré d'acidité trop élevé, être soumise à cette opération. Dans ces conditions, la maison est obligée de transformer en fromages les quantités de lait qui ne peuvent être utilisées pour la préparation du lait condensé. Sa production de fromages atteint un millier de camemberts par jour.

Jusqu'en 1918, la majeure partie de la production des laits de conserve préparés à l'usine de Creully avait été réservée aux besoins du service de santé. En 1913 et en 1914, la maison a fourni à ce service à Marseille environ 1.200.000 boites de lait stérilisé pour les hôpitaux et les ambulances militaires du Maroc. Au cours des années 1916 et 1917, elle a fourni un million de boites de lait condensé aux services de l'Intendance militaire à Rouen. Les excédents disponibles de la production avaient été livrés au commerce, dans toute la France, ou exportés aux Colonies. Actuellement, toute la production de l'usine est destinée aux besoins de la consommation civile. Pour l'après-guerre, MM. A. Paillaud et Cie se proposent d'agrandir considérablement leurs installations de Creully, d'étendre leur rayon de ramassage et d'augmenter la production des laits de conserve de façon à pouvoir éliminer du marché français les produits similaires étrangers et assurer, en outre, à leurs marques des débouchés importants dans les colonies françaises ainsi que dans les pays étrangers.

Comme exploitation annexe, ils envisagent l'installation d'une porcherie pour l'utilisation des sous-produits de leur fabrication de fromages.

Le personnel de la maison, qui en 1912 se composait de 15 ouvriers et ouvrières, en comprend actuellement 70, presqu'exclusivement recrutés dans la région.

L'usine de la Société des Comprimés lactés D. Manivet et Cie, dont le siège est à Marseille, a été fondée en 1911 et installée à Auquainville, dans l'arrondissement de Lisieux, dans les bâtiments d'une ancienne filature, autrefois exploitée par M. Longeon-Mutel. La société fabriquait dans cet établissement de la poudre de lait, des tablettes de « *Milkose* » et de « *Milkosine* », du lait condensé et du beurre. Depuis juillet 1915, la production a été arrêtée et l'usine fermée.

Le lait transformé était ramassé dans un rayon assez étendu. La société disposait à cet effet de sept voitures. Les quantités récoltées s'élevaient à une moyenne de 6.000 litres par jour.

L'outillage mécanique, comprenant des appareils de provenances diverses, avait été installé par la maison Paul Meyer, de Paris. Cet outillage se compose d'une écrémeuse, d'un pasteurisateur, d'un évaporateur, d'un siphon, d'une pompe à vide, d'une machine à fabriquer la poudre, d'une sécheuse-bluteuse, d'une machine à fabriquer les tablettes de comprimés, d'un malaxeur et de deux barattes pour la fabrication du beurre, de cuves et de bacs divers. La machine pour la fabrication de la poudre et la sécheuse-bluteuse sont de construction anglaise.

La force motrice était fournie par une turbine hydraulique, d'une puissance de 50 H. P., de construction française. Une dynamo était installée pour la production de la lumière électrique. Un atélier de réparation était annexé à l'usine.

La production atteignait 500 kilogs de poudre de lait par jour et était en partie vendue en France et en partie exportée aux colonies, en Belgique, en Espagne, en Chine et au Japon.

Nous avons indiqué, dans le chapitre précédent, que la Laiterie-fromagerie de Sainte-Croix-Grand'Tonne et la Laiterie du Breuil-en-Auge, qui actuellement fabriquent l'une des fromages de Port-Salut et l'autre des fromages « *Cheddar* », avaient été fondées pour la production, entre autre, de poudre de lait et que ces établissements comptaient reprendre cette fabrication après la guerre.

F. — LE LAIT PASTEURISÉ

La pasteurisation du lait permet d'en effectuer le transport à des distances considérables, sans qu'il s'altère. La Laiterie Parisienne Ricard, Sibille et Desois, qui fait le commerce du lait sous la raison sociale « *Au lait intégral* », a installé le 1er mars 1918, dans les locaux d'une ancienne beurrerie, à Carcagny, une usine pour la préparation du lait pasteurisé qui est expédié et vendu exclusivement à Paris, où la maison possède un dépôt central et 80 débits de vente dans les divers quartiers.

Le ramassage du lait est fait dans la région avoisinant l'usine, dans un rayon de 12 kilomètres environ. La maison dispose à cet effet de cinq voitures et de dix chevaux. L'outillage comprend deux écrémeuses, de construction danoise, un pasteurisateur, de construction également danoise, et un réfrigérant acheté à Paris. La force motrice est fournie par une machine à vapeur d'une puissance de 15 H. P., de construction française, avec chaudière française également. La production atteint 5.000 litres par jour en moyenne. Le personnel se compose de 12 ouvriers et ouvrières, recrutés dans le pays.

G. — LA CHOCOLATERIE

La chocolaterie est une industrie nouvelle dans le Calvados. Son installation, toute récente, y est due aux circonstances de la guerre. En juin 1918, M. Ibled, industriel à Mondicourt, dans le Pas-de-Calais, est venu fonder une fabrique de chocolat à Lisieux, dans les bâtiments d'une usine où, avant la guerre, étaient installés les ateliers de fabrication de talons et de bondes de la Société des Établissements Leroy.

La maison Ibled avait été fondée à Mondicourt en 1824. Depuis cette époque, elle n'avait cessé de se développer. Avant la guerre actuelle, presque toute la population de la commune dans laquelle est située l'usine, ainsi qu'une grande partie des habitants des communes environnantes, travaillait dans les établissements de M. Ibled. L'outillage avait subi successivement toutes les transformations rendues nécessaires par les progrès de la fabrication. Actuellement, la maison dispose d'un matériel pourvu de tous les perfectionnements les plus modernes réalisés dans l'industrie chocolatière. Malgré la proximité des lignes ennemies, le travail avait continué à l'usine de Mondicourt depuis le début de la guerre jusqu'en 1918. Mais à la suite de l'avance des Allemands au printemps dernier, M. Ibled s'est décidé à transporter une partie de son matériel à Lisieux et à y entreprendre la fabrication du chocolat. Cette fabrication est actuellement limitée à la préparation du chocolat en tablettes, dit chocolat à bouillir, celle du chocolat de fantaisie et au lait étant interdite en raison des circonstances de la guerre.

Les matières premières servant à la fabrication du chocolat sont les cacaos, le sucre et la vanille.

Le cacao, espèce d'amande, est le fruit d'un arbuste qui se nomme le cacaoyer. Cet arbuste pousse exclusivement dans les pays tropicaux, aux Antilles, en Amérique, sur la Côte occidentale d'Afrique, à Madagascar, etc.. Il existe donc des plantations de cacaoyers dans certaines colonies françaises situées dans la zone équatoriale. Mais ces plantations ne sont pas encore aussi développées qu'elles devraient l'être et leur production est loin d'être suffisante pour alimenter entièrement le marché français. A leur entrée en France, les cacaos doivent acquitter des droits de douane fort élevés. Cependant, en vue de favoriser notre production coloniale, les cacaos provenant des colonies françaises bénéficient d'une réduction de 50 % sur les droits du tarif général.

Les cacaos transformés dans les établissements de M. Ibled sont de provenances diverses, des mélanges étant nécessaires pour la fabrication du chocolat. Ces cacaos sont achetés à Bordeaux et au Hâvre. Actuellement, il est souvent difficile de s'en procurer les quantités voulues, à cause de la rareté du fret.

L'outillage qui est en voie d'installation dans les établissements de M. Ibled à Lisieux est de construction entièrement française et tout à fait moderne. Cet outillage comprend une série d'appareils destinés les uns à transformer les fèves de cacao, les autres à pulvériser le sucre, à préparer la pâte et à former les tablettes de chocolat.

Les nettoyeurs débarrassent les fèves de cacao de leurs impuretés et des produits étrangers auxquels elles se trouvent mélangées dans les sacs d'origine. Des appareils spéciaux servent à torréfier les fèves par l'action de l'air porté à une température de 300°. Une fois torréfiées, les fèves sont saisies par des appareils élévateurs et travaillées dans des vans, où la matière pure, seule utilisable pour la fabrication du chocolat, est séparée des coques, des pellicules et des germes. Ainsi préparée, elle passe dans des moulins à cacao, où un mouvement de rotation mécanique, combiné avec une température appropriée, la transforme en une pâte très liquide.

De son côté, le sucre subit diverses transformations, d'abord dans des moulins à sucre, dans lesquels il est réduit en une poudre à peu près impalpable, et ensuite dans des bluteurs qui en augmentent encore la finesse.

Le cacao et le sucre sont ensuite réunis dans des mélangeurs qui forment avec ces deux produits une pâte homogène. Le mélange convenable fait, cette pâte passe dans toute une série de broyeuses à simple et à double effet. Le chocolat en sort en nappes qu'il faut retransformer en pâte. Cette opération est effectuée au moyen de malaxeurs fournissant une pâte parfaitement homogène, qui est soumise, pendant un temps déterminé, à l'étuvage. Sortie de l'étuve, la pâte est préalablement tempérée, c'est-à-dire portée à une température permettant un bon moulage, et mise dans des moules. Les moules remplis passent alors dans des tapoteuses automatiques. Celles-ci sont des appareils d'une assez grande longueur et composés de deux parties. L'une comprend une plateforme, subissant des trépidations continues et sur laquelle se déroule un tablier sans fin. L'autre, faisant corps avec la première, est une armoire close, traversée par un tablier roulant et pourvue d'un puissant appareil frigorifique, ou machine à glace, aménagé de façon à remplir cette armoire d'air froid répandu dans tout son intérieur au moyen d'un ingénieux système de ventilation électrique. Les moules contenant la pâte de chocolat sont placés sur le tablier se déroulant sur la plateforme et par suite des saccades successives qui lui sont imprimées, cette pâte épouse parfaitement toutes les formes des moules. Le tablier roulant conduit ensuite les moules d'une extrémité de l'armoire close à l'autre, à une vitesse calculée de telle façon que la pâte, encore chaude à l'entrée, en sorte en tablettes refroidies et parfaitement formées. Le démoulage a lieu à la sortie de l'appareil. Enfin, l'enveloppage de la tablette se fait au moyen de machines automatiques à envelopper, d'invention récente. Ces machines entourent la tablette de son enveloppe intérieure, la recouvrent de son étiquette et collent celle-ci.

La force motrice actionnant l'outillage de l'usine de M. Ibled à Lisieux est fournie par une turbine hydraulique développant une puissance de 20 H. P. et par une machine à vapeur de 80 H. P., de construction française.

Dans les circonstances actuelles, les installations de M. Ibled à Lisieux ne peuvent avoir, bien entendu, ni l'ampleur, ni l'organisation de celles de la maison-mère, à Mondicourt. Avec l'outillage relativement restreint dont dispose la nouvelle usine, sa production pourra atteindre 5.000 kilogs de chocolat par jour. La fabrication en est, d'ailleurs, soumise actuellement aux restrictions prévues par les réglements concernant la répartition des matières premières disponibles, qui est faite par les soins du Ministère du Ravitaillement entre les fabricants français au prorata de leur production d'avant-guerre. Les chocolats fabriqués à l'usine de M. Ibled à Lisieux sont destinés à être vendus, quant à présent, exclusivement en France. Aucune exportation n'en est prévue avant la fin de la guerre.

Le personnel comprend environ 60 ou 70 ouvriers et ouvrières recrutés dans le pays.

H. — LA CIDRERIE

Telles les sept illustres cités antiques, Smyrne, Rhodes, Colophon, Ios, Chios, Argos et Athènes, qui s'étaient jadis disputé la gloire d'avoir vu naître Homère dans leur enceinte, telles la Normandie et la Biscaye se sont pendant longtemps disputé l'honneur d'avoir pour la première fois fait jaillir le cidre du pressoir. En Normandie, d'excellents esprits ont multiplié les recherches pour démontrer l'ancienneté des plantations de pommiers et de l'usage du cidre dans leur province. M. J. Girardin, dans des lettres publiées en 1844, et d'autres après lui, se sont appliqués à défendre les titres de leurs compatriotes contre les prétentions des Biscayens. Ils ont fait appel au témoignage du célèbre géographe Strabon disant que les pommiers étaient cultivés dans le nord de la Gaule. Ils ont invoqué les images de ces arbres, représentées sur les débris de poteries du IIe siècle, trouvés dans les environs de Rouen. Ils ont compulsé des chartes poudreuses et réuni une abondante documentation pour fournir les preuves que la culture du pommier était répandue en Neustrie et que le cidre y était en faveur dès avant la conquête normande.

Ainsi, au Ve siècle, les lois saliques accordaient une protection spéciale aux pommiers et aux poiriers, édictant des peines sévères contre quiconque aurait causé un dommage à ces arbres. Ces sanctions de la loi étaient interprétées comme un témoignage de la valeur qu'on attribuait aux fruits qu'ils portaient. L'usage du jus fermenté de la pomme et de la poire semble avoir été connu au VIe siècle. D'après des documents de l'époque, Sainte Radegonde, reine de France, aurait bu du poiré chaque jour en 587. Des allées de pommiers avaient entouré l'antique Abbaye de Fontenelle, détruite en 862, lors de la quatrième irruption des Normands en Neustrie. Après la conquête normande, les vassaux étaient tenus d'aider leurs seigneurs à récolter les pommes et à les piler ou les cidrer dans un grand nombre de fiefs du pays situé à l'ouest de la Seine. Dans une lettre datant du début du XIIe siècle, le moine Raoul Tortaire raconte qu'étant venu à Caen et à Bayeux, il n'y trouva ni vin, ni aucun fruit du Midi, mais qu'on lui servit du cidre fait avec des pommes. La dîme du cidre était payée au XIIe siècle dans de nombreuses paroisses normandes. D'après un titre datant de 1183, les religieux de l'Abbaye de Jumièges avaient reçu une donation en pommes, afin de préparer le cidre nécessaire à leur consommation. Guillaume le Breton, chapelain du roi Philippe-Auguste, qui avait suivi ce prince en 1203 et en 1204 en Normandie, lors de la conquête de ce duché, parle dans ses écrits du cidre mousseux qu'on buvait dans le pays d'Auge. Vers la fin du XIIIe siècle, Philippe le Bel faisait mention, dans un certain nombre de lettres patentes, d'offices de courtiers en vins et en cidres, qui existaient à Caen et dont les titulaires étaient désignés par les magistrats municipaux de cette ville. En 1315, le cidre figure au nombre des marchandises transportées sur les bateaux qui remontaient la Seine. Au début du XVe siècle, cette boisson était vendue à Paris, chez les marchands de vin.

M. Girardin admettait toutefois que l'usage du cidre n'était devenu général en Normandie qu'au XIIIe ou au XIVe siècle, alors qu'auparavant c'était la bière qui y avait été la boisson populaire. Dans ses conférences sur les propriétés médicales et hygiéniques du cidre, le Dr Denis-Dumont a cherché à démontrer que l'usage ne s'en était réellement répandu en Normandie qu'au XVe ou au XVIe siècle et que l'art de préparer cette boisson avait été emprunté aux Basques. Il estimait que selon toute apparence le cidre avait pénétré en Normandie par le Cotentin, avec lequel les habitants de la Biscaye, marins comme les Normands, avaient eu d'anciennes et fréquentes relations. Ils y ont apporté non seulement les meilleurs procédés de brassage, mais encore des pommages supérieurs à ceux qui pouvaient exister dans la contrée. Il n'y a d'ailleurs pas lieu d'être surpris, ajoutait le Dr Denis-Dumont, que le pays normand, qui aujourd'hui a la réputation de produire les meilleures pommes du monde, soit redevable de ses espèces les plus précieuses à la Biscaye. Le climat de cette province espagnole n'a, en effet, rien d'africain. Elle est une petite Normandie. Le vent du nord-ouest, qui y souffle le plus souvent, y apporte de l'Océan un air frais qui entretient une température assez uniforme, exempte de variations considérables. Les pluies y sont fréquentes. Le sol y est humide. Les plaines qui s'y étendent, de la montagne à la mer, sont couvertes de riche végétation et d'arbres fruitiers. Les pommiers y croissent à merveille et en parcourant les vallons qui se creusent entre les collines on se croirait égaré dans quelque coin du Pays d'Auge. Le Dr Denis-Dumont cite, entre autre, le cas d'un gentilhomme espagnol, nommé Dursus de l'Estre, venu de Biscaye vers la fin de XVe siècle se fixer dans les environs de Valognes, où sa famille a fait souche, et qui avait apporté avec lui de son pays d'origine des espèces de pommes excellentes et avait appris à ses nouveaux compatriotes la manière de préparer le cidre. Celui-ci était d'ailleurs une boisson de luxe en Normandie encore dans la seconde moitié du XVIe siècle. On le payait fort cher, comme il appert de registres manuscrits, tenus de 1553 à 1563 par un riche gentilhomme, le sire de Gouberville, qui habitait un manoir dans la commune de Mesnil-au-Vast, entre Cherbourg et Valognes.

Les boissons dont l'usage avait précédé en Normandie celui du cidre, avaient été le vin et la bière.

La vigne était cultivée dans diverses parties de ce pays. Le Dr Denis-Dumont cite de nombreuses localités, situées dans des régions actuellement comprises dans les limites du département du Calvados, où on produisait des vins que l'on avait grand soin de désigner par des noms spéciaux et auxquels on réservait plus ou moins d'estime. Ainsi, les coteaux d'Argences étaient couverts de vignobles renommés. Les plantations de vignes abondaient dans les environs de cette commune, à Airan, à Croissanville, à Moult, à Cesny-aux-Vignes, à Saint-Pierre-sur-Dives, à Mézidon. Dans la vallée de l'Orne, les vignobles s'étendaient de Caen jusqu'au delà d'Hérouville. Les évêques de Bayeux en possédaient près de leur ville et dans le voisinage d'Audrieu. Le Dr Denis-Dumont n'hésitait pas à dire que les vins de Normandie devaient être détestables et que les habitants du pays s'en délectaient parce que le cidre n'était pas encore entré dans la consommation générale.

La bière avait été apportée par les Normands de Scandinavie. Faite avec de l'avoine, du froment ou de l'orge et connue sous le nom de *cervoise*, elle était au Moyen Age une boisson fort usitée dans toute la Normandie. La culture du houblon qui servait à sa fabrication y était très répandue et il est souvent fait mention dans les documents contemporains des nombreuses brasseries de bière qui avaient existé dans le pays. Un érudit du XVIe siècle, Julien de Paulmier, docteur en médecine de la Faculté de Paris et auteur d'un curieux « *Traité du vin et du sidre* », ouvrage composé en latin vers 1573, traduit en français de l'époque par Jacques Cahaigne et publié en 1589, avec privilège du roy, chez Pierre le Chandelier, à Caen, atteste qu'il ne se trouvait monastère, ni château, ni maison antique où il n'y ait eu vestiges manifestes et apparents de brasseries de bière qu'on y faisait pour la provision ordinaire. Il n'y a pas cinquante ans, dit-il, qu'à Rouen et en tout le pays de Caux la bière était le boire commun du peuple, comme l'est à présent le cidre. Mais il était bien raisonnable, continuait de Paulmier, que la bière cédât à une liqueur si plaisante et si salutaire qu'est le cidre, comme il faudra qu'étant connu des médecins, il prenne pied dans toute la France, aussi bien qu'en Biscaye, malgré tous les excellents vins que la nature produit en abondance dans le voisinage. Autrement, quelle faute serait-ce de la part des médecins de rechercher si curieusement et avec tant de frais, tant de remèdes jusqu'aux entrailles de la terre, et de mépriser celui-ci qui est si plaisante et si excellente médecine d'une infinité de maux... Quelle paresse serait-ce aux hommes de se priver d'un boire si bon, qui peut croître sur les chemins et les ceintures de leurs closages, sans dépense et sans frais, avec bien peu de diligence...

Il est intéressant de nous arrêter un peu plus longuement sur le savant ouvrage de Julien de Paulmier, devenu aujourd'hui une rareté bibliographique et dont nous avons trouvé un exemplaire à la Bibliothèque de la Ville de Caen. L'auteur, dont l'état de santé avait été ébranlé par les troubles et l'agitation que les guerres de religion avaient créés à son époque, s'était retiré en Normandie, pensant que l'air de sa province natale pouvait porter remède aux maux dont il souffrait. Il se mit à boire du cidre et ne tarda pas à éprouver les effets magiques de cette boisson. Voici en quels termes il parle de la métamorphose qui s'était opérée en lui : « Ayant été fort travaillé trois ans entiers d'une palpitation de cœur et d'autres accidents familiers aux mélancoliques hypocondriaques, après avoir observé régime exquis, corrigé par tous moyens possibles, et purgé souvent l'humeur mélancolique brûlé, je ne me suis du tout remis en mon naturel, jusqu'à ce que m'étant retiré en Normandie, pour la fureur des guerres civiles, j'aie commué l'usage du vin en cidre, lequel m'a tellement et en si peu de temps rétabli en ma première santé, qu'il ne me resta aucun vestige de la précédente maladie, laquelle néanmoins plusieurs estimaient incurable ». Fort du prestigieux résultat de sa cure, Julien de Paulmier a employé ses loisirs à écrire son traité pour le contentement de ceux qui soignent leur santé et pour montrer aux Français et à tous ceux qui l'avaient ignoré jusqu'alors, combien l'usage du cidre était bon et salutaire.

Ce traité, qui est une ardente apologie du cidre, contient de très précieuses indications sur la façon dont le brassage en était fait à l'époque, de fort judicieuses recommandations, qui de nos jours encore ne seraient guère déplacées pour obtenir une bonne préparation de cette boisson, et de doctes — et aujourd'hui parfois plaisantes — dissertations sur les vertus curatives du nectar normand.

Nous trouvons dans cet ouvrage de sages conseils quant aux pratiques à observer lors de la récolte des fruits. L'auteur recommande de ne pas cueillir toutes les sortes de pommes en même temps, mais de récolter chaque espèce en sa saison et à l'époque de sa complète maturité. La cueillette doit être faite lorsque le temps est beau et sec, afin que les fruits ne soient pas abîmés par l'humidité et qu'ils ne pourrissent pas lorsqu'ils auront été montés dans les greniers. Si les pommes tombent d'elles-mêmes, on ne doit guère, après les avoir ramassées, les porter au grenier avant qu'elles n'aient été exposées au soleil et qu'elles n'aient séché. Pour obtenir un bon cidre, il ne faut pas les piler avant qu'elles n'aient atteint leur perfection d'odeur et de maturité.

Julien de Paulmier donne une longue et intéressante énumération des différentes variétés de pommes qui servaient à la préparation des cidres les plus réputés de son époque, et il fait ressortir l'influence qu'exerce le sol sur les qualités de la boisson. Le terroir, dit-il, y fait beaucoup. Lorsqu'il est gras, le cidre est plus grossier. Quand le terrain est pierreux ou sablonneux, le cidre est ordinairement fin et transparent. Le pays d'Auge en produit de puissants et de vertueux. Ils sont cependant pour la plupart épais, grossiers et mal clarifiés. L'auteur reconnaît que ces gros cidres sont plus nourrissants que ceux du Cotentin, ceux-ci plus fins, plus délicats, plus transparents. Les cidres « *oppillatifs* » du pays d'Auge, dit-il, ne conviennent qu'aux gens de peine et de labeur. Le pays de Caux donne à ses produits un goût de terroir, tout au moins en certains endroits où il y a de la marne...

La description du matériel qui servait à la préparation du cidre et celle des procédés de brassage ne sont guère moins instructives. Le pressoir avait une ou deux meules en bois qu'on faisait tourner par des chevaux ou des bœufs, dans une auge d'une circonférence de cinquante ou soixante pieds. Par un trou pratiqué dans le plancher d'un grenier, aménagé ordinairement juste au-dessus du pressoir, on faisait tomber les pommes et avec des pelles on en mettait sous les meules autant que celle-ci pouvaient en piler. A chaque tour de meules, les pommes étaient remuées et celles qui n'avaient pas été suffisamment pressées, étaient rejetées sous les meules, afin que toutes soient parfaitement broyées. Elles étaient ensuite mises dans des cuves où elles demeuraient aussi longtemps qu'on le jugeait utile. Toutefois, on ne les y laissait généralement pas plus de vingt-quatre heures. Julien de Paulmier estimait que c'était le temps nécessaire pour obtenir les meilleurs résultats, contrairement à l'opinion de ceux qui pensaient que le cidre était moins délicat et moins coloré lorsqu'il était resté si longtemps en cuve où il ne devait pas séjourner plus de douze heures au maximum. Le marc était rémis dans l'auge, arrosé d'eau, soumis à une nouvelle pression, et après un séjour de vingt-quatre heures, ou davantage, dans des cuves, on en retirait le liquide qui constituait le petit cidre et servait de boisson aux serviteurs et aux hommes de peine. Les gens les plus avisés et les plus soucieux de leur santé, ajoute de Paulmier, procédaient à un mélange de gros et de petit cidre pour leur provision des six ou huit premiers mois de l'année, surtout lorsque les vieux cidres étaient rares ou sûrs.

Les qualités du cidre en tant que boisson hygiénique et

ses vertus curatives font l'objet principal du traité de Julien de Paulmier qui, ne l'oublions pas, était médecin. Pour lui, le cidre est presqu'une panacée universelle. A cet égard, la science moderne ne partage, peut-être, pas entièrement les opinions du savant du XVIe siècle. Mais il est intéressant de relever que déjà celui-ci attache à la couleur, à la limpidité, au goût du cidre, une importance que les pomologues les plus éminents de nos jours ne sauraient dénier.

« Tous cidres de couleur d'ambre et au-dessous, dit notre auteur, bien purifiés et transparents, sont estimés excellents pour l'usage de l'homme, d'autant qu'ils ont en soi toutes les conditions que l'on peut désirer au plus excellent breuvage. Ils sont promptement et facilement digérés et distribués : ils humectent, ils nourrissent et réjouissent, sans trop échauffer, ni brûler les parties nobles. L'homme qui vit en oisiveté et repos doit entre ceux-ci choisir les plus faibles et délicats, qui ont moins de couleur, pourvu qu'ils n'aient aucun vice ailleurs, non seulement parce qu'ils sont incontinent digérés et distribués, comme serait quelque petit vin blanc, mais aussi qu'ils nourrissent moins et humectent mieux. L'homme de peine doit choisir les plus puissants, qui sont plus hauts en couleur, parce qu'ils nourrissent et fortifient davantage ».

Mais le goût du cidre a une importance encore plus grande que sa couleur, au point de vue de sa qualité et de son action. « Tout cidre doux, dit de Paulmier, est excellent et de bon usage, s'il est bien déféqué, fin, délicat et en parfaite maturité. Il nourrit beaucoup, il est facile à digérer et de prompte distribution, propice aux poumons, aux reins ulcérés et à la vessie. Il a toutefois cette incommodité qu'il engraisse beaucoup, par quoi il n'est propre aux personnes replettes ».

D'une façon générale, l'auteur estime que le cidre augmente, fortifie et excite la chaleur naturelle de l'homme, le rendant plus prompt, plus agile, plus vigoureux dans ses actions. « Il réjouit aussi et est cause de liesse par le moyen d'une vapeur tempérée et familière à la nature, laquelle se répand promptement par tous les membres, voir s'insinue jusqu'aux veines et artères et ès ventricules du cœur, réprimant, dissipant et corrigeant toute vapeur ou fumée mélancolique ». Revenant sur son propre cas et faisant valoir la guérison d'une infinité de mélancoliques et d'hypocondriaques à la suite de la cure qu'il leur avait fait suivre, de Paulmier insiste tout particulièrement sur l'efficacité du cidre comme remède contre l'humeur mélancolique. « Le cidre, dit-il ailleurs, est excellent remède contre toute syncope ou faiblesse excitée de grande évacuation... il provoque aussi le sommeil et rend le dormir doux par la bénignité de sa vapeur... il y a davantage qu'il tient ordinairement le ventre plus mou que le vin... il fait abondance de lait aux nourrices, voir corrige le vice de leur sang, si elles avaient été nourries de vin ou de bière auparavant, tellement que les princes et les grands seigneurs devraient être bien curieux d'en faire user aux nourrices de leurs enfants, pour les exempter de tant d'inconvénients que l'usage du vin leur attire ». Enfin, ceux qui boivent le cidre vivent plus longtemps que ceux qui boivent le vin. Toutefois, les mauvais cidres, sûrs ou aigres, sont difficiles à digérer, nuisibles à l'estomac, aux intestins, funestes aux personnes ayant dépassé la cinquantaine et à toutes celles, quel que soit leur âge, qui sont sujettes aux obstructions de la rate, aux pâles couleurs ou à d'autres froides et longues maladies...

Le traité de Julien de Paulmier semble avoir eu de son temps, un grand retentissement en Normandie. Un poète de l'époque, Pierre Gondovin, adressa au savant apologiste du cidre une ode dont nous détachons ces quelques strophes :

La sage nature produit
L'arbre fertil de notre fruict
Plus haut en branches que la vigne;
Et fait la vigne humilier,
Voir pour nous signifier
Que le pommier est le plus digne.

⁂

Desvoillons doucques le bandeau
Dont ce fumeux trouble-cerveaux
Tient notre veüe ensommeillée;
Pour cognoistre parfaitement
Le précieux emmannement
Dont la Normandie est comblée.

⁂

Qu'on t'escoute, docte Paulmier,
Toy qui nous chantes le premier,
Les précieux fruicts qu'elle donne.
Qu'on lise dans tes écrits,
Lequel doit emporter le prix
Ou de Bacchus ou de Pomone....

⁂

Ainsi, Paulmier, docte sonneur,
Qui premier as chanté l'honneur
De la riche forest pommeuse,
Tu seras en elle honoré
Et comme un Neptune adoré
Dedans la jaune mer sidreuse.

Depuis le XVIe siècle, le cidre était devenu la vraie boisson normande. Son usage s'était universellement répandu en Normandie, dans les châteaux et les chaumières. Sa production y avait fait disparaître celles du vin et de la bière. Mais au XIX siècle, à la suite de l'amélioration des routes, du percement des canaux, de l'aménagement des ports de mer et de la construction des chemins de fer, les vins de Bordeaux et de Bourgogne purent pénétrer plus facilement en Normandie et remplacèrent sur la table des gens de quelqu'aisance le cidre qui fut délaissé et devint la boisson des ouvriers, des serviteurs et des nécessiteux. La préparation en fut négligée et les pommiers furent cultivés avec moins de soins et d'empressement. Après 1870, l'apparition du phylloxéra, de l'oïdium et du mildiou, les ravages que ces parasites causèrent aux vignobles firent augmenter les prix du vin qui, d'autre part, devint l'objet de nombreuses et dangereuses falsifications. Cette hausse de prix ainsi que les défiances qu'inspirèrent les fraudes du vin, déterminèrent en Normandie une rentrée en faveur du cidre et une reprise de sa production et de sa consommation.

Depuis quelques années, on s'est sérieusement occupé d'améliorer la culture des pommiers et la production du cidre par l'application de méthodes scientifiques. Une grande part des progrès réalisés est due à la création de la Station pomologique de Caen et à l'inlassable labeur de son directeur, un jeune et éminent savant, M. G. Warcollier. Par ses recherches et ses travaux de laboratoire, par ses cours et ses conférences, par ses missions d'étude à l'étranger, par ses publications destinées à répandre et à vulgariser les procédés rationnels de culture et de fabrication, par ses conseils, largement prodigués aux producteurs de pommes et aux fabricants de cidre, M. Warcollier a puissamment contribué au développement de l'industrie cidrière non seulement dans le département du Calvados, mais encore dans d'autres régions cidricoles de la France. Soins à donner aux plantations, destruction des parasites du pommier, précautions à prendre au moment de la récolte des fruits, conditions à observer pour leur meilleure utilisation, commerce, exportation et importation, dessication des pommes, modernisation du matériel cidricole à la ferme et perfectionnement de l'outillage des cidreries industrielles, préparation, fermentation, maladies, conservation, gazéïfication et champagnisation des cidres, leur transport et leur exportation en fûts et en bouteilles, stérilisation et concentration des moûts, utilisation des sous-produits de la cidrerie — toutes ces questions ont été étudiées dans leurs moindres détails et exposées avec une lumineuse clarté par l'éminent directeur de la Station pomologique de Caen, dont l'œuvre est un véritable et fécond apostolat. Le cadre de notre travail ne nous permet pas de suivre M. Warcollier dans l'examen des différentes questions techniques à l'étude desquelles est attaché son nom. Il nous appartient simplement d'indiquer les conditions économiques dans lesquelles a été appelée à évoluer l'industrie cidrière dans le département du Calvados.

Ce département occupe en France une des premières places pour la production des fruits à pressoir et du cidre ainsi que pour la qualité de ce dernier.

Il n'existe aucune statistique des superficies occupées par les plantations de pommiers. Elles se sont progressivement étendues avec l'accroissement des surfaces engazonnées. La plupart des herbages du Calvados sont, en même temps, des vergers où les pommiers sont plantés en rangées régulières, espacées de dix à douze mètres et disposées en quinconces. Les plantations abondent dans le pays d'Auge, dans le Bessin et dans le Bocage. Dans la plaine de Caen, l'extension de la culture du colza, au milieu du XIXe siècle, les avait fait disparaître. Mais elles y reprennent leur place depuis l'abandon de cette culture.

Les variétés de pommes à cidre cultivées dans le département du Calvados sont très nombreuses. Elles se distinguent toutes par leur saveur particulière. Quelque douces qu'elles soient, on les sert rarement comme fruits de table. Il existe cependant quelques variétés dites *pommes à deux fins*, qui sont utilisées aussi bien comme fruits à pressoir que comme fruits à couteau. Julien de Paulmier avait déjà indiqué combien le goût et la couleur du cidre dépendaient de la variété des pommes employées à sa préparation et de la nature du sol sur lequel avaient poussé les arbres qui les avaient portées. L'orientation des plantations, leur situation sur des coteaux, en plaine ou dans des vallons, exercent également une influence sur les qualités du cidre. Les diverses variétés de pommes spécialement cultivées pour le brassage ne viennent pas toutes à maturité à la même époque. On distingue trois saisons pour la récolte des pommes par ordre de précocité. Les fruits les plus précoces se conservent moins longtemps que les autres et doivent être pressés sans retard dès leur récolte. Ceux de deuxième saison, qui donnent généralement le meilleur cidre, sont habituellement pressés en novembre et décembre. Enfin, les fruits de troisième saison sont ceux qui peuvent se conserver le plus longtemps, à peu près jusqu'au mois de mars, mais qu'on presse généralement en décembre et janvier.

La production des fruits à pressoir et celle du cidre ont varié dans le département du Calvados de 1903 à 1915 comme suit :

Années	Production des pommes (en quintaux, d'après les statistiques, publiées par le Ministère de l'Agriculture)	Production du cidre (en hectolitres, d'après les chiffres relevés par M. Warcollier)
1903	653.526	500.000
1904	3.742.333	3.700.000
1905	252.596	600.000
1906	2.095.913	2.198.990
1907	140.500	281.008
1908	2.107.500	2.089.530
1909	365.340	583.637
1910	1.550.930	1.126.831

1911	1.575.301	1.358.089
1912	2.899.482	2.220.000
1913	3.809.480	2.220.000
1914	3.262.547	2.000.242
1915	3.121.000	2.058.880

Ainsi qu'il ressort de ce tableau, les récoltes de pommes à cidre sont extrêmement variables et présentent des écarts considérables. Il en est ainsi non seulement dans le département du Calvados, mais dans toute la France, où la production subit d'incessantes et très sensibles fluctuations, variant, par exemple, de 62.636.500 quintaux en 1904 à 4.670.280 en 1905. On avait cru pouvoir formuler naguère une règle générale d'après laquelle la production des pommes serait bisannuelle, le pommier mettant deux ans à élaborer une bonne récolte de fruits. Mais les statistiques semblent donner un démenti à cette manière de voir. Elles démontrent plutôt que les bonnes et les mauvaises années de récolte n'alternent pas nécessairement. Bien qu'en raison des mouvements d'importation et d'exportation de fruits à pressoir d'un département dans l'autre, il n'y ait pas une relation nécessaire entre les quantités de pommes et poires récoltées et les quantités de cidre produites dans un même département, l'irrégularité de la production des fruits y exerce néanmoins, d'une façon générale, comme dans toute la France, une influence directe sur la production des cidres, qui est soumise à des fluctuations analogues. Ainsi que l'a fait observer M. Warcollier dans sa conférence à la Société d'Encouragement pour l'Industrie Nationale, en mars 1916, l'état instable de la production fruitière peut être considéré comme la cause principale de l'espèce de crise permanente dans laquelle se débat l'industrie cidrière.

En années de grosse surproduction de fruits, les brasseurs de cidre ne peuvent absorber la totalité de la récolte.

Avant la guerre, les excédents en étaient exportés en grande partie en Allemagne, en Suisse et en Belgique. Les exportations en Allemagne s'étaient considérablement développées dans les dernières années qui avaient précédé la guerre. La majeure partie des pommes qui y étaient expédiées, allait dans le Wurtemberg, où le cidre est la boisson habituelle des ouvriers et des paysans. Le principal marché wurtembergeois des pommes est à Stuttgard. Il n'existe cependant pas de grandes cidreries dans ce pays. Les paysans y préparent eux-mêmes leur cidre et les habitants de Stuttgard et des environs le font fabriquer dans les nombreux ateliers de brassage qu'exploitent les tonneliers de cette ville. Quelques autres régions de l'Allemagne, particulièrement celles de Francfort-sur-le-Mein et du Taunus, où sont établies d'importantes cidreries industrielles, étaient également des centres d'importation de fruits à pressoir de provenance française. Pour faciliter l'exportation des pommes de Normandie et de Bretagne vers l'Allemagne, l'administration des chemins de fer de l'État avait organisé des services de transport spéciaux, qui fonctionnaient pendant les mois de septembre, d'octobre et de novembre, pendant lesquels les fruits à pressoir étaient admis en franchise sur le territoire de l'empire allemand. Une notice publiée par cette administration et contenant les renseignements nécessaires sur les conditions dans lesquelles les expéditions devaient être faites et sur les formalités à accomplir à cet effet, était mise gratuitement à la disposition des exportateurs de pommes.

L'exportation des fruits à pressoir en Allemagne en années de surabondance assurait des profits considérables aux producteurs français et constituait pour eux une sorte de soupape de sureté qui les garantissait contre l'avilissement des prix. Mais cette exportation, qui, d'ailleurs, était subordonnée aux besoins des pays importateurs, était loin de présenter une utilisation rationnelle des excédents des récoltes de fruits en France. Il est, en effet, infiniment plus avantageux de créer, dans notre pays, des industries nouvelles, utilisant ces excédents pour la préparation de pommes sèches et pour la fabrication de confitures, de marmelades et de gelées et de réserver ainsi à l'industrie nationale la production entière des pommes et poires à cidre. Des quantités considérables de pommes séchées étaient importées jusqu'à ces derniers temps au Hâvre pour la préparation de boissons de cidre. Ces pommes séchées provenaient des Etats-Unis où la dessiccation des pommes est une très importante industrie. Le développement de la fabrication des pommes sèches en France pourrait fournir à l'industrie de la préparation des boissons de cidre une matière première qui jusqu'à présent venait de l'étranger, et permettrait, en outre, de constituer, avec les excédents de récoltes surabondantes, des réserves de fruits à utiliser en années déficitaires. L'installation de confitureries pour la fabrication de gelées et de marmelades de pommes a été réalisée en France depuis la guerre. Une importante confiturerie a été fondée à Messac, dans l'Ille-et-Vilaine. Cette usine, ainsi que d'autres, établies à Lorient et à Quimper, préparent des gelées, des marmelades et des jus concentrés de pommes. Leur production est destinée tant aux besoins de l'armée qu'à la consommation civile. Dans le Calvados, la Société des sous-produits lactés de Normandie fabrique dans ses établissements d'Orbec des confitures, des gelées, des sirops et des moûts concentrés de pommes, préparés avec des fruits séchés, sans aucune addition d'édulcorants.

La production du cidre, qui pendant longtemps avait été exclusivement domestique et fermière dans le département du Calvados, s'y est en partie industrialisée depuis une quarantaine d'années. Bien que lentement, l'outillage y a été modernisé, perfectionné. A la ferme, les antiques pressoirs à vis en bois actionnant deux arbres superposés, appelés l'un le mouton et l'autre la brebis, ont petit à petit fait place à des broyeurs de divers systèmes nouveaux et à des pressoirs à vis et à écrou métalliques. A l'usine, des installations modernes, avec presses hydrauliques et citernes verrées, ont fait réaliser à la production cidrière d'incontestables progrès. Néanmoins, la fabrication du cidre n'est pas encore au point. Divers problèmes touchant à la fermentation des jus, à leur épuration microbienne, etc., et dont la solution a été étudiée et trouvée dans les laboratoires, sont encore à résoudre dans la pratique industrielle. De patients efforts sont encore nécessaires pour obtenir, dans la fabrication, des cidres limpides, non acétiques, de qualité constante et régulière, pouvant se conserver sans subir d'altération, susceptibles de supporter facilement le transport et appelés à conquérir ainsi de nouveaux et importants débouchés. Pour atteindre les résultats voulus, M. Warcollier préconise, entre autre, la création d'une cidrerie expérimentale qui serait annexée à la Station pomologique de Caen et qui réaliserait l'union intime du laboratoire et de l'usine. Divers pays étrangers, tels que l'Angleterre, l'Allemagne et l'Espagne, dont la production cidrière est bien moins importante que celle de la France, ont déjà procédé à l'installation d'instituts cidricoles modèles, devançant notre pays à cet égard. La Chambre de Commerce de Caen, à la suite d'un rapport de son président, M. Hippolyte Lefèvre, appuyant chaudement la proposition de M. Warcollier, a émis à l'unanimité un avis favorable à la création d'une cidrerie expérimentale qui serait rattachée à la Station pomologique établie dans le chef-lieu du Calvados. D'autre part, une modification de la législation fiscale semble nécessaire afin de permettre à l'industrie cidrière d'entreprendre sur une grande échelle la fabrication des moûts stérilisés et concentrés de pommes et de faire ainsi un grand pas vers une organisation plus rationnelle de sa production. Convenablement préparés, les cidres concentrés sont à l'abri de toute fermentation. On pourrait, en développant leur fabrication, emmagasiner et conserver sous un petit volume des jus de fruits préparés en années de récoltes surabondantes. Ces jus pourraient servir à l'édulcoration de cidres devenus secs. En outre, en années de récoltes déficitaires, ils pourraient être employés à la préparation de cidres marchands au moyen d'addition d'eau et de ferments appropriés. Mais la loi du 19 juillet 1880 assimile les concentrés de cidre aux glucoses. Elle soumet les établissements où se fait la concentration à l'exercice et rend le produit passible d'un droit de plus de 7 francs par 100 kilos. L'édulcoration des cidres à l'aide de sucre de betterave étant permise, M. Warcollier trouve, avec juste raison, paradoxal de ne pouvoir, en toute liberté, les édulcorer avec des jus naturels et concentrés de pommes.

Depuis la guerre, la consommation du cidre s'est sensiblement accrue en France. Des récoltes déficitaires de vins lui ont ouvert des débouchés inespérés et ont permis d'écouler la production de plusieurs années consécutives d'abondantes récoltes de pommes non seulement dans les régions consommant habituellement le cidre, mais encore dans un rayon très étendu au delà de leurs limites, tant à l'intérieur du pays, que sur le front des armées.

Les fabricants de cidre du département du Calvados ont été à peu près unanimes à signaler les difficultés qu'ils éprouvaient, surtout depuis la guerre, pour le transport de leurs produits par suite de l'insuffisance de matériel de chemin de fer mis à leur disposition. La pénurie de moyens de transport ne leur permet pas, en années de forte production, d'écouler tous leurs stocks en temps voulu. Quelques industriels insistent sur l'intérêt qu'ils auraient à se grouper et à fonder une société de wagons-réservoirs pour le transport des cidres, en attendant que les compagnies de chemins de fer aient pu reconstituer et augmenter dans des proportions suffisantes leur matériel très fatigué et très réduit.

Les exportations de cidres français à l'étranger sont extrêmement faibles. Dans les dix dernières années qui ont précédé la guerre, ces exportations avaient atteint une moyenne de 23.000 hectolitres par an, équivalant à environ la millième partie de la production moyenne des mêmes années. Les huit dixièmes des cidres exportés étaient destinés aux équipages des bateaux de pêche d'Islande et de Terre-Neuve. Ainsi, environ 4.000 hectolitres seulement représentaient la moyenne annuelle des cidres réellement exportés à l'étranger. Afin d'assurer à la production cidrière de nouveaux débouchés, le gouvernement a envoyé en 1915 une mission d'étude en Angleterre. Mais il ressort du rapport de M. Warcollier, qui avait fait partie de cette mission, que le marché anglais, assez étroit, était suffisamment alimenté par la cidrerie indigène et que pour exporter des cidres français en Angleterre, dans les années de production déficitaire dans ce pays, il fallait en tout cas pouvoir offrir au consommateur anglais une boisson préparée à son goût. D'une façon générale, l'extension des débouchés du cidre, tant en France qu'à l'étranger, est subordonnée aux améliorations à réaliser dans sa fabrication.

Des distilleries sont annexées à toutes les cidreries de quelque importance. On y transforme en eaux-de-vie des résidus de brassage qu'on nomme lies, ainsi que des cidres, entre autres ceux dont la fabrication laisse à désirer et qui ne sont pas marchands. Ces eaux-de-vie, connues sous le nom de *calvados*, sont très réputées. Certaines marques rivalisent avec les cognacs les plus renommés. La distillation des cidres, qui est également pratiquée à la ferme par de nombreux producteurs récoltants, peut être considérée comme un régulateur de la production cidrière en années de surabondance de fruits et comme un moyen de tirer le meilleur parti des cidres de fabrication défectueuse. Mais les ravages de l'alcoolisme dans le Calvados sont déjà trop grands pour que la consommation croissante des eaux-de-vie ne soit pas envisagée comme un sérieux danger pour les populations de ce département. En 1915, des pommes à cidre ont été utilisées pour la fabrication d'alcools industriels destinés aux besoins de la Défense Nationale. Cette utilisation n'a été possible qu'à la suite d'un concours de circonstances exceptionnelles : d'une part, les prix élevés de l'alcool, qui avaient atteint 100 francs l'hectolitre, et d'autre part, l'extrême avilissement des prix des pommes, qui étaient tombés à 20 francs la tonne. En 1917, les rapports de prix ont encore une fois permis la fabrication d'alcools industriels avec des pommes.

L'utilisation rationnelle des sous-produits de la cidrerie — marcs et pépins — est de date relativement récente. Les marcs de pomme, qui avant la guerre étaient en grande partie exportés en Allemagne, où ils servaient à la fabrication de confitures et de gelées, sont actuellement utilisés dans le Calvados, frais ou séchés, pour l'alimentation des animaux. Une instruction préfectorale du 10 octobre 1917 indique les modes d'emploi et de conservation. Les cidreries les plus importantes du département ont installé un outillage spécial pour la dessiccation. Les pépins, extraits des marcs à l'aide de divers appareils — secoueurs, ventilateurs, tarares — sont recueillis dans différentes cidreries pour être livrés à la graineterie.

Les principales cidreries du Calvados sont :

les Cidreries et distilleries de la Société Anonyme des Anciens Etablissements Saffrey frères, à Lisieux et à Orbec;

la Cidrerie-distillerie de MM. Bourné et fils, à Lisieux;

la Cidrerie-distillerie de M. A. Perrier, à Mesnil-Guillaume;

la Grande Brasserie de cidre de la Vallée d'Auge, de M. Gaston Floquet fils, à Pont-l'Evêque;

la Cidrerie de MM. Borel frères, à Pont-l'Evêque;

la Cidrerie-distillerie de M. Guillouet, à Caen;

la Cidrerie-distillerie de M. Delaunay, à Caen;

la Cidrerie-distillerie de M. Bosnières, à Caen;

la Cidrerie-distillerie normande de MM. Burcs et Lemonnier, à Caen;

la Cidrerie-distillerie de MM. Molinié frères, à Saint-Sever;

la Cidrerie-distillerie de M. Aupée, à Pont-d'Ouilly.

La Société anonyme des Etablissements Saffrey frères, constituée en 1916 et dont le siège social est à Lisieux, exploite deux importantes usines, dont l'une est la Grande Cidrerie modèle de la Vallée d'Auge, à Lisieux, et l'autre la Cidrerie-distillerie du Domaine d'Orbiquet, à Orbec.

La Grande Cidrerie modèle de la Vallée d'Auge avait été fondée en 1885 par MM. Mauger et Guéret. A l'origine, on n'y produisait que 10.000 ou 15.000 hectolitres de cidre par an. A partir de 1900, la clientèle ayant augmenté, la production a varié de 20.000 à 40.000 hectolitres. En 1913, l'établissement a été repris par la Société Saffrey frères et depuis cette époque sa production s'est élevée à plus de 60.000 hectolitres par an en moyenne. La Société Saffrey frères a été transformée en Société Anonyme des Etablissements Saffrey frères en 1916 au moment où elle a réuni à sa cidrerie de Lisieux, celle du Domaine d'Orbiquet, fondée en 1894 par M. Fournier. Lorsqu'elle était exploitée par ce dernier, la Cidrerie-distillerie du Domaine d'Orbiquet produisait annuellement 15.000 à 25.000 hectolitres de cidre. La majeure partie en était distillée et transformée en eau-de-vie de cidre d'une qualité très réputée et très recherchée par les entrepositaires de la Normandie et des départements de la Sarthe et de la Mayenne, ainsi que par ceux de la région parisienne. Depuis que l'usine d'Orbec est exploitée par la Société des Etablissements Saffrey frères, sa production a plus que doublé et atteint à peu près celle de la cidrerie de Lisieux.

Les deux établissements sont situés dans la région la plus productrice de fruits de la Vallée d'Auge et peuvent s'approvisionner facilement en pommes et en poires. Les cultivateurs des environs leur apportent les fruits par voitures. Dans les années de faible récolte, les approvisionnements sont complétés par des pommes venant par wagons des régions les plus voisines des départements limitrophes de l'Eure et de l'Orne. Les deux cidreries possèdent des ponts-bascules pour peser les voitures à l'arrivée des pommes et les repeser ensuite après déchargement. Dans chaque usine des élévateurs à godets, système Piat, montent les fruits dans les greniers au fur et à mesure du déchargement des voitures. Actuellement, il est procédé à l'installation de tapis-roulants qui circuleront dans les augers et qui, presque sans intervention de main-d'œuvre, répartiront les fruits dans les différents casiers où ils attendront leur complète maturité, pour être repris et amenés ensuite aux râpes au moyen d'autres tapis-roulants.

A la cidrerie de Lisieux, on écrasait, primitivement, les fruits au moyen de tours ou de meules en pierre. Plus tard, on a utilisé des casse-pommes mécaniques. Mais depuis plus de vingt ans, les fruits sont réduits en pulpes au moyen de râpes d'un modèle spécial, établi d'après les indications de M. Guéret et construit dans les ateliers de la maison Betton et Juhel, à Lisieux. Ce modèle de râpes est maintenant adopté dans presque toutes les cidreries de quelque importance. La pression des marcs est faite au moyen de très puissantes presses hydrauliques qui, en deux reprises, extraient environ 83 % de jus du poids de la pomme. Ces presses ont été construites aux ateliers de la miason Morane jeune, de Paris. A la sortie des presses, les jus sont envoyés, au moyen de pompes, dans des cuves de fermentation situées au premier étage de l'usine. La première défécation s'y opère en deux ou trois jours. Les cidres clarifiés sont ensuite refoulés dans de grands foudres en bois, d'une contenance de 1.000 à 1.500 hectolitres. La fermentation s'achève dans ces grands récipients qui sont toujours parfaitement aseptisés. Les cidres sont soutirés deux ou trois fois, de façon à être bien séparés de leurs lies, qui sont une cause d'altération. Ces lies, lorsqu'elles sont complètement fermentées, sont distillées, en même temps que les cidres mal réussis et les poirés, et transformées en alcool au moyen d'un appareil rectificateur du système Barbet et fils, de Paris. Cet appareil est appelé à rendre de grands services dans les années de surabondance de fruits, car pouvant distiller plus de 200 hectolitres par vingt-quatre heures, il permettra de transformer rapidement en alcool de grandes quantités de fruits. Les alcools de fruits fabriqués à la cidrerie de Lisieux sont vendus à des fabricants de liqueurs. Actuellement, une partie en est réservée aux besoins de la Défense Nationale et livrée, à cet effet, à l'autorité militaire. Les marcs de pommes épuisés sont divisés par un émietteur et criblés pour en extraire les pépins. Ceux-ci sont séchés à l'air et vendus à des pépiniéristes. Ensuite, les marcs sont séchés dans un séchoir rotatif construit dans les ateliers de la maison Vernon, à Bornel, dans le département de l'Oise. Ces marcs peuvent être utilisés soit en confiturerie, soit pour l'alimentation des chevaux et du bétail. Leur valeur nutritive est sensiblement équivalente à celle du son de blé. Le séchage des marcs n'a été entrepris dans les établissements de la Société que depuis trois ans. Auparavant, ils étaient jetés à la décharge publique. La force motrice actionnant l'outillage de l'usine de Lisieux est fournie par une machine à vapeur de 50 H. P., construite aux ateliers de la maison Renaux, à Rouen.

Cette machine actionne également une dynamo qui assure l'éclairage électrique de l'usine. La force ainsi fournie étant insuffisante, une nouvelle installation, qui pourra développer une puissance de 90 à 100 H. P., est actuellement à l'étude.

A l'usine d'Orbec, les procédés de fabrication du cidre sont les mêmes qu'à celle de Lisieux. Les presses hydrauliques sont du système Decauville. La distillerie, à Orbec, comprend 28 alambics avec chauffe-vin, dits appareils charentais. Ces derniers produisent d'abord des flegmes qui sont ensuite rectifiés et donnent des eaux-de-vie de cidre très fruitées. La force motrice est fournie par une machine à vapeur de 30 H. P., construite aux ateliers de la maison Mallet-Fontaine. Une nouvelle installation de force motrice est à l'étude pour cette usine également.

Pour être apprécié du consommateur, le cidre doit être, en général, livré suffisamment doux, quelle que soit la saison. Avant la guerre, les fabricants édulcoraient leurs cidres, lorsqu'ils étaient à peu près complètement fermentés, par l'addition de sucre de betterave qu'on pouvait obtenir alors à bon marché et en quantités voulues. Depuis deux ans, tous les sucres fabriqués en France et importés de l'étranger étant réservés à la consommation familiale, le sucrage des cidres n'est plus possible. L'emploi de la saccharine a été autorisé. Mais sans user de ce produit, les Etablissements Saffrey frères ont réussi à stabiliser le sucre dans leurs cidres au moyen de certains procédés de fabrication qui leur sont propres et par l'emploi d'anhydride sulfureux. Ils peuvent ainsi livrer à la consommation, à toute époque de l'année, des cidres doux préparés sans aucune addition de produits édulcorants chimiques.

Chacune des deux usines de la société occupe 60 à 80 ouvriers pendant la saison de brassage. Ce nombre est ensuite réduit de moitié. Avant la guerre, la main-d'œuvre était exclusivement française et était recrutée sur les lieux. Depuis la guerre, la mobilisation ayant enlevé une grande partie du personnel permanent et du personnel saisonnier, il a fallu les compléter par des réfugiés des régions envahies de la France et de la Belgique. D'une façon générale, la main-d'œuvre est masculine. Seules quelques femmes de réfugiés belges travaillent avec leurs maris à l'usine d'Orbec.

La Grande Cidrerie-distillerie de MM. Bourné et fils, ancienne maison Boudin et Bourné, a été fondée en 1897. Elle avait été primitivement installée à Saint-Jacques-de-Lisieux. Elle a été transférée à Lisieux même en 1907 pour être agrandie et rapprochée de la gare.

La maison fabrique des cidres et des poirés, distille les cidres, les poirés et les lies pour la production d'eaux-de-vie et fait le séchage des marcs de pommes pour l'alimentation des animaux. Elle transforme les pommes et les poires récoltées aux environs de Lisieux, dans la Vallée d'Auge. Ces fruits sont livrés à la cidrerie en voitures par les propriétaires récoltants.

Tout l'outillage de l'usine est de construction française. MM. Bourné sont en train de le transformer et recherchent des appareils perfectionnés et nouveaux, susceptibles d'améliorer leur production. Ils ont reçu récemment des offres de constructeurs américains pour la livraison de presses. Ils procèdent, d'autre part, à l'installation de citernes en ciment armé verré pour la conservation des cidres. Actuellement, l'outillage de l'usine est actionné par une force hydraulique. Mais un projet d'installation de moteurs électriques est à l'étude.

La production des cidres et poirés qui, avant la guerre, était de 30.000 à 40.000 hectolitres par an, s'est maintenue entre ces deux chiffres. Les produits sont vendus à Paris et dans sa banlieue, ainsi que dans les départements de Seine-et-Oise, de Seine-et-Marne, de l'Aisne, du Nord, de l'Oise, de l'Eure-et-Loir, de la Sarthe, de Maine-et-Loire et de la Mayenne. Il est des années où les cidres de la maison sont vendus également en Bretagne, dans les Charentes, dans la Loire et même dans le Midi. Les transactions avec l'étranger ont été à peu près nulles jusqu'à présent.

Le personnel était recruté, avant la guerre, à Lisieux et dans ses environs. La maison occupait tous les ans à peu près les mêmes ouvriers. Depuis la guerre, la mobilisation ayant enlevé la plupart de ceux-ci, le personnel se compose, en majeure partie, de réfugiés du Nord et de Belges.

La Cidrerie-distillerie de M. A. Perrier, à Mesnil-Guillaume, a été fondée en 1903, par M. P. Chapelain et reprise en 1904 par la Société Perrier et Toufflet. M. Toufflet s'étant séparé en 1910 de M. Perrier, ce dernier est resté depuis lors seul propriétaire de l'usine. Actuellement, M. Perrier est secondé dans la direction de son établissement par M. Fontaine, un industriel réfugié du Nord, qui a grandement contribué au perfectionnement des installations et de l'outillage de l'usine et à l'amélioration de la production. La cidrerie de M. Perrier est située dans une région d'abondante production de fruits et peut être facilement approvisionnée, en années de bonnes récoltes, par les cultivateurs voisins.

L'outillage comprend un élévateur mécanique et des tapis roulants pour le transport des pommes, des concasseurs, des presses hydrauliques, des pompes à jus, des appareils de distillation, une machine à vapeur de 10 H. P. servant à l'étuvage des fûts et des logements en bois. Tout ce matériel est de construction française et vient, en grande partie, de la maison Decauville. Pour la conservation des cidres, M. Perrier installe des citernes verrées. Pour le séchage des marcs, il dispose d'un séchoir rotatif construit aux ateliers de la maison Vernon. Il se propose de procéder prochainement à toute une série d'installations nouvelles pour la préparation de pommes sèches et pour la fabrication de moûts concentrés, de sirops et de confitures de pommes. La force motrice est fournie par une roue hydraulique, dont le fonctionnement est toutefois gêné par les dérivations de courant faites au profit des irrigations des prairies.

La production de l'usine est soumise aux fluctuations des récoltes de fruits et varie d'une année à l'autre. Les installations actuelles permettent de traiter 40.000 kilos de pommes par journée de dix heures de travail. Les aménagements projetés permettront d'augmenter sensiblement cette production. Le développement de l'établissement de M. Perrier est cependant gêné par l'insuffisance des moyens de communication dans la contrée et par la pénurie de main-d'œuvre. La gare de Mesnil-Guillaume ne reçoit pas de marchandises. M. Perrier est obligé de faire transporter ses produits en voitures jusqu'à une gare voisine, située à une distance de trois kilomètres. Le bureau de poste de la localité n'assure pas les communications téléphoniques. Le pays se dépeuple. L'alcoolisme y fait de terribles ravages. L'industrie locale est obligée de recourir à la main-d'œuvre étrangère pour se procurer le personnel dont elle a besoin. M. Perrier n'a pu maintenir sa production pendant la guerre qu'avec des ouvriers recrutés parmi les réfugiés des régions envahies du nord de la France et de la Belgique. Ils lui ont, d'ailleurs, donné toute satisfaction en raison de leur sobriété et de leurs qualités au travail. Toutefois, les locaux d'habitation étant rares et médiocres dans la contrée, les ouvriers ne sont ni attirés, ni retenus dans une région où ils ne trouvent pas le minimum de confort auquel ils aspirent. M. Perrier avait voulu remédier à la situation en aménageant quelques maisons pour y loger son personnel. Mais il n'a pas réussi à se procurer les matériaux nécessaires.

La Grande Brasserie de cidre de la Vallée d'Auge de

M. Gaston Floquet fils, à Pont-l'Evêque, a été fondée en 1871, par M. Alexandre Floquet, père du propriétaire actuel. Cidrerie agricole, disposant d'un matériel rudimentaire au début, l'établissement a été successivement agrandi et pourvu d'installations modernes et d'un outillage perfectionné. Détruite en 1912 par un incendie, l'usine a été entièrement reconstruite. Les établissements nouveaux, qui datent de 1914, occupent une superficie de 16.000 mètres carrés environ.

Les articles fabriqués sont des cidres, des eaux-de-vie, des liqueurs et des sirops. Un séchoir à marcs est actuellement en voie d'installation et des aménagements spéciaux sont projetés pour le criblage des pépins et la fabrication de confitures et de gelées de pommes.

Les matières premières transformées sont des pommes et des poires récoltées dans l'arrondissement de Pont-l'Evêque et dans les arrondissements limitrophes.

L'outillage est de construction entièrement française.

Celui de la cidrerie comprend :

un pont-bascule, de la marque Paupier, pour le pesage des voitures amenant les pommes;

un monte-charge, ou élévateur, de la marque Burton, destiné à recevoir les sacs de pommes et à les monter aux greniers;

deux râpes à pommes, construites aux ateliers Betton et Juhel, à Lisieux, et pouvant traiter chacune 8.000 kilos de pommes à l'heure;

des bacs récepteurs de pulpe, situés sous les râpes, avec canalisation pour l'écoulement des jus vers les citernes;

quatre presses hydrauliques verticales à quatre colonnes, système Morane jeune, de 140 tonnes, avec cylindres en acier; ces presses sont munies chacune de trois distributeurs de pression; les jus sortant des marcs et formant 12 à 14 maies, s'écoulent dans des canivaux vers les citernes et sont filtrés au passage; les porte-maie sont en chêne, montés sur quatre galets; leur acheminement des bacs à pulpe aux presses est fait au moyen de transbordeurs ou loris, circulant sur une voie ferrée encastrée dans le sol en ciment et perpendiculaire à la voie des presses, ce qui supprime les plaques tournantes;

deux accumulateurs à colonne en acier, avec leur système de désarmorçage du clapet d'aspiration;

deux pompes hydrauliques, système Morane jeune, actionnant les accumulateurs et débitant l'une 25 litres à 30 kilos à 150 tours et l'autre 7 ½ litres à 200 kilos à 150 tours;

deux pompes à cidre, système Broquet, servant à l'épuisement des citernes à moûts et à l'emplissage des cuves, tonnes et citernes en ciment verré, qui sont situées dans trois caves ou chais, mesurant 80 mètres de longueur;

une pompe centrifuge pour le remplissage d'un bac qui distribue l'eau dans tout l'établissement;

un brise-marc, ou émietteur, destiné à préparer le marc pressé une première fois, au trempage, avec son élévateur à godets pour la distribution du marc dans les bacs à trempage en ciment, disposés tout spécialement à cet effet;

une pompe système Japy pour l'arrosage des marcs;

Une moto-pompe système Dusaussoy pour effectuer les soutirages et les transvasements.

La force motrice est fournie par une machine à vapeur horizontale Corliss à condensation, d'une puissance de 100 H. P., avec chaudière semi-tubulaire de 50 mètres carrés de surface de chauffe. Deux moteurs à essence, de construction française, servent de moteurs de secours.

Avec six ouvriers monteurs de marcs, un chef de presse et trois hommes de grenier, la cidrerie peut râper et presser par jour 42.000 kilos, c'est-à-dire près de 800 hectolitres de fruits.

Au-dessus de la cidrerie sont disposés deux greniers

dans lesquels les pommes sont classées par crus et par degrés de maturité. Leur transport aux rapes est fait par wagonnets spéciaux à bascule.

Les caves et les chais à cidre sont pourvus de cuves en bois, d'une contenance de 400 hectolitres chacune, de tonnes en bois, variant de 100 à 300 hectolitres de contenance, et de citernes en ciment verré, construites par la maison Borsari. Une batterie de ces citernes peut contenir 2.000 hectolitres; une autre, avec bacs de fermentation, est actuellement en construction. Ces divers récipients, dont le logement total s'élève à 25.000 hectolitres, sont remplis mécaniquement. Un système de flotteurs électriques en annonce l'emplissage.

L'éclairage électrique de l'établissement est assuré par une dynamo construite aux ateliers de la maison Jacquet.

L'outillage de la distillerie d'eau-de-vie de cidre, ou *calvados*, comprend :

deux citernes à cidre, dont l'une de 260 hectolitres et l'autre de 100 hectolitres;

un petit appareil à vapeur, marque Rouffet, servant à l'élévation du cidre des citernes dans les alambics et à l'emplissage du réservoir à eau qui, situé à l'étage supérieur, alimente les bacs des appareils réfrigérants;

quatre appareils de fabrication, système Deroy, dont un de 800 litres, un autre de 600, un troisième de 400 et un quatrième de 200.

La distillation est faite à la vapeur.

Cette distillerie est reliée aux chais par un petit chemin de fer à voie étroite pour le transport des cidres à traiter.

L'outillage de la distillerie où a lieu la fabrication des liqueurs et des sirops, entre autres, du *Cristal Floquet*, produit spécial de la maison, comprend :

deux appareils complets à distiller, de la marque Deroy;

une grande bassine à sirops, d'une contenance de 450 litres.

Un atelier de tonnellerie est annexé à l'établissement pour la réparation des demi-muids et autres futailles nécessaires au transport des cidres et des alcools.

La maison dispose de six chevaux et de dix voitures de commerce pour ses livraisons et ses transports.

Pour le séchage des marcs, M. Floquet s'est récemment rendu acquéreur d'un vaste bâtiment où était installée précédemment une scierie. Ce bâtiment est séparé de la cidrerie par la rivière la Calonne. Il est situé dans un terrain d'une superficie de 7.000 mètres carrés, avec vannage, chute d'eau et turbine. Il est relié à la cidrerie par un pont pouvant supporter une charge de 7.000 kilogs. Un petit chemin de fer à voie étroite, partant de l'intérieur de la cidrerie, a été installé pour transporter les marcs humides au séchoir. Ce dernier, du système Devaux, a été construit aux ateliers de la maison Vernon, à Bornel, et peut traiter 500 kilogs de marcs humides à l'heure. L'installation en est complétée par l'adjonction d'un élévateur à godets et d'un désagrégateur à dents. La force motrice est fournie par la turbine hydraulique, qui développe une puissance de 15 H. P., et par une machine demi-fixe Weyher et Richmond, de 50 H. P. compound à condensation. Cette machine produit également la vapeur nécessaire au séchage des marcs. Une dynamo de la marque Fabius Henrion a été installée pour fournir, au moyen de la chute d'eau, l'éclairage électrique aux usines en été, lorsque la machine à vapeur est arrêtée, à la fin du brassage.

M. Floquet a fait placer dans les nouveaux locaux dont il dispose une scie circulaire, une scie à ruban et une scie à chantourner, pour débiter les bois nécessaires à la tonnellerie et aux divers autres besoins de son industrie; il y fait fonctionner un affutage complet, ainsi qu'un applatisseur à avoine, pour l'alimentation des chevaux.

La production du cidre s'est élevée en 1913 à 11.500 hectolitres, en 1916 à 15.000, en 1917 à 20.000. Elle était vendue, avant la guerre, à Paris et dans sa banlieue, ainsi qu'en Bretagne, lorsque la récolte des pommes y était déficitaire. Depuis la guerre, la maison écoule son cidre dans le Centre et le Midi de la France, dans la région lyonnaise et dans celle des Vosges.

La production des alcools et des eaux-de-vie s'est élevée, en 1913, à 500 hectolitres d'alcool pur avec lesquels on a fabriqué 750 hectolitres d'eaux-de-vie de cidre. En 1917, la maison a produit 350 hectolitres d'alcool pur, avec lesquels on a fabriqué 500 hectolitres d'eau-de-vie de cidre.

Les installations en cours pour le séchage des marcs sont prévues pour une production de 6.000 kilogs de marcs de pommes secs par jour, destinés à l'alimentation des chevaux et du bétail.

Le personnel de la maison comprenait, avant la guerre, 17 ouvriers qui y étaient occupés d'une façon continue et 12 auxiliaires qui y travaillaient à l'époque du brassage, de septembre à mars. Depuis la guerre, le personnel stable se compose de 14 ouvriers et le personnel auxiliaire de 17.

La Cidrerie-distillerie de MM. Borel frères, à Pont-l'Evêque, a été fondée en 1884 et a été depuis lors successivement agrandie. Les matières premières transformées sont des pommes et des poires du pays, achetées à la culture.

L'outillage comprend des pressoirs et des broyeurs de construction française. La force motrice est fournie par une machine à vapeur d'une puissance de 7 à 8 H. P., de construction également française.

La production a varié, pendant les dix années qui ont précédé la guerre, de 5.000 à 18.000 hectolitres, selon l'abondance des récoltes. La moyenne de ces dix années ressort à environ 10.000 hectolitres. Depuis la guerre, la production a une tendance à diminuer à cause de la pénurie de main-d'œuvre et de la difficulté des transports. Les cidres sont vendus dans les régions du nord, de l'est et de l'ouest de la France.

La distillerie était destinée à utiliser les produits non vendus en fin d'année pour libérer le logement. Elle est fermée depuis la guerre.

Aucune installation n'a été faite pour l'utilisation des sous-produits.

Le personnel se composait, avant la guerre, de 10 ouvriers recrutés dans le pays. Depuis la guerre, la maison travaille avec un personnel de fortune, dont deux femmes et quelques Belges.

La Cidrerie-distillerie de M. Guillouet, à Caen, a été fondée en 1904. Les articles fabriqués sont des cidres et des eaux-de-vie, et depuis la guerre des marcs de pommes séchés. Les fruits nécessaires à la fabrication sont achetés sur les marchés de la région.

L'outillage comprend des râpes à pommes, une presse hydraulique, un diffuseur, des pompes diverses, un transporteur, un filtre, un alambic et un séchoir pour les marcs. Tout ce matériel est de construction française, à l'exception du filtre, qui est de construction allemande. Avant la guerre, une maison allemande avait offert à M. Guillouet d'installer gratuitement un séchoir à marcs dans son établissement à la condition que toute la production de marc séché lui serait réservée pendant cinq ans à un prix d'ailleurs rémunérateur pour M. Guillouet qui a cependant refusé d'accepter la combinaison.

La force motrice est fournie par plusieurs moteurs électriques, de construction française, alimentés par la Centrale de Caen et développant ensemble une puissance de 12 H. P.

La production des cidres varie selon l'abondance des récoltes. Les installations de l'usine permettent de traiter

800.000 kilogs de pommes pendant les quatre mois de la saison de brassage. La production des eaux-de-vie est limitée à la distillation des cidres qui sont impropres à la consommation. Les produits de la maison sont habituellement vendus dans la région et à Paris. Depuis la guerre, une partie de la production est livrée à l'Intendance pour les besoins de l'Armée.

Le personnel de la maison comprend pendant la saison de brassage une quinzaine d'ouvriers, tous recrutés dans le pays.

Les Cidreries-distilleries de M. Delaunay comprennent deux usines, dont l'une a été fondée en 1900 à Caen et l'autre, en 1910, à Croissanville, dans la Vallée d'Auge. Les articles fabriqués sont des cidres et des eaux-de-vie. Une partie des pommes transformées dans les deux établissements proviennent de la propriété de M. Delaunay à Croissanville. Le reste est acheté chez les cultivateurs du Calvados. Pour la distillation, M. Delaunay utilise les lies et les cidres de sa production, mais de qualité inférieure, ainsi que d'importantes quantités de cidres achetés chez les propriétaires récoltants du département.

L'outillage de l'usine de Caen comprend une râpe à pommes, deux tours à deux meules, quatre grandes presses système Savary et un alambic avec chauffe-vin. La force motrice est fournie par un moteur électrique développant une puissance de 4 H. P.

L'outillage de l'usine de Croissanville comprend un pressoir mécanique à vapeur, un pressoir à meules, deux presses système Savary, un alambic continu système Deroy et un alambic ordinaire avec chauffe-vin. La force motrice est fournie par une machine à vapeur de 14 H. P.

Tout ce matériel est de construction entièrement française.

La production est, en majeure partie, vendue dans la région. Le reste s'en va à Paris et dans d'autres parties de la France.

Le personnel se compose d'une vingtaine d'ouvriers recrutés dans le pays et répartis d'une façon à peu près égale entre les deux usines.

La Cidrerie-distillerie de M. Georges Bosnières, à Caen, a été fondée en 1904. Les articles fabriqués sont des cidres ordinaires et mousseux, ainsi que des eaux-de-vie provenant de la distillation des lies et d'une partie des cidres. Les matières premières transformées sont des pommes provenant des vergers du Calvados.

L'outillage comprend des broyeurs, des pressoirs, des filtres, des saturateurs pour la préparation des cidres champagnisés et des alambics. Tout ce matériel est de construction française, à l'exception des filtres, qui sont de construction allemande. La force motrice est fournie par plusieurs moteurs électriques, de construction française, développant ensemble une puissance de 12 H. P.

La production varie d'une année à l'autre suivant l'abondance de la récolte des fruits. L'usine traite, en moyenne, 10.000 hectolitres, soit 500.000 kilogs de pommes par an. La production est vendue à Paris, au Hâvre, à Toulouse, à Nancy, à Saint-Jean-d'Angély et dans d'autres villes de France. Avant la guerre, les cidres mousseux étaient exportés dans l'Amérique du Sud et en Afrique. Cette exportation, qui commençait à se développer, a été paralysée par les difficultés résultant de l'état de guerre. Cependant, des demandes venant de différents côtés laissent espérer qu'après la guerre des débouchés sérieux pourraient être créés au Mexique et au Chili où certaines maisons espagnoles expédient de 30.000 à 40.000 caisses de cidre mousseux par an. On pourrait également en exporter en Grèce où l'Intendance française de Salonique a demandé en 1917 des envois de cidre en bouteilles.

Le personnel se compose de six ouvriers recrutés dans la région.

La maison Bures et Lemonnier, à Caen, a été fondée

en 1797 par un ancêtre de l'un des propriétaires actuels. Elle fabrique surtout des eaux-de-vie de *calvados* de qualités supérieures et des liqueurs diverses, parmi lesquelles quelques spécialités ,telles que la liqueur connue sous le nom de *la Pomme*. La production du cidre est assez restreinte et n'atteint, en moyenne, que 2.000 hectolitres environ par an. Elle a toutefois augmenté d'à peu près 10 % depuis la guerre. Les pommes, ainsi qu'une certaine quantité de cidres employés à la distillation, sont achetées chez les propriétaires de la région.

L'outillage, de construction entièrement française, comprend quatre alambics, des bassines à sirop, un moulin à pommes et un pressoir. La force motrice est fournie par plusieurs petits moteurs électriques développant ensemble une puissance d'environ 10 H. P.

Les produits de la maison sont vendus dans toute la France et exportés aux colonies. Des envois de cidres bouchés ont été faits en Algérie. Depuis la guerre, par suite des difficultés de transport, les exportations ont presque entièrement cessé.

Le personnel se compose d'une dizaine d'ouvriers, dont un spécialiste-distillateur. Tous sont recrutés dans la région.

La Cidrerie-distillerie de MM. Molinié frères, à Saint-Sever, a été fondée en 1897. Au début, son installation a été des plus rudimentaire et sa production n'atteignait que quelques centaines d'hectolitres de cidre qui était, en majeure partie, destiné à la distillation. Mais, chaque année, les bénéfices réalisés servaient à l'agrandissement de l'usine et à l'augmentation du matériel. Ainsi, en 1912, la production de la maison a pu atteindre et même dépasser 20.000 hectolitres. A cette époque, considérant que leurs installations étaient insuffisantes et ne répondaient pas aux besoins de leur industrie, MM. Molinié ont complètement transformé leur établissement et à la place de leur ancienne brasserie ils ont construit une usine nouvelle pourvue de tous les aménagements modernes et d'un outillage perfectionné. Leurs nouvelles installations leur permettent de produire 45.000 hectolitres de cidre et 2.000 hectolitres d'eau-de-vie par an. En outre, à la suite de demandes de marcs séchés qui étaient venues, avant la guerre, d'Allemagne, ils ont établi des sécheries qui leur ont permis de tirer parti des résidus de marcs qui auparavant n'étaient pas utilisés.

Les fruits transformés proviennent pendant les quatre premiers mois de la saison de brassage de la région de Saint-Sever, qui produit de grandes quantités de pommes hâtives. Ces pommes sont fournies et livrées à l'usine par les propriétaires-récoltants. D'autres régions fournissent ensuite des pommes tardives. Celles-ci arrivent à l'usine par le chemin de fer et contribuent à alimenter sa production pour un tiers environ.

L'importance de cette production est soumise aux variations des récoltes de fruits. Mais tant avant que depuis la guerre, l'usine n'a jamais produit le maximum pour lequel elle a été outillée. En 1914, la production a atteint 30.000 hectolitres; en 1915, elle s'est élevée à 18.000; en 1916, à 16.000. Les produits de la maison sont vendus exclusivement en France. L'exportation à l'étranger ne pourra être tentée que lorsque des progrès plus décisifs auront été réalisés dans les procédés de fabrication.

La main-d'œuvre est saisonnière. Dans la plupart des emplois, elle ne nécessite guère de connaissances spéciales. Néanmoins, le recrutement du personnel présente des difficultés en raison de la pénurie de locaux habitables pour le logement des ouvriers dans la bourgade où est située l'usine. Depuis la guerre, l'insuffisance de la main-d'œuvre et son médiocre rendement ont sensiblement affecté la production de la maison.

La Cidrerie-distillerie de M. Aupée à Pont-d'Ouilly a

été fondée en 1873 par le père du propriétaire actuel. Celui-ci l'exploite depuis vingt-cinq ans. Les pommes et les poires transformées sont achetées dans le Calvados et dans les départements limitrophes.

L'outillage, entièrement de construction française, comprend une râpe, deux presses hydrauliques, des pompes et des cuves. La force motrice est fournie par un moteur électrique développant une puissance de 5 H. P.

La production varie d'une année à l'autre suivant l'abondance des récoltes de fruits. L'usine traite pendant la saison de brassage entre 8 millions et 30 millions de kilogrammes de pommes. Depuis la guerre, sa production est, en moyenne, réduite des trois-quarts. Les produits sont vendus surtout à Paris et dans sa banlieue. Avant la guerre, quelques exportations avaient été faites en Amérique et à la Côte d'Ivoire.

Le personnel se composait, avant la guerre, de douze à quinze ouvriers. Depuis la guerre, il est réduit à deux ou trois. La pénurie de main-d'œuvre est cause de la diminution de la production.

La distillerie de M. G. Busnel, ancienne maison Veuve Quetel et Busnel, à Pont-l'Evêque, a été fondée en 1912 pour la transformation de cidres achetés à la culture en eaux-de-vie. L'établissement fabrique diverses marques de *calvados* et des liqueurs connues sous les noms d'*Elixir du Calvados* et de *Quetel*. L'outillage, de construction française, se compose de quatre chaudières de cinq hectolitres et d'une chaudière charentaise de dix hectolitres. Une dynamo d'une puissance de 9 H. P., de construction allemande, achetée d'occasion, fournit la force motrice et la lumière. La production a subi diverses variations. Actuellement, la maison transforme 6.000 litres de cidres par an en alcools. Les produits sont vendus tant dans la région qu'à Paris. Depuis novembre 1917, la moitié de la production est réservée aux besoins de la Défense Nationale. Le personnel se composait, avant la guerre, d'un seul ouvrier. Depuis la guerre, la maison occupe deux ouvriers qui travaillent alternativement de jour et de nuit, avec quelques auxiliaires pour les manipulations.

La Société anonyme des sous-produits lactés de Normandie, qui a pour objet, entre autres, la fabrication ou la transformation et le commerce de tous produits agricoles provenant du sol normand, sauf les industries du cidre proprement dit et de ses dérivés, fabrique dans ses établissements d'Orbec, comme nous l'avons dit plus haut, des confitures, des gelées et des sirops préparés avec des pommes séchées, ainsi que des moûts concentrés de pommes. D'octobre à décembre 1917, elle a procédé au séchage de 10 tonnes de pommes douces par jour. Avec le produit de la dessiccation de 100 kilogs de fruits crus elle obtient 20 kilogs de confitures très sucrées, ne contenant que du sucre de pomme, sans aucune addition de sucre de betterave, de sucre de canne, de saccharine ou d'autre édulcorant quelconque. Elle se sert pour le séchage de ses pommes d'appareils installés dans une usine à caséine, qui avait été fondée, avant la guerre, par des Autrichiens et qu'elle exploite actuellement. Pour réduire les frais de sa fabrication, elle se propose d'installer un séchoir spécial construit par la maison Huillard, de Paris.

La préparation des confitures, des gelées, des sirops et des moûts concentrés de pommes ne constituant qu'une partie de la production de la Société des sous-produits lactés de Normandie, nous donnerons de plus amples détails sur cette entreprise dans le chapitre consacré aux industries chimiques parmi lesquelles doivent être classées ses principales fabrications.

I. — LA BRASSERIE

Dans le Calvados, pays de grande production et de

grande consommation du cidre, qui y est la boisson de table habituelle de la grande masse de la population, la fabrication de la bière s'était maintenue, jusqu'à présent, dans des limites assez restreintes. Néanmoins, dans une importante agglomération urbaine telle que Caen, dont l'industrie et le commerce sont appelés à un développement considérable, susceptible d'amener un très gros afflux de population du dehors, ainsi que dans les stations balnéaires très fréquentées de la côte normande, la vente de la bière est assez importante dans les cafés, les restaurants et les hôtels et paraît devoir augmenter encore. Déjà la venue de nombreux réfugiés du Nord de la France et de Belgique et l'accroissement de la population ouvrière, employée dans les établissements industriels de Caen et de sa région et composée en partie d'éléments étrangers au pays, y ont augmenté la consommation de la bière. Il est donc permis de croire qu'après la guerre un certain développement de l'industrie de la brasserie pourrait se produire dans le département du Calvados.

Actuellement, cette industrie n'y est représentée que par un seul établissement, la brasserie fondée vers 1862 par M. Remy, à Fleury-sur-Orne. L'usine est située dans un entretenant de 4 hectares de superficie, à 500 mètres de l'octroi de Caen, sur la route de Thury-Harcourt. Ses bâtiments sont construits sur des carrières où sont installées les caves. Un dépôt de produits de la maison est établi à Caen.

Après le décès de M. Remy, l'affaire avait été continuée par son fils. Mais celui-ci est mort dernièrement. Mlle Remy, sa sœur, ne pouvant diriger l'établissement, est en pourparlers pour la vente de son usine et de son dépôt de Caen à des industriels du Nord. Elle s'est toutefois réservé le droit d'exploiter en ville un débit pour la consommation sur place et la vente à emporter.

Les matières premières servant à la fabrication sont

le malt et le houblon. L'outillage mécanique comprend une chaudière, un plateau de touraille, des bacs refroidisseurs, un réfrigérant, des pompes, des trieurs et divers appareils accessoires. Tout le matériel est de construction française, à l'exception des trieurs qui sont de construction anglaise. La force motrice est fournie par un moteur électrique de construction française.

La production avait été, avant la guerre, de 5.000 degrés hectolitres en moyenne par an. En 1916, elle en a atteint près de 6.000. Elle ne pouvait cependant suffire à la demande et la maison aurait pu facilement écouler 2.000 hectolitres de plus, si la santé assez ébranlée de M. Remy lui avait permis de fournir un plus gros effort.

La production était vendue, avant la guerre, dans la région. Depuis la guerre, sauf quelques rares expéditions au dehors, la vente s'était localisée dans la seule ville de Caen. Les réfugiés du Nord qui y habitent, les hôpitaux, les ambulances et les personnes obligées de suivre un régime absorbent toute la production de la maison.

Le personnel se compose de six ouvriers originaires du pays. Le recrutement d'une main-d'œuvre appropriée y est toutefois assez difficile, la fabrication de la bière n'étant pas une vieille industrie locale.

J. — L'OSTRÉICULTURE

« Parmi les êtres animés que la nature offre de toutes parts à nos recherches, l'huître n'est, peut-être, pas le moins digne de piquer la curiosité et de fixer notre attention, disait M. Lair, dans un opuscule sur la pêche, le parcage et le commerce des huîtres en France, publié il y a une centaine d'années à Caen. Privée, du moins en apparence, de la vue, de l'ouïe et de l'odorat, elle ne présente d'abord à l'observateur qu'une existence problématique. Emprisonnée entre deux valves aussi dures que sa chair est molle, à peine peut elle les entr'ouvir pour prendre sa chétive subsistance. Aussi, pour l'ordinaire, n'arrache-t-elle de nous qu'un regard de pitié. Mais dans sa demeure paisible, dont l'extérieur raboteux oppose une forteresse inexpugnable aux plus redoutables tyrans des mers et la dérobe aux regards de l'homme, elle jouit, peut-être, de facultés qui, mieux connues, la vengeraient de notre mépris... »

L'huître, en effet, gagne à être connue et tous les gourmets connaissent et apprécient celles de Courseulles. Cependant, beaucoup d'entre eux ne savent, peut-être, pas que ces dernières ne naissent pas dans les parages du petit port du Calvados dont elles portent le nom. Les parcs qui y ont été établis par la maison Héroult jeune, fondée en 1796 par les ascendants du propriétaire actuel, servent à l'engraissement et au sélectionnement d'huîtres qui y sont apportées des parcs d'élevage que cette maison exploite à Saint-Vaast-la-Hougue, dans le département de la Manche. Le reparcage des huîtres à Courseulles dure d'un à deux ans selon les espèces, avant leur vente à la consommation. Avant la guerre, la maison Héroult jeune vendait par an environ 4 millions d'huîtres provenant de ses parcs d'élevage et de ses parcs d'engraissement. Ces huîtres étaient expédiées dans toute la France et exportées à l'étranger, en Angleterre et en Belgique. Depuis la guerre, M. Héroult étant mobilisé, ainsi que la majeure partie de son personnel, et les transports étant difficiles, élevage et reparcage des huîtres ont diminué des trois-quarts. Les ventes et expéditions de la maison, dirigée par Madame Héroult en l'absence de son mari, sont réduites à un million d'huîtres par an. Le personnel occupé, avant la guerre, aux parcs de sélectionnement de Courseulles comptait 17 spécialistes, ouvriers et ouvrières. Depuis la guerre, ce personnel est réduit à 5 ouvriers et ouvrières.

La Tannerie

La tannerie est une des plus anciennes industries du Calvados.

De temps immémorial, alors qu'une partie du vêtement populaire était faite en cuir, un très grand nombre de tanneries étaient disséminées dans toute la contrée formant actuellement ce département, et surtout dans la région comprise entre Honfleur, Pont-l'Evêque, Lisieux et Orbec, à l'est, et Caen, Aunay-sur-Odon et Condé-sur-Noireau à l'ouest. Cette région est un pays d'élevage; elle est boisée, arrosée par de nombreux cours d'eau et réunit ainsi toutes les conditions naturelles voulues pour le développement de cette industrie.

Sans remonter à des époques qui se perdent dans la nuit des temps, notons en passant qu'Arlette, la mère de Guillaume le Conquérant, était, d'après la tradition, la fille d'un tanneur de Falaise. Ce fait à lui tout seul confère à cette industrie des lettres de très belle et très ancienne noblesse.

Falaise a d'ailleurs été pendant de longs siècles un des centres les plus importants de la tannerie. Sous le règne de Louis XVI, cette ville était considérée comme la deuxième de France pour l'importance de ses tanneries qui, à cette époque, étaient au nombre de 58. Elle venait aussitôt après Orléans qui tenait la première place avec 63. Mais bientôt un impôt d'un écu par cuir aurait porté un rude coup à la prospérité de cette industrie. Les deux tiers des tanneries qui existaient alors en France furent fermées et bon nombre de tanneurs émigrèrent à l'étranger et y portèrent les secrets de leur fabrication, fort réputée à l'époque. A Falaise, la tannerie n'a cessé depuis lors de décliner. Vers 1820, il n'y avait plus qu'une quinzaine de tanneries dans cette ville. En 1870, on n'en comptait plus que sept et en 1913, il n'en restait plus que deux, dont l'une est actuellement fermée par suite de la mobilisation de son propriétaire.

A Bretteville-sur-Laize, il y avait en 1883 une trentaine de tanneries, plus ou moins importantes, produisant de 600 à 2.000 cuirs par an. De père en fils tout le monde était tanneur dans le pays. Mais, depuis une vingtaine d'années, ces tanneries ont disparu les unes après les autres. Les fils de tanneurs ont cherché d'autres occupations, plus lucratives ou plus agréables, dans les villes. Actuellement, il ne reste plus que quatre tanneries à Bretteville-sur-Laize.

A Lisieux, la tannerie avait pris une grande importance au moyen âge, alors que cette ville était gouvernée par les évêques qui en étaient les Seigneurs Féodaux. Les tanneurs s'y étaient groupés dans un quartier et installés près d'un cours d'eau, dérivation de l'Orbiquet, qui jusqu'à nos jours a conservé l'appellation de « *Rivière des Tanneurs* », de même que de vieilles rues de la ville ont gardé leurs noms de « *rue des Tanneurs* » et « *rue du Moulin à Tan* ». Vers 1860, on comptait à Lisieux une douzaine de tanneurs, corroyeurs, hongroyeurs et mégissiers. Les établissements de quelques-uns d'entre eux étaient relativement importants; mais la plupart étaient de petites maisons dont les patrons travaillaient eux-mêmes, aidés de deux ou trois ouvriers. En 1914, avant la guerre, il ne restait plus à Lisieux que deux tanneries dont l'une a été fermée récemment.

A Saint-Pierre-sur-Dives, la tannerie a été, au cours du moyen âge et jusqu'à nos jours, une source de prospérité et de richesse pour le pays. L'établissement de cette industrie y est attribué aux moines Bénédictins qui vinrent s'installer en 1078 à l'Abbaye de Notre-Dame-d'Épinay et qui, d'après la tradition, connaissaient parfaitement la préparation des cuirs. Il y a 35 à 40 ans, on comptait encore à Saint-Pierre-sur-Dives une vingtaine de tanneries. Mais les unes après les autres elles ont presque toutes successivement disparu et, avant la guerre, il n'en restait plus que trois.

Dans l'arrondissement de Pont-l'Évêque, M. Morière signalait, en 1855, l'existence de 4 tanneries à Honfleur et de 2 à la Rivière-Saint-Sauveur. Actuellement, il n'en existe plus qu'une seule dans cet arrondissement, à Bonnebosq.

A Vire, la corporation des mégissiers et des pelletiers avait été, au Moyen Age, la plus ancienne de la ville. Lorsqu'au XIVe siècle, l'emploi plus généralisé des tissus est venu remplacer les peaux dans le vêtement populaire, l'industrie textile, la draperie, a détrôné dans cette ville la mégisserie et la pelleterie. Mais le travail des peaux s'est pendant longtemps maintenu. A l'époque de la Révolution et au début du XIXe siècle, l'existence de tanneries dans la région de Vire, et notamment à Condé-sur-Noireau, est attestée par des témoignages de contemporains. Le citoyen Roussel, dans sa « Topographie rurale, économique et médicale du Bocage », publiée en l'an VI, et le Dr Asselin, dans son « Examen analytique de la Topographie et de la Constitution médicale de l'arrondissement de Vire » paru en 1819, signalent l'un et l'autre, les tanneries de Condé-sur-Noireau. D'après la statistique agricole et industrielle de l'arrondissement de Vire, publiée en 1837 dans l' « Annuaire de l'Association Normande », on comptait 25 tanneries à cette époque dans cet arrondissement. Quelques-unes d'entre elles exportaient leurs produits en dehors de leur région et en vendaient même à Paris. Vers le milieu du XIXe siècle, la tannerie occupait dans l'arrondissement de Vire, environ 250 ouvriers et la production des cuirs y était évaluée à plus d'un million de francs. Actuellement, il n'existe plus dans cet arrondissement que deux tanneries à Aunay-sur-Odon et une à Condé-sur-Noireau.

A Bayeux, la tannerie était autrefois une industrie également très prospère. Ses produits étaient très estimés. Mais déjà vers le milieu du XIXe siècle elle était en pleine décadence. Actuellement, il n'existe à Bayeux qu'une petite tannerie qui est fermée à la suite de la mobilisation de son propriétaire et de tout son personnel.

Les tanneries qui ont existé dans le Calvados, autrefois et même jusqu'à une époque encore assez récente, étaient généralement de petits établissements, pour la plupart de petites tanneries de campagne. Elles travaillaient les peaux du pays, qu'elles achetaient sur les lieux, directement à la boucherie, et se servaient pour la préparation des cuirs, d'écorces de chênes, récoltées en partie dans la contrée même et en partie dans les régions avoisinantes. La production des peaux brutes dans le pays n'avait guère atteint, aux époques correspondantes, l'importance qu'elle y a prise de nos jours par suite du développement de l'élevage et de la progression de l'abatage du bétail pour la boucherie. Les perfectionnements réalisés depuis une cinquantaine d'années dans l'industrie du tannage ont cependant amené progressivement la création de tanneries plus importantes et déterminé la disparition successive des petites tanneries d'autrefois.

Les tanneries existant actuellement dans le Calvados sont des établissements d'un type moyen, qui n'ont pas encore adopté entièrement ni l'outillage, ni les procédés de la grande industrie. Aucune de ces tanneries n'est exploitée en société. Elles sont toutes la propriété de particuliers et certaines d'entre elles n'ont cessé d'appartenir de père en fils et depuis plusieurs générations aux mêmes familles. Quelques-uns des tanneurs du Calvados ne s'occupent que du tannage des peaux. D'autres en font également le corroyage. La plupart travaillent des peaux du pays.

Ces peaux étaient naguère encore achetées directement à la boucherie, sur les lieux. Les tanneurs de Saint-Pierre-sur-Dives, de Thury-Harcourt et d'Aunay-sur-Odon, sans cesser de s'approvisionner en détail chez les bouchers de leurs localités respectives, venaient, en outre, faire des achats de peaux brutes à Caen où se tenait le lundi un important marché aux cuirs verts. Depuis une quinzaine d'années une notable transformation s'est toutefois opérée dans le mode d'achat des peaux. Par suite de la rapidité et de la facilité des transports, les bouchers de la région ne vendent plus les peaux à la tannerie locale, mais en font chaque semaine l'expédition à Rouen, à Caen et dans d'autres centres, où ces peaux sont vendues aux enchères, en ventes publiques. Ainsi les achats en ventes publiques sont venus se substituer petit à petit aux achats de gré à gré et tendent à devenir la règle générale. Cependant, un certain nombre de tanneurs du Calvados ont réussi à maintenir leurs anciennes relations directes avec la boucherie locale et continuent à traiter de gré à gré avec leurs fournisseurs.

Il y a lieu de faire observer que dans les dernières années qui ont précédé la guerre, un renchérissement considérable des peaux du pays avait été déterminé par des achats pratiqués par les Allemands ou par des commissionnaires de Paris opérant pour leur compte. Il en était résulté un drainage énorme de matières premières, et surtout de peaux de veaux, vers l'Allemagne, au grand préjudice de l'industrie française.

D'autre part, dès la première moitié du XIXe siècle, on a commencé à travailler dans le Calvados des cuirs forts exotiques. Ces cuirs provenaient de l'Amérique du Sud et étaient importés secs par des maisons de commission du Havre. La préparation de ces peaux s'est localisée principalement à Bretteville-sur-Laize, et depuis lors les tanneurs de cette petite ville se sont spécialisés dans le traitement de cet article, destiné à la confection de semelles pour chaussures. Une maison de Falaise, la maison Beuzelin et Leclerc, devenue la maison Barbey et dirigée jusqu'à la guerre par le petit-fils de l'un des fondateurs — elle est fermée actuellement par suite de la mobilisation de son propriétaire — avait également entrepris, vers la même époque que les tanneurs de Bretteville-sur-Laize, le travail des cuirs forts exotiques, de même provenance et pour les mêmes fabrications. Depuis la guerre, quelques autres maisons du Calvados ont été amenées à travailler, dans une certaine mesure, des peaux exotiques sans abandonner pour cela le traitement des peaux indigènes.

Le procédé le plus usité dans les tanneries du Calvados pour la préparation des cuirs est le tannage lent, à l'écorce de chêne exclusivement, sans aucune addition d'extraits tanniques. Ce procédé ancien, très en honneur pour la qualité parfaite des produits qu'on en obtient, exige au moins 12 mois, et quelquefois 18, pour le traitement des peaux. Depuis une quinzaine d'années, certaines tanneries ont adopté un procédé dit mixte, comportant le mélange des écorces de chêne avec des extraits tanniques, extraits de châtaigniers ou de québracho. Ce procédé, qui a donné de très bons résultats, permet de réduire à six mois environ la durée de la préparation des cuirs. Quant au tannage rapide, permettant la préparation des cuirs en 15 jours au moyen de produits tannants chimiques, au chrome et dans des tonneaux qu'on fait tourner à la mécanique, il n'est guère usité dans les tanneries du Calvados. D'ailleurs, ce procédé adopté en Allemagne pour la production des cuirs souples, ne donnerait peut-être pas aux tanneurs du Calvados les résultats voulus pour les fabrications dans lesquelles ils se sont généralement cantonnés quant à présent.

Les écorces de chêne et les extraits de châtaigniers que les tanneurs du Calvados emploient pour la préparation des cuirs, sont de provenance française. Les écorces sont achetées dans une faible mesure sur les lieux mêmes, dans le département du Calvados, et proviennent surtout des départements forestiers voisins, tels que l'Eure et l'Orne, ou de départements plus éloignés, tels que l'Eure-et-Loir, la Nièvre et divers départements du Centre de la France. Les extraits de châtaignier proviennent également, en grande partie des départements du Centre de la France, ainsi que de ceux de l'Ouest. Autrefois, les Allemands achetaient en France de grandes quantités d'écorces tannantes. Mais s'étant mis à fabriquer des extraits tanniques à composition chimique, leurs achats d'écorces en France ont cessé et ils sont venus offrir leurs produits à la tannerie française. Depuis la guerre, les tanneurs éprouvent certaines difficultés à se procurer les écorces, attendu que faute de main-d'œuvre suffisante, l'écorçage des arbres, qui doit être fait par des ouvriers spécialistes et à une certaine époque de l'année, ne se fait plus sur une échelle proportionnée aux besoins de l'industrie. Quant aux extraits tannants, ils sont actuellement fournis aux tanneurs par voie de répartitions. Ces répartitions sont faites par les soins du syndicat des Extraits, d'après les instructions de l'Intendance.

En raison des difficultés d'approvisionnement en matières premières, il s'est formé sous les auspices du Syndicat général des Cuirs et Peaux de France, parmi les industriels adhérant à cette organisation, un groupement pour faire en commun l'achat des matières nécessaires à leurs fabrications. Cette association s'occupe particulièrement des intérêts des industriels travaillant pour la Défense

Nationale. Elle a pour objet de leur faciliter, entre autre, l'attribution des marchandises qui leur sont nécessaires et sert d'intermédiaire entre eux et le Gouvernement par l'organe de ses délégués.

L'outillage des tanneries du Calvados est en très grande partie de construction française. Mais cet outillage est généralement ancien. Peu de tanneurs du Calvados possèdent un matériel moderne et, en tout cas, aucun d'entre eux ne l'a installé d'une façon complète. D'ailleurs, le tannage des cuirs forts, lorsqu'une corroirie n'y est pas adjointe, ne nécessite pas une installation bien importante. Il en est ainsi, par exemple, à Bretteville-sur-Laize, où les tanneurs de cuirs pour semelles n'ont qu'un outillage des plus réduits.

La plupart des tanneurs du Calvados ont été, avant la guerre, l'objet de sollicitations de maisons allemandes et de leurs représentants, venant leur faire des offres de matériel perfectionné et les inondant de prix-courants et de catalogues publiés en français et luxueusement édités. Ces offres ont été vaines.

Mais si les tanneurs du Calvados ne veulent pas être battus par des concurrents plus avisés et voir leurs affaires péricliter, ils auront à faire, pour l'après-guerre, un gros effort pour mettre leurs installations et leur outillage au niveau de la technique moderne. Ils n'auront d'ailleurs pas besoin de s'adresser aux Allemands pour se procurer le matériel nécessaire.

Grâce à la sage et prévoyante initiative du Syndicat général des Cuirs et Peaux de France, l'industrie nationale se trouve actuellement dotée d'un organisme capable de fournir à la tannerie française tout l'outillage perfectionné dont elle aurait besoin. En effet, sous les auspices et avec le concours financier de ce Syndicat, les deux principales maisons françaises qui construisaient des appareils pour tanneries, les établissements Souchay-Allard, de Châteaudun, et la maison Tourin, de Paris, ont été réunies et par leur fusion a été constituée la Société Française de Construction de machines de Tannerie, Corroierie, Mégisserie et Chrômerie. Cette société est au capital de 1.250.000 francs et son siège est à Paris.

La société a pour objet : A. — Toutes opérations concernant : 1° La construction et la vente de toutes machines et outils se rapportant au travail des cuirs et peaux et aux industries qui s'y rattachent; 2° L'achat, la vente et la réparation, soit pour son propre compte, soit à la commission, d'outils, de machines, de matériel, d'appareils et même de procédés, licences ou brevets se rapportant aux industries des cuirs et peaux; 3° L'étude, l'établissement de projets, l'installation des usines, le contrôle et la vérification des appareils se rattachant aux industries précitées; 4° L'installation de toutes machines électriques, la pose et l'appareillage électrique de toute nature et pour toutes destinations, industrielles ou privées. B. — La participation, soit directement, soit indirectement, dans toute société ou affaire ayant un objet similitaire ou annexe, cette participation pouvant comprendre même l'apport à une autre société ou la fusion.

MM. Souchay-Allard et Tourin, en cédant leurs établissements à la nouvelle société, se sont engagés à ne rien créer à nouveau dans la même branche, à n'entrer dans aucune affaire similaire, à ne s'intéresser directement ou indirectement dans aucune maison ayant le même objet que celui de la dite société, ni en France, ni à l'étranger. Au contraire, les dirigeants des maisons absorbées par la société sont restés dans l'affaire et sont devenus les gérants pour son compte des établissements qu'ils ont cédés. Ils continuent à fabriquer les machines de leur spécialité et mettent en commun, pour l'avantage de tous, les perfectionnements qu'ils ont pu réaliser dans leurs établissements respectifs. Un bureau d'études a été installé pour examiner les projets de création d'usines nouvelles et étudier et découvrir toutes les machines d'un modèle nouveau pouvant apporter des progrès dans la fabrication.

A la séance du 25 janvier 1917 du Comité de mécanique, de filature et de tissage de la Société Industrielle de Rouen, M. Absire-Sevrey, président du Syndicat régional des Cuirs et Peaux de Normandie, a donné lecture d'une note sur la formation de la Société Française de Construction de machines de Tannerie, Corroierie, Mégisserie et Chrômerie.

D'après cette intéressante communication, les premières machines utilisées pour la fabrication des cuirs avaient été françaises. Mais, par suite de la concurrence étrangère et en raison de leurs installations souvent insuffisantes, les constructeurs français furent obligés de se cantonner dans la fabrication de quelques outils mécaniques, admirablement travaillés, mais dont le nombre restreint ne pouvait satisfaire aux demandes des tanneurs, corroyeurs et mégissiers. Dès lors, ceux-ci durent s'adresser à l'étranger et jusqu'en 1914, les maisons allemandes ont inondé non seulement la France, mais tous les pays limitrophes, de machines-outils de fabrication d'outre-Rhin. De 1910 à 1912, la valeur des machines-outils exportés d'Allemagne en France pour le travail des cuirs et peaux, a passé de 569.000 à 790.000 marks.

C'est à la suite de ces constatations que les membres du Syndicat général des Cuirs et Peaux de France ont décidé, au début de la guerre, de mettre sur pied une société assez puissante pour permettre à l'industrie nationale des cuirs de remplacer les machines allemandes par des outils de fabrication française. Des pourparlers furent donc engagés avec les maisons françaises existantes, et le concours financier qui leur fut apporté en permit la réunion en une société unique, puissamment organisée. Depuis sa fondation, la société a déjà rendu de réels services, en fournissant à la tannerie française l'outillage nécessaire à la fabrication des cuirs, actuellement destinés, en majeure partie, aux besoins de la Défense Nationale. Malgré le manque de main-d'œuvre et la pénurie de matières premières, le nombre des machines livrées a dépassé celui qui avait été fabriqué en temps de paix. Un résultat particulièrement intéressant est, en tout cas, à noter dès à présent : malgré les difficultés actuelles, la société est arrivée à obtenir des prix de revient inférieurs à ceux des machines allemandes d'avant-guerre.

Ainsi, grâce à l'initiative heureuse et fort intéressante du Syndicat général des Cuirs et Peaux de France, qui mériterait d'être imitée par d'autres groupements industriels français, les tanneurs du Calvados pourront se procurer en France et à des conditions particulièrement favorables, tout l'outillage dont ils auront besoin pour l'après-guerre.

Nous donnons ci-dessous pour chacune des plus importantes tanneries du Calvados, les chiffres de leur production avant et depuis la guerre.

La vente des produits fabriqués dans les tanneries du Calvados se faisait autrefois, jusqu'en 1870 environ, aux foires de Caen et de Guibray. Les affaires se traitaient à l'échéance de ces deux foires, dont celle de Caen avait lieu 15 jours après Pâques et celle de Guibray au 15 août. Les acheteurs venaient à la foire de Caen s'approvisionner en cuirs pour l'été et à celle de Guibray pour l'hiver. Depuis cette époque, les cuirs fabriqués dans le Calvados sont vendus soit directement à la bourrellerie, à la sellerie et à la cordonnerie, soit par l'intermédiaire de commissionnaires. Certains tanneurs livraient dès avant la guerre leurs cuirs aux services de l'Armée. Depuis la guerre, presque toute la production est réservée aux besoins de la Défense Nationale. Aucune des tanneries du Calvados ne faisait, avant la guerre, d'exportations directes à l'étranger.

Par contre, l'importation de produits similaires par les Allemands faisait une concurrence désastreuse à la tannerie française. Ils auraient même réussi, d'après ce qui nous a été affirmé, à faire, par personnes interposées, des fournitures à l'Armée. Après la guerre, des barrières douanières très élevées seront nécessaires pour éliminer complètement la marchandise allemande du marché français qui peut et doit être approvisionné en cuirs par l'industrie nationale.

Le personnel des tanneries du Calvados était, avant la guerre, recruté dans le pays. Les ouvriers étaient généralement formés dans les maisons et y travaillaient souvent de père en fils. La mobilisation a enlevé un grand nombre d'ouvriers. Certaines maisons, qui pour diverses raisons n'ont pu recruter un personnel nouveau, n'ont conservé que des ouvriers parfois très âgés et se sont trouvées très gênées de ce fait. Leur production s'en est sensiblement ressentie. D'autres ont pu s'assurer la collaboration d'hommes mis en sursis d'appel ou ont pu recruter des réfugiés belges et même quelques ouvriers ayant travaillé auparavant dans d'autres industries, atteintes par le régime des restrictions, telles que la pâtisserie. Quelques industriels ont même fait appel au travail des femmes qui, avant la guerre, n'étaient guère employées dans les tanneries.

Mais, dès avant la guerre, les tanneurs éprouvaient déjà dans le Calvados certaines difficultés à recruter leur personnel. Les jeunes gens marquaient une visible répugnance au travail dans la tannerie et étaient attirés plutôt vers les industries et les métiers comportant des applications de la mécanique, ou bien trouvaient des salaires plus élevés dans certaines industries très prospères et qui avaient pris un grand essor dans le pays.

Pour éviter une crise de main-d'œuvre, maintenir et développer leur production après la guerre, les tanneurs du Calvados devront résolument faire appel au machinisme, qui leur permettra de réduire au minimum la part de la main-d'œuvre dans leurs fabrications et qui en abaissera le prix de revient.

Les principales tanneries du Calvados sont :

La tannerie de M. Vautier, à Caen, fondée en 1885, par M. Vautier père. Cette maison s'est développée normalement depuis sa fondation jusqu'à la guerre. Depuis la guerre, M. Vautier exploite, en outre, à Saint-Pierre-sur-Dives, une petite tannerie dont le propriétaire, M. Hébert, est mobilisé.

La maison travaille principalement des peaux de bœufs et de vaches du pays, ainsi que des peaux exotiques. Avant la guerre, les peaux étaient achetées soit directement à la boucherie, soit en ventes publiques à Caen et dans la région. Depuis la guerre, la matière première est fournie par l'Intendance.

Le procédé employé pour la préparation des cuirs est le tannage mixte, c'est-à-dire l'emploi mélangé d'écorces de chêne et d'extraits tanniques. La maison étant établie dans le centre de la ville de Caen et n'ayant pas de moulin, les écorces sont achetées toutes moulues, principalement dans la Nièvre. Les extraits tannants venaient, avant la guerre, de Bretagne, des régions de Nantes, de Rennes et de Redon. Depuis la guerre, ces extraits sont fournis par les soins du Syndicat des Extraits, par voie de répartition, suivant les instructions du Centre de Tannage.

Dans ses établissements de Caen, la maison fait le tannage et le corroyage des cuirs pour empeignes, galoches et semelles, ainsi que, dans une moindre proportion, pour la bourrellerie. A la tannerie de Saint-Pierre-sur-Dives, on ne fait que le tannage.

L'outillage mécanique des établissements de Caen se compose d'une scie, d'une blanchisseuse, d'un tonneau, d'une buteuse et de marteaux. Ce matériel est moderne, a été acheté à Paris et est installé depuis 5 à 6 ans. La maison dispose d'un moteur électrique qui peut développer une force de 20 H. P. environ et est actionné par le courant fourni par la Centrale de Caen.

Avant la guerre, en 1913, la production de la maison s'élevait à environ 1.500 cuirs par an, qui étaient vendus dans la région. Depuis la guerre, la maison a sensiblement augmenté sa production et livre environ 2.400 cuirs par an à l'Intendance, pour les besoins de la Défense Nationale.

Le personnel de la maison se composait, avant la guerre, de 8 ouvriers relativement spécialisés et recrutés dans le pays. Depuis la guerre, la maison fait travailler 10 à 12 ouvriers dont 5 sursitaires.

La tannerie de M. Lecouturier, à Falaise, a été fondée en 1802 et exploitée de père en fils par la même famille. Petite mégisserie au début, l'établissement s'est considérablement développé depuis sa fondation jusqu'à la guerre.

La maison qui autrefois avait travaillé, entre autres, des peaux exotiques, a complètement abandonné la transformation de ces matières et ne travaille plus que des peaux du pays, achetées directement à la boucherie. Ces peaux sont des peaux de bœufs, de vaches, de veaux et de moutons. Avant la guerre, la maison transformait annuellement 2.400 peaux de bœufs et de vaches, 1.000 peaux de veaux et 3.000 peaux de moutons. Depuis la guerre, la préparation des peaux de bœufs et de vaches s'est élevée à 4.000 par an et celle des peaux de veaux à 3.000. Par contre, la préparation des peaux de moutons, en raison de la hausse de la matière première, est tombée à 1.000 par an. Le procédé employé par la maison pour la préparation des peaux est le tannage lent, exclusivement à l'écorce de chêne, sans aucune addition d'extraits. Avant la guerre, la production était vendue en France : à Paris, en Normandie et dans le Nord. Depuis la guerre, la production est livrée à l'Intendance, pour les besoins de la Défense Nationale.

L'outillage mécanique est de construction française. La maison dispose d'une force hydraulique de 12 H. P. et loue, en plus, une force de même nature de 6 H. P. D'autre part, elle possède un moteur à gaz de ville de 3 ½ H. P., de construction anglaise.

Le personnel se composait avant la guerre de 25 ouvriers, tous du pays et attachés de père en fils à la maison. Celle-ci n'a jamais employé d'étrangers. Depuis la guerre, la maison emploie 40 personnes, dont 12 femmes, toutes recrutées dans le pays.

La tannerie de M. Coutance à Bretteville-sur-Laize a été fondée en 1862 et est toujours restée la propriété de la même famille. Elle travaille des cuirs forts exotiques et, depuis huit ans environ, également des peaux brutes de pays, pour la fabrication de semelles de chaussures. Les cuirs exotiques sont achetés au Hâvre et ceux du pays en ventes publiques. Le procédé usité pour la préparation des peaux est le tannage lent, nécessitant un traitement de 12 à 14 mois.

L'outillage de la maison comprend un moulin à écorces et des marteaux à battre le cuir. Ce matériel est de construction française. La force motrice est fournie par une roue hydraulique de 6 à 8 H. P. et par un moteur électrique de 3 H. P., de construction française, alimenté par la Centrale de Caen.

La production, avant la guerre, s'était élevée à 9.000 cuirs par an. Depuis la guerre, elle a été de 8.000 cuirs en 1915, de 7.000 en 1916, de 6.000 en 1917. Les causes de cette diminution progressive sont le manque de main-d'œuvre, surtout de spécialistes, et la réduction des quantités d'extraits tannants mis à la disposition de la maison. Ses produits étaient vendus, avant la guerre, à des fabricants de chaussures, principalement à Amiens et à Beauvais. Depuis la guerre, toute la production est réservée aux besoins de la Défense Nationale.

Le personnel comprenait, avant la guerre, 24 ouvriers. Depuis la guerre, M. Coutance ne dispose plus que de 13 ouvriers, dont 5 sursitaires.

La tannerie de M. Alphonse Patry, à Bretteville-sur-Laize, a été fondée en 1878 par son père, auquel il a succédé. M. Patry a réuni à son établissement celui de M. Auguste Brion, son beau-père, et a agrandi l'affaire. Les articles fabriqués sont des cuirs forts pour semelles. Les matières premières transformées sont des peaux exotiques achetées au Hâvre.

L'outillage se compose d'un moulin à écorces et d'un marteau pour battre les peaux. Ce matériel est de construction française. Il est actionné par une roue hydraulique de 15 H. P. et par un moteur électrique de 2 H. P., alimenté par la Centrale de Caen.

La production s'élevait, avant la guerre, à 2.400 cuirs par an. Depuis la guerre, elle est tombée à 1.500. Les produits de la maison étaient vendus, avant la guerre, à Caen, à Falaise, à Cherbourg, et dans diverses autres localités du département de la Manche. Depuis la guerre, toute la production est destinée aux besoins de la Défense Nationale.

Le personnel se composait, avant la guerre, de 10 ouvriers, recrutés dans le pays et formés dans la maison, où ils travaillaient de père en fils. Depuis la guerre, la maison ne dispose plus que de 8 ouvriers, dont deux très âgés. L'insuffisance de la main-d'œuvre est la cause principale de la diminution de la production.

La tannerie de M. Cairon, à Bretteville-sur-Laize, a été fondée vers 1850 par son grand-père. Elle transforme des peaux exotiques, achetées au Hâvre, et en très petites quantités des peaux de bœufs du pays, parmi les plus fortes, achetées en ventes publiques, également au Hâvre, pour la préparation de cuirs forts pour semelles.

Le procédé usité pour la préparation des peaux est le tannage lent, nécessitant un traitement d'un an à 18 mois. Les écorces de chêne utilisées par la maison venaient, avant la guerre, du département de l'Orne et viennent, depuis la guerre, de l'Orne et de la Nièvre. M. Cairon faisant moudre le tan et battre les peaux au dehors, ne possède aucun outillage mécanique et ne dispose d'aucune force motrice. Sa production, avant la guerre, s'élevait de 700 à 800 cuirs par an. Depuis la guerre, elle a atteint environ 2.000. Ses produits étaient vendus, avant la guerre, dans le Calvados, dans la Manche, dans l'Orne et en Bretagne. Depuis la guerre, toute la production est destinée aux besoins de la Défense Nationale.

Le personnel se composait, avant la guerre, de 3 ouvriers recrutés dans le pays. Depuis la guerre, la maison fait travailler 6 ouvriers, dont 4 sursitaires.

La tannerie de Madame Vve D. Gaugain, à Bretteville-sur-Laize, a été fondée en 1830 par son beau-père, M. Désiré Gaugain, qui l'avait dirigée jusqu'en 1872, date à laquelle son fils, le mari de Madame Gaugain, a repris la suite des affaires et les a développées en augmentant la production. La maison travaille les cuirs forts exotiques pour semelles de chaussures. Elle achète les matières premières au Hâvre.

L'outillage comprend un moulin à tan et des marteaux à battre le cuir. Ce matériel est de construction française. Il est actionné par une roue hydraulique de 4 à 5 H. P.

La production était, avant la guerre, de 1.500 à 1.700 cuirs par an. Depuis la guerre elle est tombée à 600 ou 700. Le manque de main-d'œuvre, le renchérissement de la matière première et l'insuffisance des quantités de produits tannants mis à la disposition de la maison ont été les causes de la diminution de sa production depuis 1914.

Avant la guerre, les cuirs préparés par la maison étaient vendus dans diverses régions de la France. Depuis la guerre, toute la production est réservée aux besoins de la Défense Nationale.

Le personnel comprenait, avant la guerre, 4 ouvriers. Depuis la guerre, Madame Gaugain n'en occupe plus que 3.

La tannerie-corroierie de M. Foussard, à Lisieux, a été fondée en 1840 par M. Pestel père et installée depuis 1864 dans les bâtiments qu'elle occupe actuellement. M. Foussard l'a reprise en 1892 et l'a agrandie. L'entreprise pourrait être encore développée par l'achat de terrains voisins. Avant la reprise de la maison par M. Foussard, elle fondait le suif pour les besoins de ses fabrications, faisait de la mégisserie (production de laine morte et de basane ou cuireau) et travaillait toutes les peaux fournies par la boucherie — peaux de bœufs, de vaches et de veaux, — ainsi que des cuirs étrangers pour semelles de chaussures et corroierie. M. Foussard, au contraire, s'est spécialisé dans la préparation des peaux de bœufs et de vaches, principalement pour le harnachement et l'équipement, et dans la corroierie.

Les matières premières transformées sont des peaux du pays, achetées directement à la boucherie, presqu'exclusivement à Lisieux et dans les environs de cette ville. Depuis la guerre, la maison travaille, en outre, une certaine quantité de peaux exotiques achetées chez les importateurs du Hâvre. Ces peaux exotiques sont nécessaires pour assurer l'exécution de commandes pour les besoins de la Défense Nationale. M. Foussard souhaite que les cuirs étrangers, provenant de la République Argentine, de l'Uruguay, du Brésil et d'autres pays, ne soient pas frappés de droits de sortie dans leurs pays d'origine. Car leurs prix en augmenteraient d'autant et leur renchérissement entraînerait une hausse équivalente sur les cuirs du pays.

Jusqu'en 1912, la maison n'a fait que du tannage lent et n'a employé que des écorces de chêne, provenant du Berry et d'autres régions du Centre de la France. Mais depuis cette époque, M. Foussard a adopté le tannage mixte, mélangeant les écorces avec des extraits tannants. Avant la guerre, ces extraits étaient achetés principalement dans le Cantal. Depuis la guerre, les fournisseurs d'extraits sont désignés par l'Intendance.

Presqu'aucun outillage mécanique n'existait dans la maison, lorsque M. Foussard l'a reprise en 1892. Il a monté ses premières installations mécaniques en 1895 et les a développées en 1913. Le matériel installé à cette dernière date est tout à fait moderne. Tout l'outillage mécanique de la maison est de construction française et vient des établissements Souchay-Allard, à Châteaudun. La force motrice est fournie par un moteur à gaz pauvre, de 38 H. P., de construction suisse; il vient des usines de Winterthur.

La production annuelle a doublé depuis la guerre comme tannage : en 1913, la maison ne tannait que 3.000 peaux; elle en tanne 6.000 actuellement. Mais le corroyage est resté ce qu'il était : la maison corroie toute sa production actuelle, tandis qu'avant la guerre, en plus des cuirs qu'elle avait tannés elle-même, elle en achetait au dehors pour les corroyer. Les produits de la maison étaient vendus, avant la guerre, directement à la bourrellerie, à la sellerie et à la cordonnerie, en Normandie, en Bretagne, dans le Centre et le Nord de la France, et très peu à Paris. Depuis la guerre, la production est presqu'exclusivement réservée aux besoins de la Défense Nationale.

Le personnel de la maison se composait, avant la guerre, de 25 ouvriers, recrutés dans le pays. La moitié à peu près en étaient des spécialistes. Depuis la guerre, M. Foussard fait travailler 35 ouvriers, dont 6 sursitaires et une vingtaine de Belges. Dès avant la guerre, la maison éprouvait des difficultés pour le recrutement du personnel. M. Foussard craint pour l'après-guerre une crise de main-d'œuvre, les ouvriers étant attirés vers d'autres industries où des salaires plus élevés leurs sont offerts. La main-d'œuvre locale est d'ailleurs très médiocre. La population est minée par l'alcoolisme, et on est obligé de surveiller l'ouvrier de très près pour l'empêcher de boire. M. Foussard a eu la chance de trouver parmi les Belges des ouvriers sobres. Avant la guerre, les ouvriers trouvaient à se loger facilement à Lisieux, la population de cette ville ayant eu une tendance à décroître. Mais depuis la guerre, par suite de l'affluence des réfugiés, tous les locaux disponibles sont occupés et les nouveaux arrivants ont du mal à se caser, surtout lorsqu'ils sont chargés de famille. C'est ainsi que des ouvriers arrivés de Calais et déjà embauchés par M. Foussard, n'ont pu rester à Lisieux et ont été obligés d'aller ailleurs.

La tannerie de M. Cœuret, à Saint-Pierre-sur-Dives, a été fondée par sa famille vers la fin du XVIIIe siècle, peu avant la Révolution. Les articles fabriqués sont les cuirs en croûtes pour dessus et semelles de chaussures et pour courroies. Les matières transformées ont toujours été des peaux de bœufs et de vaches du pays, et autrefois également, mais en petites quantités, des peaux de veaux et de moutons. Ces peaux étaient achetées, avant la guerre, en partie directement à la boucherie et en partie en ventes publiques.

Le procédé employé pour la préparation des cuirs est le tannage lent. Les écorces de chêne provenaient, avant la guerre, en partie des départements de l'Eure et de l'Eure-et-Loir, et en partie de la Nièvre et du Berry. Depuis la guerre, les écorces viennent de l'Eure et de l'Eure-et-Loir.

L'outillage, comprenant un moulin à tan à pilons, d'un système ancien, une laveuse à bourre, des pompes à eau et à jus, est de construction française. Cet outillage est actionné par une force hydraulique de 8 H. P. et la maison dispose, en outre, d'un moteur de secours à essence d'une force de 7 H. P., de construction française. Une dynamo, de construction également française, actionnée par la force hydraulique, fournit la lumière électrique de 60 à 70 lampes.

La production qui, avant la guerre, avait atteint 7.000 peaux par an, était vendue à Paris, à Lyon, à Rouen et dans le Nord de la France. Depuis la guerre, la production est tombée à 5.000 et 6.000 peaux par an et est entièrement réservée aux besoins de la Défense Nationale.

Le personnel se composait, avant la guerre, de 25 ouvriers, recrutés dans le pays et formés dans la maison. Depuis la guerre, il est réduit à 16 ou 18, dont un certain nombre de vieux ouvriers, non touchés par la mobilisation, quelques jeunes gens et deux femmes. Le manque de main-d'œuvre a été, au début de la guerre, la cause première de la diminution de la production. Dans les derniers temps, la maison aurait pu recruter quelques ouvriers nouveaux parmi les travailleurs que certaines restrictions ont réduits au chômage, tels que les pâtissiers. Mais depuis 1918, malgré un accroissement possible de personnel, la raréfaction des matières tannantes empêche d'envisager une augmentation de la production. La maison loge une partie de son personnel et se propose de faire le nécessaire pour assurer le logement à tous ses ouvriers. La création d'une cantine pour le ravitaillement du personnel est projetée.

La tannerie de M. Fortin, à Saint-Pierre-sur-Dives, a été fondée en 1865 par son père, qui avait réuni deux anciennes petites tanneries. Les articles fabriqués sont des cuirs en croûtes pour l'équipement. Les matières premières transformées étaient, avant la guerre, principalement, des peaux de bœufs, de vaches et de moutons du pays, achetées soit directement à la boucherie, soit en ventes publiques. Les peaux de veaux achetées à la boucherie étaient revendues à des intermédiaires de Paris qui les écoulaient apparemment en Allemagne. La maison transformait, en outre, en petites quantités, des peaux d'Amérique, qui étaient achetées au Hâvre. Depuis la guerre, elle ne travaille plus que les peaux du pays.

Le procédé employé pour la préparation des cuirs est le tannage extra-lent, nécessitant un travail de 18 mois. Les écorces venaient, avant la guerre, du Berry, des Charentes et de l'Eure-et-Loir. Depuis la guerre, elles viennent surtout de l'Eure-et-Loir. Quelques petits lots ont pu être recueillis dans le pays.

Tout l'outillage de la maison, d'un système ancien, est de construction française. Cet outillage est actionné par une force hydraulique qui, en été, à cause du faible débit d'eau, n'est pas supérieure à 30 H. P., mais qui, en hiver, pourrait être doublée. La maison dispose, en outre, d'une machine à vapeur de secours de 20 H. P., de construction française ancienne, avec foyer au tan usé, et d'une dynamo, de construction également française, pour le transport de force et éclairage.

La production annuelle atteignait, avant la guerre, environ 9.000 cuirs de 40 kilos en moyenne. Elle était vendue à Paris, à Rouen et dans le Nord. Depuis la guerre, la maison produit 5.800 cuirs environ par an. Toute sa production est réservée aux besoins de la Défense Nationale.

Le personnel se composait, avant la guerre, de 32 ouvriers, recrutés dans le pays et formés dans la maison. Depuis la guerre, ce personnel est réduit à une quinzaine d'ouvriers, dont 4 sursitaires et un apprenti. La production aurait pu être plus importante, si la main-d'œuvre était plus abondante. Mais le recrutement de celle-ci, et surtout des apprentis, devient de plus en plus difficile.

Les jeunes gens sont attirés de préférence vers les industries mécaniques et vers certaines autres, très prospères et pouvant payer des salaires plus rémunérateurs.

La tannerie-corroierie de M. Auguste Pellerin fils, à Bonnebosq, a été fondée en 1860 par M. Alexandre Pellerin, son père, auquel il a succédé. La maison fait le tannage et le corroyage des cuirs verts du pays, achetés de préférence à la boucherie locale, ainsi qu'en ventes publiques. Le procédé usité pour le traitement des peaux est le tannage lent, à l'écorce seulement, sans aucune addition d'extraits tannants.

L'outillage mécanique est moderne et de construction française. La force motrice est fournie par une machine à vapeur, de construction française également.

La production s'élevait avant la guerre à 5.000 cuirs par an, destinés principalement aux services de l'Armée et de la Marine. Depuis la guerre, la production a doublé et est destinée aux besoins de la Défense Nationale.

Le personnel se composait avant la guerre de 30 ouvriers recrutés dans le pays et attachés de longue date à la maison. Depuis la guerre, M. Pellerin emploie 45 ouvriers, dont un grand nombre de Belges.

La tannerie-corroierie de M. Maillard, à Condé-sur-Noireau, a été fondée en 1888. Elle travaille des peaux de bœufs et de vaches du pays, achetées, avant la guerre, soit directement à la boucherie, soit en ventes publiques à Caen, à Paris et à Rennes. Depuis la guerre, les matières premières sont fournies par l'Intendance. Le procédé employé pour la préparation des cuirs est le tannage lent. Les produits tannants, écorces de chêne, étaient et sont achetés dans la Mayenne, dans l'Orne, dans le Calvados, dans la Nièvre, dans le Lot, etc.

L'outillage mécanique se compose d'un moulin à tan, d'une pompe aspirante et refoulante, d'un hérisson, d'un tonneau à fouler et d'une machine à cambrer. Tout ce matériel, relativement moderne, est de construction française. La force motrice est fournie par un moteur à gaz pauvre, de 15 H. P., de construction anglaise.

Avant la guerre, la production avait atteint, en 1913, le chiffre de 2.500 cuirs tannés et corroyés, qui étaient vendus en France, principalement à la bourrellerie. Depuis la guerre, la production est tombée à 1.200 cuirs par an, par suite du manque d'ouvriers. Elle est réservée aux besoins de la Défense Nationale.

Le personnel se composait, avant la guerre, de 18 à 20 ouvriers, tous recrutés dans le pays et formés dans la maison. Depuis la guerre, la maison n'a plus que 7 ouvriers, soit la partie de son ancien personnel non touchée par la mobilisation.

La tannerie de M. Henri Fauvel, à Aunay-sur-Odon, a été fondée en 1887. Elle travaille exclusivement des peaux de gros bœufs, achetées en ventes publiques à Paris, et produit des cuirs forts en croûtes pour courroies. Le procédé employé pour le traitement des peaux est le tannage lent, à l'écorce.

L'outillage mécanique ne comporte qu'un moulin à écorces, de construction française. La force motrice est fournie par une machine à vapeur de 100 H. P., de construction française.

La production s'élevait, avant la guerre, à 8.000 cuirs par an. Elle était vendue à Paris, à Rouen et à Lille, ainsi qu'ailleurs en France. Depuis la guerre, la production, réduite des deux tiers par suite de la diminution du personnel, est réservée aux besoins de la Défense Nationale.

Le personnel se composait, avant la guerre, de 45 ouvriers, recrutés dans le pays. Il n'est plus que de 25 ouvriers depuis la guerre.

La tannerie de M. Édouard Fauvel, à Aunay-sur-Odon, a été fondée en 1880 par M. Lemarié et reprise en 1905 par le propriétaire actuel, qui était déjà établi dans le pays.

Depuis fin décembre 1917, M. Édouard Fauvel, dont le fils est mobilisé, a fermé son usine.

La maison travaillait exclusivement des peaux de bœufs exotiques achetées au Hâvre et produisait des cuirs forts pour semelles. Le procédé employé pour le traitement des peaux était le tannage lent. L'outillage mécanique comprend un moulin à écorces et un marteau-pilon. La force motrice est fournie par une machine à vapeur de 50 H. P., de construction anglaise. La production de la maison s'élevait, avant la guerre, à 1.000 cuirs par an et était vendue à Paris et ailleurs en France, principalement à des maîtres-bottiers de régiments. Depuis la guerre la production avait diminué d'un tiers. Elle était réservée aux besoins de la Défense Nationale. Le personnel se composait, avant la guerre, de 5 ouvriers. Il avait été réduit, depuis la guerre, à 2.

La tannerie reprise en 1914 par M. E. Daigrement, à Bayeux, a été fondée il y a une trentaine d'années. Elle est actuellement fermée par suite de la mobilisation de son propriétaire et de tout son personnel. Elle travaillait, avant la guerre, des cuirs pour la bourrellerie et la cordonnerie. L'outillage mécanique comprend un moulin à tân, une machine à fouler les cuirs, une refendeuse. Ce matériel était actionné par une force hydraulique. La production avait varié selon le nombre d'ouvriers employés.

Mais elle pourrait être augmentée par l'installation de nouvelles machines pour lesquelles M. Daigremont dispose de l'emplacement nécessaire. La guerre l'a surpris au moment où il se proposait de donner une extension plus grande à son affaire. La production était vendue dans le Calvados, l'Eure, la Seine-Inférieure et la Manche, ainsi que dans la Somme et dans le Nord. Le personnel comprenait 3 ouvriers.

La hongroierie est une industrie qui prépare « *à la*

façon de Hongrie » des cuirs blancs destinés principalement à la fabrication de gros harnais employés dans la culture. Cette industrie compte dans le Calvados quelques maisons qui n'ont aucun outillage mécanique, tout le travail se faisant à la main. Parmi ces maisons, nous citerons celle de M. Farolet et celle de Mme Daigremont, toutes les deux à Caen, et celle de M. Perrette, à Bayeux.

La hongroierie de M. Farolet à Caen a été fondée vers 1900. Elle transformait, avant la guerre, des peaux de bœufs et de vaches du pays, achetées en ventes à Caen et à Rouen. Depuis la guerre, elle travaille des peaux exotiques achetées au Hâvre. La maison ne possède aucun outillage mécanique et ne dispose d'aucune force motrice. Les peaux sont travaillées à la main et traitées à l'alun. La production annuelle atteignait, avant la guerre, 1.200 peaux. Depuis la guerre, elle est tombée à environ 500. Elle est vendue exclusivement dans la région pour la fabrication de harnais de culture. Le personnel se composait, avant la guerre, de 3 ouvriers travaillant avec le patron. Depuis la guerre, M. Farolet est mobilisé et le travail est assuré par son jeune fils aidé d'un seul ouvrier.

La hongroierie de Madame Daigremont, à Caen, a été fondée en 1896 par son mari, qui avait repris l'ancienne tannerie Grandin, mais s'était consacré exclusivement à la hongroierie et à la mégisserie. Les peaux employées pour la hongroierie étaient des peaux de taureaux, de bœufs et de vaches achetées à Rennes. Le nombre de cuirs hongroyés annuellement s'élevait à 350 en moyenne. Ils étaient vendus à la bourrellerie dans la région. La mégisserie était faite à façon.

Depuis le décès de M. Daigremont, survenu au cours de la guerre, la maison a abandonné la hongroierie et ne fait plus que de la mégisserie à façon. Madame Daigremont ne dispose d'aucun outillage mécanique et d'aucune force motrice. Tout le travail dans sa maison est fait à la main. Le personnel se composait, avant la guerre, de 3 ou 4 ouvriers travaillant avec le patron. Depuis la guerre, la maison ne dispose plus que d'un seul ouvrier.

La hongroierie de M. Perrette, à Bayeux, a été fondée il y a plus d'un siècle et reprise en 1880 par son propriétaire actuel. Elle transforme des peaux de bœufs et de vaches, habituellement achetées à la boucherie locale. Tout le travail étant fait à la main, la maison ne dispose d'aucun outillage mécanique, ni d'aucune force motrice. La production annuelle s'élevait, avant la guerre, à environ 250 cuirs par an qui étaient vendus aux bourreliers de la région. Depuis la guerre, la fabrication a presque entièrement cessé. Quelques affaires sont traitées à façon, pour le compte d'un petit nombre de clients. M. Perrette fait également de la mégisserie, uniquement à façon, et s'occupe, en outre, de réception de cuirs verts pour l'Intendance. Le personnel se composait, avant la guerre, de 3 ou 4 ouvriers travaillant avec le patron. Depuis la guerre, M. Perrette, dont le fils est mobilisé, travaille seul.

Les Industries Textiles

Les industries textiles dans le Calvados comprennent la filature et le tissage de la laine, du lin et du coton, l'effilochage, la bonneterie de coton et de laine, la rubannerie, la fabrication d'articles de pansement, la passementerie et la retorderie.

A. — FILATURES ET TISSAGES

Autrefois, sous le régime des corporations, des maîtrises et des jurandes, qui s'était établi au Moyen Age et avait prévalu jusqu'à la Révolution, une très stricte et méticuleuse réglementation et un contrôle rigoureux assuraient à chaque corps de métier le privilège des travaux dans lesquels il s'était confiné. Entre corporations participant au traitement de la même matière, un cloisonnement étanche réservait à chacune le droit exclusif de s'adonner à l'une quelconque des transformations successives qu'avait à subir une substance avant de devenir produit fini. D'innombrables et interminables procès entre corporations naissaient à la suite d'empiétements, prétendus ou réels, des unes sur le domaine des autres. Une spécialisation excessive, au maintien de laquelle veillaient avec un soin jaloux les corps de métier intéressés, avait donc réparti entre un grand nombre de corporations les diverses opérations qui concourent à la fabrication des tissus. Ainsi, non seulement un fabricant de toiles n'aurait jamais pu s'aviser, sous ce régime, à entreprendre la fabrication de lainages, mais dans la draperie, cardage, filature, tissage, teinture, foulage et apprêts, étaient l'œuvre d'autant d'entrepreneurs différents.

Depuis l'abolition des maîtrises et des jurandes, le libre développement de l'industrie moderne, tout en poussant jusqu'à ses extrêmes limites la division du travail entre ouvriers, leur spécialisation et, dans la plus grande mesure, leur remplacement par des machines, a poursuivi la réunion et la concentration de toutes les opérations concourant à la fabrication d'un produit dans une même entreprise. C'est ainsi que dans l'industrie textile d'importants établissements groupent sous la même direction de multiples ateliers qui autrefois auraient été divisés en autant d'entreprises séparées.

Une séparation très marquée s'est toutefois établie entre branches de l'industrie textile employant pour leurs fabrications des matières premières différentes. Lainages, toiles et cotonnades ont été et sont encore des productions distinctes et quelquefois concurrentes. Cependant l'extrême et toujours plus grande variété dans la composition des tissus, obtenue par des mélanges de laine et de coton et par le métissage des toiles, les progrès remarquables réalisés dans la fabrication des cotonnades et le renchérissement du lin tendent à rapprocher ces différentes productions, qui se complètent et deviennent de plus en plus solidaires les unes des autres. C'est ainsi qu'on voit réunies dans une même entreprise, tantôt des fabrications de laines pures et de mélanges de laines et de cotons, tantôt des fabrications de toiles de lin, de tissus métis et de cotonnades.

Comme partout ailleurs, les fabrications de lainages, de toiles et de cotonnades ont été dans le Calvados nettement distinctes au début, tout en voisinant souvent dans les mêmes centres de production. La fabrication des lainages s'était plus particulièrement concentrée, au XIXe siècle et jusqu'à la guerre actuelle, dans les régions de Lisieux et de Vire, celle des toiles dans la région de Lisieux et celle des cotonnades dans la région de Condé-sur-Noireau. Plus anciennement, la fabrication des toiles de lin avait également existé dans les régions de Vire et de Condé-sur-Noireau; mais elle y avait disparu avant l'avénement de la grande industrie. L'industrie cotonnière avait été assez importante au XIXe siècle dans la région de Lisieux.

C'est l'abondance des cours d'eau et la multitude des petites chutes dans ces différentes régions qui y ont amené de très ancienne date la localisation d'industries qui, d'autre part, trouvaient à y recruter facilement une main-d'œuvre déjà préparée. L'élevage du mouton et la culture du lin avaient été, en effet, autrefois relativement plus importants dans ces contrées que de nos jours, et la filature et le tissage de la laine ou du lin y étaient des industries domestiques très répandues dans les campagnes.

1) *LA DRAPERIE A LISIEUX. — Son passé*

A Lisieux, l'industrie drapière, la fabrication des frocs ou tordouets, remonte au Moyen Age.

Dans une « Notice historique sur la manufacture d'étoffes de laine de Lisieux », publiée en 1837, M. Dingremont a étudié, en historien et en juriste, l'organisation des corporations de drapiers de Lisieux. Une étude de M. Formeville sur le même sujet a paru, à la même date, dans l' « Annuaire de l'Association Normande ». D'après les intéressantes recherches résumées dans ces publications, la manufacture d'étoffes de laine de Lisieux existait de toute ancienneté. Dès le XIVe siècle, elle était une des plus considérables de Normandie, et depuis une époque très antérieure au XVe, elle avait été régie par ses usages particuliers, par des statuts de villes voisines et par quelques règlements généraux faits pour la province entière, tels que l'ordonnance du roi Jean, de 1350, portant règlement entre les ouvriers de drap plein et de drap rayé, et le règlement de mars 1367, donné par le roi aux drapiers de Caen sur les longueurs et les largeurs et sur le plomb de marque des étoffes.

Mais, dès les années 1435 et 1436, alors que la ville était sous la domination des Anglais qui l'ont occupée de 1417 à 1449, ses corporations de drapiers établirent une réglementation propre, arrêtée entre leurs membres, « pour le bien du métier, l'utilité et le profit de la chose publique ». Ces statuts ne sont pas parvenus jusqu'à nos jours. Mais dans les archives de la communauté se sont conservés des documents attestant que ces statuts ont été revisés le 11 mai 1437 et qu'ils ont été confirmés par le roi en son Conseil à Rouen.

En 1448, Thomas Bazin, évêque de Lisieux et seigneur de la ville, dota celle-ci d'une commune et d'une charte contenant l'organisation de la Chambre de Ville. Dès lors, toutes les communautés d'arts et métiers de Lisieux purent chacune établir leur statut et se gouverner dans l'intérêt de leur industrie, sous l'autorité de la justice de l'évêque. Les Anglais ayant été chassés en 1449 de Lisieux, les franchises et les libertés des habitants de la ville furent confirmées par la capitulation signée par Thomas Bazin et les chefs de l'armée du roi Charles VII, et afin que l'existence légale des corporations fût bien constatée, il en fut fait, par les soins de l'évêque, un registre général intitulé « Ordonnances sur les corps et métiers de la Ville de Lisieux après que les Anglais en furent chassés. »

Un nouveau règlement de la corporation des drapiers fut rédigé en 1456, et sur la demande de 40 maîtres du métier de la ville et de sa banlieue, ses articles furent soumis à une revision générale, complétés et réunis en 1482 en un corps de statuts comprenant tout ce qui concernait les drapiers, fabricants, foulons, tondeurs, laneurs, fileuses de trames, marchands de chardons et teinturiers. D'autres règlements et ordonnances vinrent compléter, en 1490, en 1510 et en 1523, les statuts de 1482. Un travail de recolement, d'ailleurs incomplet, comprenant des règlements et des ordonnances qui avaient eu pour objet la répression d'abus et de fraudes, ainsi que des sentences qui avaient permis la réalisation de quelques progrès dans la fabrication des étoffes, fut homologué en 1652 par le bailli vicomtal de Lisieux et enregistré en 1653 par le Parlement de Rouen.

Mais le pouvoir royal se superpose de plus en plus aux droits seigneuriaux et aux franchises communales. En 1669, un règlement général du roi pour la juridiction des procès concernant les manufactures, puis des lettres patentes, de la même année, portant approbation des statuts sur les longueurs et largeurs d'étoffes de laine et autres, et sur leurs teintures, afin de rendre uniformes pour toute la France, celles de même sorte, nom et qualité, et ensuite une multitude d'édits, de règlements et d'arrêts du Conseil vinrent ajouter successivement de nouvelles dispositions concernant le régime des manufactures; ces dispositions furent communes à toutes les villes et à tous les bourgs du royaume.

Toute cette réglementation restrictive de la liberté industrielle ne survécut pas à la Révolution. Cependant, malgré la liberté, la draperie de Lisieux resta, pendant des années après la Révolution, cantonnée dans la production de grosses étoffes de laine, connues sous le nom de frocs. La fabrication, au début du XIXe siècle, se faisait encore dans les campagnes au métier à la main, et à Lisieux, où étaient établis les fabricants, on ne faisait que les apprêts. Dans les dernières années du Premier Empire, en 1811, le nombre des métiers employés à Lisieux et dans sa banlieue à la fabrication des frocs, des flanelles et des molletons était évalué, d'après M. Morière à 2.000 et le nombre des pièces fabriquées chaque année à 524.000. Ces étoffes étaient vendues, en blanc ou teintes, aux foires de Caen et de Guibray, et jusqu'en 1830 elles ne trouvaient d'autres débouchés qu'en Bretagne et en Basse-Normandie.

Mais bientôt les progrès de la concentration industrielle vinrent donner un nouvel essor à la draperie de Lisieux. D'importants établissements commencèrent à se créer.

En 1837, d'après l'enquête faite par l'Association Normande, il y avait, à Lisieux et dans son arrondissement, 24 filatures de laine et 29 moulins foulons.

L'outillage s'était développé. Les anciens procédés de cardage et de filature avaient été entièrement abandonnés depuis quelques années. On avait adopté des machines à garnir et à tondre les étoffes; leur emploi ne s'était cependant pas encore généralisé. Le foulage et le dégraissage avaient été améliorés par l'application de moulins, dits à l'anglaise, et de dégraisseuses, devenues d'un usage presque général.

L'industrie drapière de Lisieux comptait alors 60 assortiments, composés chacun de 3 cardes et de métiers à filer en rapport, 1.600 métiers à tisser, 30 machines à lainer, 50 machines à tondre, de grandes et de petites largeurs, 12 machines à brosser, 6 machines à lustrer. Toutes les usines marchaient par la force hydraulique. La production annuelle avait atteint 70.000 à 80.000 pièces d'étoffes et était estimée à une valeur de 6 ½ à 7 millions de francs. Le canton d'Orbec fournissait environ le quart de cette production. Le nombre d'ouvriers employés était de 3.500 à 4.000. La plupart, notamment les tisserands et les trameurs, travaillaient à la campagne. Quelques-uns s'occupaient, en même temps, de travaux agricoles. Vers 1830, à la suite des premières applications de la mécanique, il y avait eu chômage parmi les ouvriers devenus trop nombreux. Mais trois ans plus tard, une fabrication très active avait procuré du travail à quiconque voulait s'employer. Les débouchés s'étaient élargis et les draps de Lisieux n'étaient plus seulement vendus en Bretagne et en Basse-Normandie, mais avaient pénétré en Vendée, dans l'Anjou, le Maine, la Beauce et ailleurs.

Mais les frocs de Lisieux étaient destinés à cette époque surtout à une clientèle de paysans, d'ouvriers, de marins. Cette clientèle recherchait l'article bon marché. Les fabricants s'étaient donc attachés à produire d'une façon économique. L'économie, accompagnée d'un défaut de soins dans la fabrication des étoffes, nuisit beaucoup au développement de l'industrie drapière de Lisieux. La préparation des laines était généralement mal faite par les fabricants. Ils les faisaient carder dans des établissements publics; le cardage et la filature étaient moins parfaits qu'ils n'auraient dû l'être. Le tissage était aussi bien fait que le comportait le genre de fabrication. Mais les apprêts et la teinture étaient particulièrement mal soignés, par suite des bas prix auxquels ils étaient payés. Les enquêteurs de l'Association Normande estimaient donc que si les fabricants de Lisieux avaient apporté plus de soins à la préparation des laines, le commerce des étoffes de leur ville aurait pu prendre une plus grande expansion en s'adressant à une clientèle d'un goût plus relevé.

Vers 1840, de nouveaux progrès sont réalisés dans l'outillage, qui subit une complète transformation. L'application des procédés mécaniques se généralise successivement dans la filature, dans les apprêts et ensuite dans le tissage. Cardes, métiers, laineries et tondeuses les plus perfectionnés de l'époque furent installés dans les principaux établissements. Les forces hydrauliques des deux rivières se réunissant à Lisieux et celles de la vallée de l'Orbiquet, déjà toutes utilisées, ne suffisaient plus à fournir la force motrice nécessaire à l'industrie. Dans le courant des trois années qui précédèrent l'Exposition Universelle de 1855 à Paris, vingt machines à vapeur furent installées dans diverses usines de Lisieux pour répondre au rapide développement de l'industrie drapière.

Vers 1855, d'après le rapport de M. Morière, cette industrie occupait 1.200 ouvriers dans ses filatures et ses ateliers d'apprêts, et 4.200 tisserands travaillaient à domicile, disséminés dans les environs de la ville et particulièrement dans le canton d'Orbec. Elle transformait 2 millions de kilogrammes de laine par an; sa production annuelle atteignait 120.000 coupes et était évaluée à 15 millions de francs.

Parmi les principaux établissements ayant figuré à l'Exposition Universelle de Paris en 1855, M. Morière cite la maison Veuve Bordeaux-Fournet et fils, fondée en 1834 et qui dès 1844 occupait 300 ouvriers, transformait 100.000 kilogrammes de laine et livrait 6.000 pièces d'étoffes à la consommation, ainsi que les maisons Duchesne-Fournet, Méry-Samson, Lefebvre et Bourdon, Bazin et Peulvey, Rebut fils, etc.

Les quinze années de 1860 à 1875 marquent la période la plus active et la plus prospère de l'industrie drapière de Lisieux. Deux usines occupèrent à ce moment, à elles seules, deux à trois mille ouvriers. C'est vers cette époque qu'une des premières l'industrie de Lisieux adopta l'emploi de l'effilochage, ou de laine renaissance, et inaugura l'application d'un procédé servant à épaissir les draps d'une façon factice, au moyen d'une poussière de laine bon marché, connue sous le nom de « *tontisse* ». Ce procédé, dit bourrage, donnait à l'étoffe unie, que l'on imprimait ensuite, beaucoup d'apparence. Mais ce drap, trop bon marché n'avait, malheureusement, aucune solidité à l'usage.

A partir de 1880, époque à laquelle on comptait 50 fabricants de drap à Lisieux, commence le déclin de la draperie de cette ville. Ce déclin a été dû surtout au mauvais outillage des usines. Celles-ci n'avaient pas suivi le progrès et n'avaient pas modernisé leur matériel. La mauvaise qualité des étoffes faites avec rembourrage était une autre cause de cette décadence. Celle-ci s'est poursuivie jusqu'à la guerre actuelle. A la veille de cette dernière, il ne restait plus que trois maisons de draperies à Lisieux, disposant toutes ensemble de 150 métiers environ et occupant en tout à peu près 500 ouvriers.

2) *LES MANUFACTURES DE DRAP A LISIEUX. — Situation actuelle*

Les trois maisons qui travaillent actuellement sont la manufacture de draperies de MM. J. et C. Mommers; la draperie de M. Arthur Adeline et les Anciens Établissements Gérault, repris depuis la guerre par M. Émile Henrion, industriel réfugié de Sedan.

MM. Mommers, Hollandais, fondèrent leur établissement à Lisieux en 1882. Leur père, M. Christian Mommers, qui avait débuté dans son pays comme simple ouvrier tisserand et était parvenu à monter, en 1860, une fabrique de draps à Tilbourg, dans les Pays-Bas, réussit à ouvrir des débouchés importants pour ses produits en France, où il se fit de sérieuses relations. Mais le tarif douanier français de 1882, substituant aux droits *ad valorem* des droits perçus sur le poids de la marchandise, gêna considérablement l'importation en France des draps fabriqués par M. Mommers en Hollande. Il prit alors la résolution d'établir deux de ses fils comme fabricants de draps en France, tout en en gardant deux autres pour diriger avec lui la maison-mère de Tilbourg. C'est ainsi que MM. Mommers vinrent installer leur manufacture à Lisieux, d'abord dans les bâtiments de l'usine Fleuriot, pris en location. Cette usine avait été construite vers 1850 par M. Méry-Samson, le beau-père de M. Fleuriot, pour la fabrication de draps imprimés et de spécialités en lainages pour la vente en Bretagne.

Les débuts de MM. Mommers furent difficiles. Cependant, au bout de quelques années leur affaire commençait à devenir prospère, lorsque des concurrents du Midi, avantagés par le bon marché et l'excellent rendement de la main-d'œuvre, se mirent à produire, à des prix de revient très inférieurs, des tissus du genre de ceux dans la fabrication desquels MM. Mommers s'étaient spécialisés. Ceux-ci durent abandonner la partie. Ils se rejetèrent sur la fabrication de nouveautés peignées genre Elbeuf. Mais ce genre demandait beaucoup de soins et une main-d'œuvre expérimentée. Le personnel instable dont disposaient MM. Mommers ne se prêtait nullement à cette fabrication. MM. Mommers créèrent alors une usine à Elbeuf, où ils comptaient établir leurs enfants, et durent à Lisieux changer encore une fois leur fusil d'épaule. Ils y entreprirent la fabrication de draps unis pour pardessus d'hommes et d'étoffes unies pour vêtements de dames et de fillettes. Après quelques difficultés du début, le succès s'affirma et permit l'extension de l'affaire par l'acquisition de l'usine d'Orival, construite entre 1840 et 1850, pour la filature de lin et le tissage de toiles, par M. Fournet, qui avait été à l'époque un ami de M. Guizot et l'un des principaux promoteurs de la prospérité industrielle de Lisieux. Ensuite, MM. Mommers firent l'acquisition en toute propriété de l'usine Fleuriot dans laquelle ils avaient débuté comme locataires en 1882.

MM. Mommers font dans leurs établissements toutes les opérations que comporte la fabrication des draps : l'effilochage, pour les besoins de leur production, la filature des laines, le tissage, le foulage, la teinture et l'apprêt. Avant la guerre, ils fabriquaient des draps en tous genres, fantaisie et unis, pour la consommation civile. Les matières premières transformées — laines de qualités supérieures et déchets de laine — étaient alors achetées tous les deux mois en ventes publiques à Roubaix et à Tourcoing, et quelquefois à Mulhouse. Les chiffons pour l'effilochage étaient fournis par des négociants au détail du département du Calvados et des départements limitrophes. Depuis la guerre, MM. Mommers fabriquent des draps bleu-horizon, pour les besoins de la Défense Nationale, et les matières premières leur sont fournies par l'Intendance.

L'outillage mécanique de la maison, relativement moderne ou modernisé, se compose de machines de construction en majeure partie belge et allemande et de quelques rares machines anglaises et françaises. Un certain nombre de ces dernières, de modèles spéciaux, mis au point par la maison, ont été construites dans l'important atelier, avec forge, que MM. Mommers ont installé à côté de leurs établissements de tissage. La maison compte actuellement 7.500 broches dans sa filature et 80 métiers à tisser. Ce matériel est actionné par une force hydraulique de 45 à 50 H. P. et par trois machines à vapeur pouvant développer ensemble une force de 600 H. P.

Toute la production était vendue, avant la guerre, en France, et la maison n'avait pas éprouvé le besoin de chercher d'autres débouchés.

Comme main-d'œuvre, MM. Mommers avaient employé, au début de leur installation à Lisieux, une centaine de Hollandais, ouvriers et ouvrières. Mais peu à peu ces Hollandais ont été entièrement remplacés par des ouvriers recrutés dans le pays. On pouvait, il y a une trentaine d'années, y recruter facilement une main-d'œuvre qualifiée. Mais, petit à petit, celle-ci s'est raréfiée. La maison a cependant formé par l'apprentissage un important contingent d'ouvriers qualifiés. Avant la guerre, son personnel se composait d'environ 300 ouvriers et ouvrières. Depuis la guerre, elle en fait travailler 250 à 275, dont un grand nombre de réfugiés belges. Pour le logement de son personnel la maison dispose d'une cité ouvrière comprenant 100 logements.

La draperie de M. Adeline a été fondée en 1881 et installée dans les bâtiments qui avaient été occupés jusqu'alors par les établissements Boislaurent. Ces derniers fabriquaient des articles spéciaux : petits draps frisés, ratinés et castorines, le tout en petites largeurs, pour la vente en Bretagne. Avant la guerre, la maison Adeline faisait également la fabrication de spécialités en tissus de laine cardée : feutres tissés industriels, feutres et flanelles pour encolleuses de tissages de laine et de coton, feutres pour chaussures, feutres pour machines à imprimer les journaux, ratinés, etc.. Les matières transformées étaient des laines lavées à dos, achetées dans les foires de Normandie et de l'Eure-et-Loir, ainsi qu'à Elbeuf, des laines demi-fines et pelures, de Mazamet et similaires, d'Argentine, d'Australie, des blousses des peignages du Nord et d'Angleterre, des ploquettes, des effilochés, etc.. Depuis la guerre, la maison fabrique surtout des draps de troupe et des bourres de douilles d'obus pour les besoins de la Défense Nationale. Elle a livré, en outre, des filés à une maison d'Elbeuf. Elle se procure, depuis la guerre, des laines un peu partout en France, et entre autre à Mazamet.

L'affaire de M. Adeline s'est développée progressivement. Jusqu'en 1885 la maison faisait travailler au dehors, à façon. En 1895, M. Adeline a transformé son établissement en usine à vapeur comprenant filature, tissage et apprêts. En 1913, il a monté une deuxième usine, et actuellement ses établissements réunissent des ateliers de filature, de tissage, de foulage, de teinture et d'apprêts.

L'outillage mécanique de la maison s'est accru petit à petit, au fur et à mesure du développement de ses affaires. De 600 broches d'abord, la filature a été portée en 1912 à 1600. Les métiers à tisser, de 13 en 1911, ont passé à 18 en 1912 et à 28 en 1917. Tout ce matériel, installé à des époques successives, est, selon la date de son installation, de construction plus ou moins moderne. Il est de provenances diverses. Les cardes et les métiers à filer sont de construction belge et viennent de Verviers. Sur les 28 métiers à tisser, 15 sont de fabrication allemande et les 13 autres ont été construits à Lisieux. La force motrice actionnant l'outillage s'est accrue en rapport avec l'agrandissement des installations. A une force hydraulique de 18 H. P. est venue s'ajouter, en 1895, une machine à vapeur de 50 à 55 H. P., et en 1914, M. Adeline a installé une machine pouvant lui fournir une force de 150 à 200 H. P.

La production de la maison a toujours suivi une marche ascendante: mais elle a surtout augmenté depuis la guerre. La filature, y compris le travail exécuté pour des tiers, a produit :

En 1913 : 50.640 kilos de filés.
En 1917 : 132.716 — —

Les 18 métiers mécaniques à tisser en activité en 1913 ont produit à cette date, y compris le tissage à façon, 793 pièces. Depuis la guerre, les 28 métiers dont dispose la maison ont produit :

En 1915 : 1.300 pièces tissées.
En 1916 : 1.921 — —
En 1917 : 2.313 — —

Avant la guerre, la maison écoulait les produits de sa fabrication exclusivement en France : les feutres industriels et les lainages étaient vendus à Paris, les feutres pour chaussures à Bordeaux et dans les Charentes. Sollicité d'exporter en Algérie, M. Adeline n'a pas voulu se lancer, estimant que sa maison n'était pas suffisamment outillée pour le commerce avec les Colonies. Depuis la guerre, la maison travaille surtout pour les besoins de la Défense Nationale.

Le personnel de la maison comptait avant la guerre, 60 ouvriers et ouvrières, recrutés dans la région. Le recrutement d'une main-d'œuvre suffisamment qualifiée y devenait cependant difficile, surtout en raison de la crise de l'apprentissage. Depuis la guerre, les réfugiés ont fourni un appoint suffisant de main-d'œuvre qualifiée et le personnel qu'emploie actuellement M. Adeline atteint 90 ouvriers environ.

Les Etablissements Gérault avaient été fondés vers 1860, On y fabriquait presqu'exclusivement du tissu épais rembourré par le procédé de la tontisse. Lorsqu'en 1915, M. Henrion acheta cette maison, elle était en pleine décadence. L'outillage qu'il y a trouvé, de construction française, anglaise et allemande, était ancien et complètement démodé. M. Henrion s'est empressé de se débarrasser de la plus grande partie de cet ancien matériel, qui est allé à la vieille ferraille.

Avant la guerre, M. Émile Henrion exploitait à Sedan une des plus importantes manufactures de draps de cette ville. Il y employait 500 ouvriers, faisait travailler 200 grands métiers à tisser et produisait 1.200.000 mètres de tissus par an. S'étant établi depuis la guerre à Lisieux et y ayant repris les anciens Etablissements Gérault, M. Henrion y a entrepris la fabrication de draps bon marché, composés presqu'exclusivement d'effilochages (laine renaissance) et destinés à la consommation civile, et de draps-feutres épais, principalement pour les besoins de la Défense Nationale. Son usine comprend un tissage, un apprêt et une teinture. Il y fait, en outre, l'effilochage et fait filer à façon au dehors les matières qui en proviennent en les mélangeant avec des laines neuves. Toutes les matières premières transformées sont de provenance française, à l'exception de quelques quantités insignifiantes achetées en Angleterre.

M. Henrion a monté son établissement de Lisieux avec un matériel neuf, de construction française et anglaise. Ce matériel est tout à fait moderne et considérablement plus important que celui qu'il avait trouvé lors de la reprise des anciens Etablissements Gérault. M. Henrion fait travailler actuellement 33 métiers, qui sont actionnés par une force hydraulique d'environ 20 H. P. et par une machine à vapeur de 60 H. P. Cette machine, de construction française ancienne, a été trouvée par M. Henrion dans l'usine qu'il a achetée et remise au point par des moyens de fortune. L'emplacement manque, d'ailleurs, actuellement pour en monter une nouvelle.

Le matériel moderne de M. Henrion lui a permis de quadrupler sa production depuis la reprise par lui de l'usine. Cette production s'élève actuellement à 600 mètres de tissus par jour, soit à 180.000 mètres par an. Elle aurait pu être accrue et améliorée, si, d'une part, un moteur électrique produisant une force à vitesse régulière pouvait être installé à l'usine, et si, d'autre part, M. Henrion avait eu plus de facilité de s'assurer le concours des filateurs à façon. Mais le travail de ceux de la région est entièrement absorbé par Elbeuf pour la fabrication de drap bleu-horizon. Dans ces conditions, M. Henrion se propose d'installer une filature à Lisieux et a déjà fait des commandes de matériel à cet effet.

La partie de la production des établissements de M. Henrion qui est destinée à la consommation civile, est vendue exclusivement en France, aux confectionneurs en gros et aux fabricants de chaussures.

Le personnel ouvrier de la maison se compose d'environ

100 ouvriers et ouvrières, dont 80 % ont été recrutés dans le pays, 10 % sont des réfugiés de Sedan, anciens ouvriers de la manufacture de M. Henrion, et le surplus, des réfugiés belges. M. Henrion ajoute aux salaires des pères et des mères de famille travaillant chez lui et ayant au moins trois enfants au-dessous de 15 ans, une majoration de 30 %; aux gains de ceux qui en ont quatre, une majoration de 40 %, et ainsi de suite jusqu'à 100 % aux gains de ceux qui en ont dix.

3) *LES FILATURES DE LAINE DANS L'ARRONDISSEMENT DE LISIEUX*

Entre Lisieux et Orbec, dans la délicieuse vallée de l'Orbiquet et dans celle de la Courtonne, se sont installées, à Saint-Martin-de-Bienfaite, à la Chapelle-Yvon et à Glos près de Lisieux, de petites usines qui filent la laine, généralement à façon, pour les besoins du tissage. Il en existe actuellement quatre, qui sont : la filature de M. Leprêtre à Glos, près de Lisieux, celles de M. Henri Martin et de M. Robert Martin à la Chapelle-Yvon et celle de M. Jeunechamps à Saint-Martin-de-Bienfaite.

La filature de M. René Leprêtre, à Glos, près de Lisieux, a été fondée vers 1860 par M. Leprêtre, le grand-père du propriétaire actuel. Primitivement établie à Angerville, près de Dozulé, elle a été transportée en 1884 à Glos pour être agrandie. Depuis sa fondation jusqu'à la guerre, successivement dirigée par son fondateur, ensuite, de 1893 à 1908 par son fils, M. Alphonse Leprêtre, et depuis cette époque par son propriétaire actuel, l'affaire s'est toujours développée normalement.

La filature Leprêtre a toujours travaillé à façon. Toute la matière première était fournie, avant la guerre, par les clients auxquels était destinée la production. Les filés étaient livrés principalement aux Établissements Gérault, à Lisieux, pour lesquels la maison travaille depuis près de 40 ans, et à une bonneterie d'Angers, pour laquelle elle travaillait depuis une douzaine d'années. Le reste allait à divers clients d'occasion. La maison transformait, avant la guerre, 500 kilos de laines et de déchets de laine par jour, soit environ 150.000 kilos par an. Depuis la guerre, la filature travaille, également à façon, pour les besoins de la Défense Nationale et les laines lui sont fournies par l'Intendance.

En 1912, M. Leprêtre avait entrepris de faire de l'effilochage et avait monté dans son usine les installations nécessaires à cet effet. Cette fabrication était faite à forfait et les chiffons étaient achetés dans la contrée et principalement à Lisieux. La maison transformait 120 kilos de chiffons par jour, soit environ 35.000 kilos par an. Mais depuis la guerre, elle ne fait plus d'effilochage, la région de Tourcoing, où elle écoulait cette partie de sa production, ayant été envahie par l'ennemi.

L'outillage de la filature est de construction française ancienne. En 1910, M. Leprêtre avait augmenté son matériel, et quelques machines, faisant partie d'un lot acheté d'occasion à cette époque, avaient été construites à Lisieux, aux ateliers Chrétien, fermés depuis 1912 à la suite de mauvaises affaires. La filature compte 1382 broches. Pour l'effilochage, le matériel avait été construit aux ateliers Legoff-Follin, à Lisieux.

La force motrice est fournie par une machine à vapeur demi-fixe de 25 H. P., de construction française, avec chaudière française également. En outre, une roue hydraulique, marchant jour et nuit, peut fournir une force de 15 H. P. Mais le fonctionnement de cette roue, actionnée par les eaux de la Courtonne, est actuellement gêné par les dérivations de courant faites au profit des irrigations. En effet, depuis la mobilisation, les femmes restées dans les fermes ouvrent et ferment les barrages sans s'occuper de la régularité qui doit être apportée à ces opérations, afin de ménager un débit d'eau suffisant pour les besoins de l'industrie.

Pour la production de la lumière électrique d'environ 150 lampes, M. Leprêtre possède une dynamo de construction française. Enfin, ses deux fils, qui sont mécaniciens, ont installé à l'usine un atelier de réparations avec forge.

Le personnel se composait, avant la guerre, de 28 à 30 ouvriers et ouvrières, recrutés dans le pays, travaillant de père en fils dans la maison, formés par celle-ci et spécialisés dans leur métier. M. Leprêtre compte parmi son personnel des ouvriers qui depuis 30 ans travaillent dans son établissement. Le nombre de ses ouvriers est resté à peu près le même depuis la guerre. Toutefois, dès avant celle-ci, le recrutement de la main-d'œuvre devenait de plus en plus difficile dans la contrée. On y trouvait surtout difficilement des fileurs, les jeunes gens se portant, de préférence, vers les industries mécaniques, l'automobilisme et l'électricité. M. Leprêtre réussit cependant encore à recruter et à former des apprenties parmi les jeunes filles. L'alcoolisme, qui est la plaie du pays, a fait sentir ses conséquences désastreuses parmi le personnel de M. Leprêtre relativement moins qu'ailleurs. La sélection de ce personnel et la surveillance exercée en sont les raisons. D'ailleurs, le renchérissement de l'alcool, à la suite des dernières mesures prises par le Gouvernement, a sensiblement diminué la consommation de ce poison. Pour le logement de son personnel, M. Leprêtre loue tous les locaux disponibles dans le voisinage de son usine, car depuis la guerre, les ouvriers, qui, autrefois, habitaient généralement Lisieux, cherchent à éviter la perte de temps qu'occasionnent les déplacements.

Parmi les améliorations utiles à son établissement, M. Leprêtre souhaiterait le rétablissement d'une gare de

marchandises à la halte de Glos, où cette gare avait été supprimée en 1890 ou en 1891, et le rattachement de son usine au réseau des téléphones.

La filature de M. Henri Martin, « *l'Usine de la Meule* », à la Chapelle-Yvon, a été fondée il y a une cinquantaine d'années environ par le père du propriétaire actuel. Détruits par un incendie en 1888, les bâtiments de l'usine ont été reconstruits et agrandis, sans que la puissance de production de l'établissement en ait été accrue. Avant, comme depuis la guerre, la maison a toujours travaillé à façon : la matière première est fournie par les établissements auxquels les filés sont livrés. La maison transformait, avant la guerre, des mélanges de laine et coton. Sa production était de 80.000 à 90.000 kilos de filés par an et était destinée à des manufacturiers d'Elbeuf. Depuis la guerre, la maison ne travaille plus que de la laine pure, pour les besoins de la Défense Nationale. Les quantités fabriquées sont restées depuis la guerre à peu près les mêmes qu'avant.

L'outillage mécanique de la maison est de construction française ancienne et n'a pas été modernisé. L'usine compte 1350 broches. Le matériel est actionné par une force hydraulique de 16 à 18 H. P. et un moteur à gaz pauvre de 18 H. P. Le fonctionnement de la force hydraulique est toutefois gêné par le régime des eaux de la contrée. Les propriétaires riverains du cours d'eau détournent en tout temps, sauf à l'époque de la récolte, une grande partie du courant pour l'irrigation des prairies, au grand préjudice des usines utilisant les chutes d'eau. Si les irrigations étaient faites du samedi au lundi, l'usine de M. Henri Martin aurait pu utiliser plus complètement sa force hydraulique et faire de notables économies sur le combustible, car son moteur à gaz pauvre aurait eu, dans ce cas, moins de force à fournir.

Le personnel se composait, avant la guerre, de 25 ou-

vriers et ouvrières. C'était une main-d'œuvre qualifiée, française, principalement recrutée dans la contrée. Depuis la guerre, le personnel est réduit à 18 ouvriers et ouvrières, dont un sursitaire et deux réfugiés belges. L'alcoolisme fait de profonds ravages dans la région. D'autre part, le recrutement de la main-d'œuvre donne lieu à des difficultés, à cause de l'absence de logements ouvriers dans la contrée.

La filature de M. Robert Martin, « *l'Usine de la Rose* », à la Chapelle-Yvon, a été installée en 1900 dans les bâtiments d'un ancien établissement industriel de la contrée. Avant la guerre, travaillant à forfait et transformant des matières premières qu'elle achetait elle-même chez les effilocheurs de Lisieux, la maison filait la laine, les déchets et les effilochages de laine et des mélanges de laine et coton. Sa production était vendue, en grande partie, aux tisseurs des Vosges pour la fabrication d'articles à très bon marché. La production moyenne d'avant-guerre s'élevait à environ 80.000 kilos de filés par an. Depuis la guerre, la maison ne travaille plus qu'à façon pour les besoins de la Défense Nationale. Elle transforme des laines pures seulement qui servent à la fabrication du drap bleu-horizon. Au point de vue quantité, la production est à peu près la même qu'avant la guerre.

L'outillage mécanique, acheté d'occasion à Elbeuf en 1900, à l'époque de l'installation de l'usine, est de construction française et avait été fabriqué aux Établissements Mercier à Louviers, dans l'Eure. La maison dispose de 1660 broches. Cet outillage est actionné par une force hydraulique de 18 H. P... Toutefois, le fonctionnement de la roue hydraulique est gêné par le régime des eaux existant dans la contrée. L'eau est détournée en tout temps au profit de l'irrigation des prairies et au préjudice des usines.

Le personnel se composait, avant la guerre, d'une ving-

taine d'ouvriers et d'ouvrières recrutés dans la région. Depuis la guerre, la maison emploie 18 ouvriers et ouvrières dont deux réfugiés du Nord et deux Belges. Le recrutement de la main-d'œuvre donne lieu à des difficultés, en raison de l'absence de logements ouvriers dans la contrée.

La filature de M. Joseph Jeunechamps, à Saint-Martin-de-Bienfaite, a été fondée en 1900 et n'a pas subi de transformations depuis son installation. La maison a toujours travaillé à façon, transformant, avant la guerre, les matières premières qui lui étaient fournies par des fabricants de drap des départements de la Seine-Inférieure, de Seine-et-Oise et de l'Oise. Depuis la guerre, elle ne travaille plus que pour les besoins de la Défense Nationale. La production avait atteint, avant la guerre, une moyenne de 90.000 kilos par an. Depuis 1915, par suite du manque de main-d'œuvre, elle a diminué de 40 % environ.

L'outillage mécanique est de construction française. Il n'a pas été renouvelé depuis la fondation de l'usine. Celle-ci compte 800 broches. Ce matériel est actionné par une force hydraulique de 12 H. P.

Le personnel se composait, avant la guerre, de 15 ouvriers et ouvrières recrutés dans le pays. Depuis la guerre, M. Jeunechamps n'a plus que 12 ouvriers et ouvrières, dont un réfugié.

Pour l'avenir, M. Jeunechamps, qui est âgé, n'envisage pas un grand développement possible de son établissement, à cause des difficultés de main-d'œuvre, ainsi que de transport, la halte de Saint-Martin-de-Bienfaite ne comportant pas de gare de marchandises.

L'établissement de la Société Anonyme des Filatures de Thiéville, à Thiéville, près de Saint-Pierre-sur-Dives, est actuellement en pleine période de transformation. La Société qui en a entrepris l'exploitation est de constitution toute récente et voici quelle est la genèse de l'affaire.

Avant la guerre, les manufactures de draps nouveautés de la Société Marcel Olivier, David et Cavelier, à Elbeuf, se servaient de fils peignés en provenance de Roubaix et de Tourcoing pour la majeure partie des articles fins qui étaient la spécialité de la maison. Depuis la guerre, les approvisionnements en filés peignés de Roubaix et de Tourcoing sont devenus impossibles. D'autre part, MM. Marcel Olivier, David et Cavelier ont entrepris la fabrication de draps militaires pour les besoins de la Défense Nationale. Il leur fallut donc se procurer de la laine filée. Mais tous les filateurs de laine cardée, tant à Elbeuf que dans toute la région, avaient déjà toute leur production réservée aux usines qui fabriquaient le drap militaire dès avant la guerre où à celles qui depuis avaient précédé MM. Olivier, David et Cavelier dans cette fabrication. Ceux-ci s'adressèrent à l'Intendance, envers laquelle ils avaient pris des engagements, et lui demandèrent de faire réquisitionner une vieille filature inexploitée pour la mettre à leur disposition. La réquisition fut faite, mais la production de l'usine fut au-dessous des besoins de la fabrication. En outre, pour assurer la production habituelle de leur tissage, MM. Olivier, David et Cavelier avaient à se procurer une quantité de fil deux fois plus importante que celle qui leur était nécessaire pour les livraisons à l'armée. Il fallait donc chercher ailleurs. C'est alors que leur fut proposée l'acquisition de la filature de Thiéville.

Celle-ci avait été fondée, il y a une cinquantaine d'années, par M. Aumont et reprise ensuite par M. Plantefol. On y travaillait du coton et des déchets de coton pour la fabrication du fil destiné exclusivement à la bonneterie. L'outillage qui s'y trouvait était du bon matériel d'occasion, de construction relativement récente, de provenance en majeure partie belge ou anglaise, avec très peu de machines françaises. L'usine comptait 8.100 broches. Ce matériel était actionné par une force hydraulique de 25 H. P. et une machine à vapeur, de construction française, de 200 H. P., avec chaudière très ancienne, française également. Si cette chaudière avait été remplacée par une autre, plus moderne et mieux appropriée, la machine aurait pu fournir une force de 300 H. P. Le personnel se composait de 160 ouvriers et ouvrières, tous du pays, pour la plupart vieillis dans la maison dont M. Plantefol, qui était maire de la commune, ouvrait largement les portes à ses administrés.

L'établissement de M. Plantefol était beaucoup trop important pour les seuls besoins de MM. Olivier, David et Cavelier. Ils cherchèrent donc d'autres industriels se trouvant dans le même cas que le leur, pour s'associer avec eux. M. Gaston Laîné, industriel de Reims, dont l'établissement avait été brûlé par les Allemands, M. Quidet, fabricant de drap d'officier à Elbeuf, et M. Gravier, fabricant de bonneterie à Salbris, dans le Loir-et-Cher, entrèrent dans la combinaison et formèrent avec MM. Marcel Olivier, David et Cavelier la Société Anonyme des Filatures de Thiéville. Chacune des maisons intéressées s'y est réservé une part correspondant à l'importance du matériel qu'elle se propose d'occuper pour ses besoins.

La Société a été constituée en 1917 et aussitôt la transformation des anciens établissements Plantefol fut commencée. La fabrication des filés de coton y a été maintenue, et à cet effet une partie de l'ancien outillage a été laissée en état. Mais il fallait en transformer une autre partie et commander des renvideurs en Angleterre pour les fabrications de filés de laine et des mélanges de laine et coton. Étant donnée la période de transformation dans laquelle se trouve encore l'entreprise, il est difficile de préjuger quelle sera, d'une façon précise, l'importance de sa production. Celle-ci est destinée, en partie, aux besoins de la Défense Nationale et en partie à des fabrications pour la consommation civile. Les matières premières nécessaires à ces dernières sont achetées : les cotons dans la région rouennaise, et les laines à Mazamet ou ailleurs en France et même en Angleterre. Les laines pour la fabrication du drap bleu-horizon sont fournies par l'Intendance.

Depuis la reprise de l'affaire par la Société, le personnel de la filature a été réduit à 90 ouvriers et ouvrières, recrutés parmi des éléments très divers. Cette main-d'œuvre est composée de gens du pays et de réfugiés des régions envahies. Mais elle ne comprend que des ouvriers qualifiés.

A Lisieux même, un ancien fabricant de draps, devenu effilocheur, M. Jansen, d'origine hollandaise, fait actuellement, entre autres, de la filature de laine à façon. Mais cette partie de sa production n'en est ni la principale, ni la plus importante. Nous parlerons donc des établissements de M. Jansen dans le chapitre consacré à l'effilochage.

4) *LA DRAPERIE A VIRE*

Vers le milieu du XIVe siècle, on fabriquait à Vire un tissu à chaîne de fil et à trame de laine, qu'on nommait la *tirtaine*. Les vêtements-faits avec cette étoffe avaient remplacé ceux qui auparavant étaient confectionnés avec des peaux de moutons. Des habitants de Coutances, proscrits en 1378 par Charles V et réfugiés à Vire, y auraient introduit, d'après la tradition, la fabrication des draps. Cette industrie s'y est implantée depuis lors. Elle s'y est maintenue jusqu'à nos jours, non sans avoir passé par de multiples vicissitudes.

Vers le milieu XVI siècle, elle semble avoir atteint une certaine importance. Il y avait en 1540, sur les cours de la Vire et de la Virène, près de Vire, 43 moulins foulons, sans compter d'autres établissements pour le travail des laines. Toutefois, les tissus fabriqués alors dans cette région semblent avoir été des étoffes très simples, à l'usage des habitants des campagnes. M. Butet-Hamel, ancien bibliothécaire de la ville de Vire, auquel nous devons des recherches restées, malheureusement, fragmentaires et des indications bibliographiques intéressantes sur le passé de l'industrie drapière de cette ville, cite le témoignage de Bourgueville de Bras rapportant qu'à cette époque on fabriquait à Vire ainsi qu'à Tessy et à Pontfarcy, de grandes quantités de draps bon marché qui étaient vendus dans tout le royaume pour la confection des vêtements des « pauvres villageois ».

La colonisation du Canada et ensuite celle de la Guyane, ouvrirent d'importants débouchés à la production drapière de Vire. Le commerce d'exportation, dont les débuts remontent vers 1535 ou 1540, devint pour cette industrie une source de grande prospérité pendant une période très prolongée. Mais l'abandon du Canada par la France, à la suite du traité de Paris de 1763, porta une sensible atteinte à la draperie viroise en mettant un terme à ses exportations. La fabrication des draps tomba de 20.000 pièces par an à 6.000 et ce déclin dura jusqu'à la Révolution.

Les draps de Vire avaient jusqu'alors rivalisé de qualité avec ceux de Rouen et d'Elbeuf. Les procédés de fabrication n'avaient cependant guère beaucoup varié à Vire depuis l'origine de son industrie drapière jusqu'au milieu du XVIIIe siècle, lorsqu'on y introduisit l'emploi de la navette volante et qu'on y adopta la teinture en bleu à la cuve. Jusqu'alors, cette teinture ne se faisait pas à Vire même. Les draps étaient envoyés pour être teints à Falaise. Ce fut un sieur Gilard, venu s'installer à Vire, qui y introduisit ce mode de teinture. Celui-ci y fut ensuite perfectionné et développé.

La liberté industrielle et les fournitures de draps aux

armées pendant les guerres de la Révolution et de l'Empire donnent un regain de vigueur à l'industrie drapière de Vire. « Dès la première campagne d'Italie, dit M. Butet-Hamel, la fabrique viroise fournit aux armées une grande quantité de draps de troupe, et elle continue ce genre de fabrication sous le Premier Empire, et jusqu'à la fin du règne de Louis-Philippe. C'est la belle époque du drap bleu de Vire ».

Les draps de troupe fabriqués à Vire à l'époque des campagnes d'Italie furent connus sous le nom de *cisalpins*. Les documents du temps abondent en témoignages sur le travail actif auquel avait donné lieu alors la reprise de l'industrie drapière dans cette ville et dans les campagnes environnantes. La population du Bocage normand et de l'arrondissement de Vire en particulier était alors beaucoup plus dense qu'elle ne l'est actuellement. Dans un ouvrage intitulé « Topographie rurale, économique et médicale du Bocage », publié à Caen, chez Delaunay, en l'an VI, le citoyen Roussel, qui fut plus tard médecin en chef de la division du maréchal Lannes, atteste que ce pays était habité par un peuple nombreux et laborieux. En effet, d'après les tableaux du mouvement de la population de 1780 à 1804, empruntés à l'ouvrage de M. Dubosq de la Roberdière « Recherches sur la scarlatine angineuse », paru à Vire en l'an XIII, M. Butet-Hamel constate qu'à cette époque, à Vire, sur une population de 8.000 habitants, il y avait par an une moyenne de 303 naissances et de 223 décès, soit un excédent de 80 naissances, alors que d'après les statistiques de 1912 et de 1913, publiées par les journaux locaux, sur une population tombée à 6.000 habitants environ, la moyenne annuelle des naissances était de 99 et celle des décès de 186, soit un excédent de 87 décès. Enumérant les sources nombreuses de la prospérité qui existaient à l'époque de la Révolution dans ce pays, le citoyen Roussel fait mention de l'industrie drapière. « Vire, dit-il, tient une fabrique de draperie qui vivifie la ville et les environs »; et en faisant ressortir les mœurs industrieuses de la population, il remarque, entre autres, que les enfants de six à sept ans épluchent la laine et qu'à un âge plus avancé ils la filent.

Ainsi que suffit à l'indiquer cette simple remarque, la fabrication des lainages était, à cette époque, dans la région de Vire une industrie à laquelle la population travaillait à domicile, tant en ville que dans les campagnes. Le caractère domestique de cette industrie est attesté par un autre document contemporain « le Tableau des Etablissements de fabriques et manufactures de l'arrondissement de Vire », dressé par la Chambre Consultative des Arts et Manufactures de l'arrondissement le 4 mars 1807. D'après ce document, retrouvé par M. Butet-Hamel dans les archives municipales, la manufacture de draps de Vire se composait d'environ 600 fabricants pour leur compte, dont la plupart mettaient la main à l'œuvre et travaillaient dans leurs maisons particulières. Le nombre des ouvriers employés aux fabrications s'élevait à 4.000.

Cette industrie travaillait des laines provenant principalement des départements du Calvados, de la Manche, de la Sarthe, du Loiret, d'Indre-et-Loire et de la Vienne. Les quantités transformées étaient évaluées à 250.000 kilos par an. Mais la production des draps était très variable d'une année à l'autre. Les fluctuations dépendaient de l'importance des achats d'étoffes par le Gouvernement pour les besoins de l'armée et exerçaient leur répercussion sur le nombre d'ouvriers occupés à la fabrication. La période de la plus grande prospérité semble avoir été celle de 1807 à 1812, année où la production atteignit son maximum d'alors, avec 29.485 pièces de drap. Une correspondance du maire de Vire, en date du 4 mars 1812, retrouvée par M. Butet-Hamel, indique les noms des principaux commerçants et fabricants de draps de la ville et fait mention, entre autres, de l'application des premiers procédés mécaniques dans les établissements de quelques-uns de ces derniers. Ainsi, la fabrique la plus considérable, celle de M. Queillé-Châtel « *était établie par mécanique à bras* »; une autre faisait usage de laine « filée à la mécanique ».

L'introduction de la mécanique dans la draperie viroise date de 1809 ou de 1810. On vit apparaître d'abord quelques cardes et quelques machines à filer la laine. Leur emploi se généralisa bientôt et provoqua une révolution dans le cardage et la filature. Le nombre des ouvriers employés précédemment à ce travail diminua bientôt des trois-quarts. Des laineries et des tondeuses vinrent ensuite simplifier le travail. Les moulins-foulons furent perfectionnés. Les parties principales de la fabrication ne furent plus faites qu'au moyen d'un outillage mécanique. Son application de plus en plus généralisée réduisit encore le nombre d'ouvriers employés et apporta de grandes et rapides améliorations dans la production. L'un des industriels les plus considérables de Vire à l'époque, M. Tirel, fournisseur du Gouvernement, « jette en ce moment, rapporte encore la même correspondance, les fondements d'une manufacture en grand par mécanique au moyen de l'eau ». Cet industriel fit venir de Verviers plusieurs assortiments de machines et engagea à grands frais des contre-maîtres et des ouvriers étrangers pour les conduire.

La fin des guerres de l'Empire et la diminution des fournitures de draps pour l'armée qui s'en suivit semblent avoir provoqué une crise assez brusque dans l'industrie de Vire, qui avait occupé précédemment de 3.000 à 3.500 ouvriers dans la ville et autant dans les campagnes. Cette crise ne se prolongea cependant pas trop longtemps. Une reprise et un accroissement de la production survinrent sous la Restauration. Un ouvrage paru en 1819, « L'examen analytique de la Topographie et de la Constitution médicale de l'arrondissement de Vire », du docteur Michel Asselin, en témoigne en ces termes : « Vire possède une fabrique considérable de drap dont le zèle et les sacrifices de ses négociants en mécaniques de tout genre ont établie la rivale d'Elbeuf. Les femmes, les enfants, apprêtent la laine et la filent, les hommes fabriquent le drap : les uns sont tisserands, les autres tondeurs, puis viennent les teinturiers, les foulons et la classe ingénieuse des mécaniciens. Les campagnes environnantes partagent ces avantages. Saint-Germain de Tallevende fournit des tisserands, Vaudry, Truttemer-le-Grand, Champ-du-Boult, Saint-Sever, doivent à des chefs aussi estimables qu'ils sont actifs des établissements beaux et sains, où l'enfance vient échanger sa misère avec l'habitude du travail.»

Cette prospérité nouvelle, correspondant aux premiers débuts du développement de la grande industrie en France au XIX° siècle, est marquée à Vire par de nouveaux progrès du machinisme. Si, d'après une statistique de 1824, sur les 150 à 160 fabricants de drap, il n'y en avait que 8 ou 9 dont les établissements étaient de véritables usines, alors que tous les autres faisaient travailler à façon, l'usage des machines avait déjà rendu plus de 3.000 bras à l'agriculture et les campagnes ne concouraient plus au travail de la draperie que dans les localités où se trouvait quelqu'établissement industriel. Cette rapide décroissance de la petite industrie domestique de la laine dans les campagnes semble avoir été provoquée également par les fluctuations de la production, avec lesquelles l'industrie drapière avait toujours à compter à la suite de resserrements dans ses débouchés. Les petits fabricants, qui n'avaient pas de véritables usines et ne faisaient travailler qu'à façon, étaient atteints les premiers et congédiaient aussitôt une grande partie des ouvriers qui dans les campagnes travaillaient pour leur compte.

Utilisant les chutes d'eau de la Vire, de la Virène et du

ruisseau de Blon, favorisée par une main-d'œuvre abondante et à bon marché et se distinguant par les aspirations modestes de ses dirigeants, heureux, d'après un témoignage contemporain, de se retirer des affaires avec 1.500 à 1.800 fr. de rentes, l'industrie drapière de Vire pouvait, à cette époque, établir pour ses produits des prix inférieurs à ceux des fabrications similaires d'autres villes de France, et même d'Elbeuf, et lutter avantageusement contre ses concurrents. D'après un autre document, une lettre adressée au président de la Chambre Consultative des Arts et Manufactures de Vire et datant également de 1824, il ressort que presque toute la production drapière de cette ville était vendue en France. Les petits fabricants, qui n'avaient pas d'usines et faisaient tout faire à façon, n'avaient pas d'autres débouchés que Paris et les foires de Saint-Denis, qui avaient lieu en février, en juin et en octobre. Deux industriels de Vire seulement avaient fait quelques exportations de belles draperies à la Martinique, au Portugal et au Pérou.

En 1837, d'après une notice de M. Chemin, publiée dans l' « Annuaire de l'Association Normande », on comptait à Vire et dans les environs 27 établissements complets de cardage et de filature et 2 d'apprêts, disposant ensemble de 91 ½ assortiments, soit de 183 cardes. Les matières premières transformées représentaient 550.000 livres de laine, estimées à 2.750.000 francs. La production annuelle avait atteint 18.000 pièces de 20 aunes et était évaluée à 4.681.000 francs et le nombre d'ouvriers employés s'élevait à 3.000. Selon le témoignage contemporain, la main-d'œuvre était à cette époque très abondante dans la région.

En 1855, M. Morière place l'industrie drapière de Vire aux côtés de celles d'Elbeuf, de Louviers et de Sedan. Les progrès avaient été remarquables pendant les dix années qui avaient précédé l'Exposition Universelle de

1855 à Paris. Alors qu'auparavant on ne fabriquait encore à Vire que des draps dits « *double broche* », « *cuir de laine bleue* » et « *noir de plomb* » on s'y était mis à fabriquer, pendant cette période, des draps et des castors de toute nuance, ainsi que des draps-satins bleus et noirs. Un fabricant, M. Lenormand, venait d'ajouter à ces différents genres des variétés dites « *peaux d'agneaux frisées et ondulées* », ainsi que des imitations de velours. A l'Exposition, les vitrines d'aucune industrie ne présentaient, d'après le rapport de M. Morière, une variété plus grande de produits, ni à des conditions plus avantageuses, que celles de l'industrie drapière de Vire. La production annuelle de celle-ci s'était élevée, à cette époque, à environ 30.000 pièces de 25 à 28 mètres. Les prix variaient de 8 à 16 francs le mètre. Les matières premières transformées étaient des laines de toison de Falaise, ainsi que des laines de Brie et de Beauce. Le nombre d'ouvriers employés à la fabrication était estimé à 3.000. M. Morière cite une longue liste de fabricants virois ayant obtenu des récompenses à l'Exposition Universelle de Paris en 1855. Un certain nombre de ces exposants avaient été précédemment médaillés aux expositions universelles de Londres, en 1851, et de New-York.

Les traités de commerce de 1860 marquèrent le début d'une période de décroissance pour l'industrie drapière de Vire. Celle-ci, pendant la longue période de sa prospérité au milieu du XIXe siècle,n'avait pas su s'adapter aux méthodes qui font la force des grandes industries modernes. Elle était restée divisée, familiale, son outillage s'était démodé. La lutte contre des concurrents plus avisés, plus puissants, devenait impossible et les fabriques commencèrent à fermer les unes après les autres. A l'époque de la guerre de 1870, le déclin était complet : il restait bien encore quelques usines, mais la plupart avaient déjà été abandonnées.

C'est alors, après la perte de l'Alsace et de la Lorraine, que vinrent s'installer à Vire, les drapiers de Bischwiller. Cette ville, où la fabrication des draps avait été introduite, au commencement du XVIIe siècle, par des réfugiés protestants, venus de France, de Belgique et de Suisse, était devenue, sous le Second Empire, un centre important de production de lainages. En 1860, on y comptait près de 1250 métiers à tisser et les étoffes fabriquées étaient évaluées à 13 millions de francs par an. La municipalité de Vire fut heureuse d'accueillir les industriels alsaciens avec leurs ouvriers et leur matériel. Elle assuma même une partie des frais de transport de leur outillage. C'est ainsi que huit établissements de filature et de tissage transportés d'Alsace s'installèrent à Vire et qu'un millier d'ouvriers alsaciens vinrent se fixer dans cette ville et dans ses environs. Cette installation fut marquée à ses débuts par une période de prospérité qui dura une dizaine d'années. Mais elle fut suivie d'une crise de dépression profonde qui ne fut qu'une manifestation de la situation générale de l'industrie drapière en France à cette époque. Cette industrie avait eu à souffrir alors de la surproduction, de la concurrence allemande et de l'absence de débouchés coloniaux suffisants. La plupart des maisons alsaciennes de Vire et toutes les anciennes maisons indigènes qui avaient encore survécu, succombèrent et furent obligées de liquider leurs affaires. Seules, la manufacture de MM. Zimmermann et Berger, actuellement Berger frères successeurs, et la filature des Vaux de MM. Kablé et Héroult ont pu surmonter les difficultés et existent toujours.

La manufacture de draps de MM. Zimmermann et Berger avait été fondée à Bischwiller en 1850 et transportée à Vire en 1872.

Au début de l'installaiton dans cette ville, le tissage était fait sur métiers à la main, comme il l'était à Bischwiller, et la plus grande partie du travail était exécutée par des ouvriers à domicile. MM. Berger ont d'ailleurs encore trouvé à Vire et dans les environs une population de tisserands qui possédaient des métiers. Vers 1876-1877, MM. Berger ont commencé à remplacer le tissage à la main par le tissage mécanique et petit à petit tous leurs ouvriers ont été réunis à l'usine. Cette concentration s'est opérée sans résistance de la part du personnel ouvrier, et 40 métiers mécaniques ont ainsi pris la place de 150 métiers à la main. Depuis cette époque et jusqu'à la guerre actuelle, à la suite d'agrandissements successifs, le nombre des métiers a été porté de 40 à 90.

Les articles fabriqués par MM. Berger sont des étoffes pour confection pour hommes et pour dames, qui trouvent leurs débouchés principalement à Paris, des draps noirs légers pour crêpes de chapeaux et de brassards et des spécialités en draps de couleurs pour l'habillement des indigènes de l'Algérie, de la Tunisie et du Maroc.

Les matières premières transformées étaient, avant la guerre, des blousses, des laines et des déchets de laine provenant des régions de Roubaix, de Tourcoing et de Reims. Depuis la guerre, ces matières sont importées d'Angleterre. La laine était filée à façon à la filature Kablé et Héroult. Mais depuis la guerre, une partie de la production de cette filature ayant été réservée aux besoins de la Défense Nationale, la production de MM. Berger en a été d'autant diminuée. En février 1918, le principal corps de bâtiment de l'usine Kablé et Héroult a été détruit par un incendie et la manufacture de MM. Berger a été, à la suite de ce sinistre, pendant quelque temps arrêtée. Pour occuper leur personnel, MM. Berger ont accepté de tisser et d'apprêter à façon pour le compte d'un industriel d'Elbeuf. Ils espéraient pouvoir remarcher pour leur propre compte dans le courant de l'été. Mais l'évacuation de la région d'Amiens et l'arrêt des filatures de cette ville et de celles de Villers-Bretonneux, où on produisait 70 % de la fabrication des fils peignés qui s'était encore maintenue en France après l'invasion de la région de Roubaix et de Tourcoing, fait craindre une nouvelle diminution de la production de l'usine de MM. Berger et même une fermeture de leur établissement, si la maison d'Elbeuf pour laquelle ils travaillent ne peut plus leur fournir de filés.

L'outillage mécanique de la manufacture comprend 90 métiers de construction moderne, française ou belge. Ceux qui sont destinés à la fabrication d'articles légers ont été construits à Roubaix, ceux qui servent à la fabrication d'articles lourds, l'ont été à Verviers. Depuis la guerre, 50 ou 60 de ces métiers seulement ont fonctionné, selon la quantité de charbon ou de filés dont a disposé la maison. Celle-ci compte, en outre, comme matériel : des fouleuses, de construction française, à l'exception d'une seule qui est de construction allemande; des essoreuses et sécheuses, de construction française moderne, pour le carbonisage chimique des laines; des cuves en bois, fabriquées dans le pays, pour la teinture; des machines françaises modernes et quelques machines belges anciennes pour le garnissage; une rameuse, de construction allemande, à très gros rendement pour le séchage; des tondeuses de construction française moderne pour raser les tissus; des presses hydrauliques de construction française moderne et une presse à cylindres, de construction belge, également moderne, pour l'apprêt et le décatissage.

La force motrice est fournie par deux turbines hydrauliques, l'une de 60 H. P. et l'autre de 40 H. P., et par deux machines à vapeur, l'une de 150 H. P. et l'autre de 60 H. P. Tout ce matériel, ainsi que les chaudières, est de construction française.

La production de la maison s'élevait, avant la guerre,

à 600 ou 650 pièces de 50 mètres par mois. Depuis la guerre, la production mensuelle est descendue à 400 ou 425 pièces. La moitié de cette production de guerre est destinée aux besoins de la Défense Nationale et l'autre moitié à la consommation civile.

Le personnel ouvrier de la maison se composait, avant la guerre, de 160 à 170 ouvriers et ouvrières. Une partie en étaient des ouvriers émigrés d'Alsace et venus se fixer à Vire au moment où s'y installait la manufacture. Le reste avait été recruté dans le pays. Depuis la guerre, la maison fait travailler 130 ouvriers et ouvrières. Des éléments nouveaux ont été recrutés en notable quantité. La proportion des femmes a augmenté de 40 %. Des réfugiés ont été également embauchés. Certains d'entre eux ont donné toute satisfaction, mais d'autres, appartenant à certains éléments flottants, ont généralement abandonné le travail au bout de très peu de temps. Enfin, il est resté à l'usine un noyau de vieux ouvriers dont les rangs s'éclaircissent, malheureusement, toujours davantage. La main-d'œuvre employée aux établissements Berger est une main-d'œuvre qualifiée. La maison dispose de quelques logements pour son personnel. Mais la plupart des ouvriers trouvaient, avant la guerre, à se loger facilement et à bon compte dans la ville, la population de celle-ci ayant diminué par suite de la disparition d'une partie de ses anciennes industries et par suite de l'insuffisance de la natalité.

La Filature des Vaux, de MM. Kablé et Héroult, a été installée en 1872, après la perte de l'Alsace et de la Lorraine, dans les bâtiments de l'ancienne papeterie Désestables, près de Vire. Une partie des ateliers de l'usine a été détruite par un incendie en février 1918. Cette filature travaille exclusivement à façon et principalement pour la manufacture de MM. Berger frères. Elle ne prend de travail pour d'autres maisons que dans la mesure la plus limitée. Depuis la guerre cependant, la moitié de sa production a été réservée au besoins de la Défense Nationale. Sa production annuelle avait été de 240.000 kilos de filés en 1916 et en 1917.

Lors de son installation à Vire, l'établissement disposait de 6 assortiments de cardes et de 12 métiers à main, dits « *Mull Jenny* », formant ensemble 2.400 broches. Cet outillage a été progressivement complété et accru. Une transformation complète a été opérée en 1890. Les métiers à la main ont été supprimés et remplacés par des self-acting renvideurs; le nombre des assortiments a été augmenté, et avant la guerre, l'usine avait été dotée des derniers perfectionnements. Au moment de la déclaration de la guerre, MM. Kablé et Héroult attendaient la livraison de nouveaux renvideurs, sur lesquels ils avaient versé un acompte. Avant l'incendie qui a détruit une partie de leur établissement, ils disposaient de 4.200 broches. Le matériel de carderie de l'usine était de construction française, mais les renvideurs avaient été commandés à Verviers, en Belgique, attendu que les constructeurs français n'avaient pu en livrer de suffisamment perfectionnés et d'un rendement satisfaisant. La filature dispose d'une force hydraulique de 80 à 100 H. P. et avait une machine à vapeur de 120 à 150 H. P.

Le personnel de la maison avant, comme depuis la guerre, comprend 65 ouvriers et ouvrières, tous recrutés dans le pays. Le rendement de cette main-d'œuvre est au-dessous de la moyenne, la population locale étant peu instruite, lente, peu ardente au travail et profondément atteinte par l'alcoolisme.

L'industrie drapière à Vire n'est donc plus représentée que par deux établissements, une filature et un tissage, tous les deux momentanément atteints dans leur production par suite d'un sinistre qui a presque complètement paralysé le fonctionnement de l'un d'eux.

Mais la région de Vire a été dotée par la nature d'un élément particulièrement favorable au traitement des laines : les eaux claires de la Vire et de la Virène, qui coulent sur un fond de roches granitiques, sont d'une pureté remarquable et ne donnent à peu près aucun dépôt calcaire. Dans l'industrie en général et dans l'industrie textile en particulier, l'emploi d'une eau chimiquement presque pure confère de nombreux avantages, tant au point de vue des économies à réaliser que des bons résultats à obtenir dans les fabrications. L'eau pure se recommande pour l'alimentation des générateurs : elle diminue ou supprime les inscrustations et produit une vaporisation beaucoup plus économique. Dans les régions où l'eau est plus ou moins calcaire, on en abaisse le degré hydrotimérique au moyen de procédés chimiques combinés avec l'emploi d'appareils de divers systèmes. Mais ces procédés ne donnent jamais d'aussi bons résultats que l'usage d'eaux naturellement pures; ils sont coûteux et, en raison de leurs prix élevés, ils limitent la consommation de l'eau. Certaines régions privilégiées, telles que celles de Verviers, de Mazamet, de Vire, sont naturellement dotées d'eaux presque pures. Celle de la Vire titre environ deux degrès hydrotimétriques. Elle est excellente pour les emplois industriels et spécialement pour les lavages de laines. Ainsi, la limpidité cristalline des petites rivières qui cascadent au fond des vaux profonds de Vire est-elle, peut-être, le gage d'un nouvel et prochain essor d'une industrie qui a eu naguère un passé si brillant.

5) *L'INDUSTRIE LINIÈRE A LISIEUX*

L'industrie linière est fort ancienne dans le pays de Lisieux. Elle doit y remonter à une antiquité à peu près aussi reculée que celle qui y vit naître l'industrie de la laine. De très vieille date, la halle aux toiles avait existé dans la ville, en même temps que la halle aux frocs.

La culture du lin avait été très peu importante dans le département du Calvados dans les années qui avaient précédé la guerre. Elle y occupait 9 hectares en 1903, et 8 en 1910. Quelque relèvement s'est produit depuis cette date avec 26 hectares en 1911, 48 en 1912 et 42 en 1913. Un nouveau fléchissement était survenu pendant les deux premières années des hostilités : 22 hectares ont été cultivés en 1914 et 21 en 1915. Mais, à la suite d'une circulaire de M. le Ministre de l'Agriculture prescrivant aux autorités départementales d'agir auprès des syndicats agricoles pour stimuler la culture du lin, 90 hectares environ ont été cultivés en 1916 et 140 à 150 en 1917. Ces progrès sont limités presqu'exclusivement à l'arrondissement de Caen.

La culture du lin était beaucoup plus répandue dans le Calvados autrefois. En 1855, elle occupait dans ce département 331 hectares, dont 151 dans l'arrondissement de Vire, 133 dans celui de Lisieux et 20 dans le canton de Blangy, de l'arrondissement de Pont-l'Evêque.

A des époques plus reculées, alors que la capacité très réduite des moyens de transport ne permettait guère d'importer à des prix raisonnables de grandes quantités de matières pondéreuses et de valeur relativement inférieure et qu'aucune grande industrie n'existait encore pour les travailler, les lins étrangers ne pouvaient se déverser sur le marché de la France et la culture de cette plante textile était très répandue dans différentes parties de ce pays. La toile de lin, tissu d'un usage courant et commun, alors que les cotonnades n'avaient pas encore envahi tous les marchés, était un objet de première nécessité jusque dans les plus humbles chaumières. Elle était faite avec des lins indigènes. La villageoise filant sa quenouille, comme la bergère gardant ses moutons, sont bien des images qu'évoquent les idylles et les pastorales du bon vieux temps. Fileuses et tisserands s'étaient, en effet, multipliés dans les campagnes et leur petite industrie domestique, tout en procurant les tissus nécessaires au ménage, était également une source de petits gains qui venaient faire appoint aux revenus que donnait la culture.

Dans les diverses contrées qui ont formé le département du Calvados et où la culture du lin remonte à des temps très anciens, l'industrie linière a existé au moyen âge et jusqu'à la Révolution dans sa forme primitive et rurale. D'après des témoignages de contemporains, on peut en retrouver des vestiges certains jusqu'au seuil du XIXe siècle, non seulement dans la région de Lisieux, mais aussi dans celles de Condé-sur-Noireau et de Vire. Mais tandis que dans ces deux dernières, elle n'a pas survécu à sa phase domestique, elle a su se développer, au contraire, au cours du XIXe siècle, dans celle de Lisieux et y est devenue une grande industrie. La raison en est, peut-être, que dans les prairies du pays d'Auge cette industrie a trouvé pour le blanchissage des lins en plein air des conditions particulièrement favorables et que cette circonstance a permis aux toiles de ce pays, cretonnes et toiles dites de Vimoutiers, de conquérir leur si grande renommée.

C'est un certain Creton qui passe pour avoir été le premier à fabriquer à Lisieux le genre de toiles connues sous le nom de cretonnes depuis lors.

D'après l'enquête faite en juin 1837 par l'Association Normande sur les industries de l'arrondissement de Lisieux, les matières premières transformées par l'industrie linière y étaient évaluées à cette époque à 1.600.000 francs et sa production à 3.170.000 francs. Le nombre d'ouvriers était de 10.600 et celui des métiers à tisser de 3.200 à 3.300, dont quelques-uns dans les parties des départements de l'Eure et de l'Orne, limitrophes de l'arrondissement de Lisieux. Les tisserands travaillaient à domicile et on avait remarqué que leur réunion en ateliers n'était pas avantageuse : la moralité des ouvriers en souffrait, le tissage était moins bien fait et le prix de revient en était supérieur. Une partie de la fabrication se faisait à la navette volante. Mais la routine s'était jusqu'alors opposée à l'adoption de procédés nouveaux sur une plus grande échelle. Toutefois, la situation semble s'être modifiée bientôt à cet égard et des progrès très sérieux furent réalisés vers 1840 dans les procédés de fabrication. La filature du lin fut faite à la mécanique; dans le tissage, l'application d'un chasse-navette perfectionné permit d'augmenter la production. Celle-ci a quintuplé dans les 20 années qui se sont écoulées de 1835 à 1855. La qualité des toiles s'est sensiblement améliorée et le prix en a été réduit. D'après M. Morière, l'industrie linière était, vers le milieu du XIX° siècle, la plus importante de toutes dans la région comprise entre Lisieux, Vimoutiers et Bernay, par le nombre de personnes qu'elle y occupait.

Ce n'est cependant pas le tissage mécanique qui, à cette époque, avait pu exercer une influence sur la baisse des prix. D'une façon générale, il n'avait pas fait en France de bien grands progrès jusqu'alors. En effet, en 1853, on ne comptait guère dans tout le pays que 600 métiers mécaniques à tisser. Il y en avait 300 dans le département du Nord, 150 dans le Calvados et le reste était disséminé dans d'autres départements. Ce nombre était bien infime, comparé à celui de tous les bras occupés alors à chasser la navette. M. Morière évalue à un millier le nombre des ouvriers qui travaillaient dans les filatures de l'arrondissement de Lisieux et à 17.000 ou 18.000 le nombre des tisserands, trameuses, etc... dispersés dans les bourgs et les villages de la campagne environnante, sans tenir compte du nombreux personnel occupé à la culture, au sarclage, au rouissage et au teillage du lin.

Mais après la période brillante du milieu du XIXe siècle, le déclin de l'industrie linière de Lisieux a été dû à des causes analogues à celles qui déterminèrent la décadence de la draperie de cette ville. Les fabricants de toiles n'avaient pas suivi le progrès. Ils avaient ignoré les perfectionnements et les méthodes modernes et n'avaient pu lutter contre leurs concurrents d'Armentières et de Lille. A la veille de la guerre actuelle, il n'y avait plus dans la région de Lisieux que deux établissements pour la fabrication des toiles de lin. Des industriels réfugiés du Nord y sont venus depuis, les uns, infuser un sang nouveau à l'une de ces vieilles entreprises, les autres, en créer une nouvelle dans la vallée de l'Orbiquet.

Les trois établissements qui représentent actuellement l'industrie linière dans la région de Lisieux sont :

la Manufacture de toiles Laniel père et fils, à Beuvillers,

la Manufacture de toiles de MM. A. Wicart, anciens établissements Mery-Samson, à Saint-Jacques-de-Lisieux,

et la filature de lin de la Société des Etablissements Agache fils, à la Chapelle-Yvon.

La manufacture de toiles Laniel père et fils est le plus ancien de ces trois établissements. La maison a été fondée en 1806 et ne s'occupait alors que de fabrications à la main. En 1848, M. Eugène Laniel, père du chef actuel de la maison, a créé le tissage mécanique de Beuvillers, qui fut le premier de toute la Normandie. Depuis une trentaine d'années une filature à sec et au mouillé a été installée par la maison à Saint-Germain-de-Livet et doit être transportée en 1919 à Beuvillers, à côté du tissage, dans des bâtiments actuellement en construction. Ces installations sont complétées par une blanchisserie de toiles à Lisores. La maison a un dépôt de marchandises à Rouen.

Les articles fabriqués sont des toiles de ménage pour draps, chemises, torchons, des damassés pour linge de table, serviettes et nappes. Ce sont les beaux articles, dits toiles de Vimoutiers, en tout lin, sans aucune addition de coton. Ils sont d'ailleurs bien connus et ont figuré aux expositions universelles de Paris en 1855, 1867, 1878, 1889 et 1900. Aux deux dernières expositions universelles le chef de la maison avait été appelé à siéger comme membre du jury.

Avant la guerre, les établissements Laniel ne transformaient que des lins de France, qui venaient principalement de Bretagne ainsi que de la Seine-Inférieure. Depuis la guerre, tout en continuant à travailler les lins du pays, la maison a été obligée, par suite de l'insuffisance de la production française et de l'augmentation de ses prix, de recourir également aux lins de Russie.

L'outillage mécanique a été accru et perfectionné au fur et à mesure du développement des fabrications. Lorsque le tissage a été fondé, il ne contenait qu'une centaine de métiers destinés à la fabrication de toiles de petites largeurs. Le matériel comprend actuellement 250 métiers dont la moitié produisent des toiles de grosses largeurs, de 2 m. 30 à 3. m. 30. Installés à des époques différentes, ces métiers sont les uns, de construction ancienne, et les autres, le quart du nombre total environ, de construction moderne. Ils sont de provenance française et anglaise. Les métiers français viennent, en majeure partie, des ateliers Walker, de Lille; quelques autres ont été construits, d'après des modèles de la maison Laniel, à la fonderie Sohier, à Lisieux. Les métiers anglais sont de la marque Wilson. Les cannetières, de dates différentes, ont été construites, les plus anciennes aux ateliers Wilson, en Angleterre, et les plus récentes chez Walker, à Lille. A la filature, qui compte 4.000 broches, l'outillage, de modèles anciens, les derniers datant d'une vingtaine d'années, est de provenance française et anglaise. Le matériel français a été construit aux ateliers Walker, et le matériel anglais à ceux de la maison Fairbairn, Lawson and Ward.

La force motrice actionnant l'outillage des établissements Laniel comprend : au tissage — une turbine hydraulique de 25 H. P. et une machine à vapeur de 250 H. P., de construction américaine, mais avec chaudières françaises; à la filautre — une turbine hydraulique de 25 H. P. et une machine à vapeur de 350 H. P. avec chaudière, le tout de construction française; à la blanchisserie — une machine à vapeur de 50 H. P. environ. Lorsque le matériel de filature aura été installé dans les nouveaux bâtiments, il sera actionné par des moteurs électriques. L'énergie sera produite à l'usine même au moyen d'une machine à vapeur nouvelle de 350 H. P.

La production annuelle avait été, avant la guerre, en 1913, de 10.000 pièces environ. Depuis la guerre, elle a diminué à peu près de moitié, par suite du manque de main-d'œuvre et des difficultés d'approvisionnement en matières premières et en combustibles.

Les deux tiers seulement de la production de filés de la maison étaient transformés, avant la guerre, dans ses ateliers de tissage. L'autre tiers était vendu aux tisseurs du Nord de la France, du département de l'Orne et d'autres régions. Depuis la guerre, un quart environ de la production actuelle de la filature est vendu au dehors, principalement pour les besoins de la Défense Nationale.

Les tissus sont vendus pour moitié à Paris et pour moitié en province et à l'étranger. L'exportation était dirigée principalement vers l'Angleterre et l'Amérique, mais la maison ne s'en occupait directement que pour une faible partie. C'est par l'intermédiaire de quelques-uns de ses clients de Paris que ses plus beaux articles, après avoir été confectionnés et brodés, étaient exportés en quantités importantes dans l'Amérique du Nord et du Sud.

Le personnel de la maison se composait, avant la guerre, de 170 ouvriers et ouvrières travaillant à la filature, de

320 ouvriers et ouvrières environ au tissage et de 25 ouvriers et ouvrières environ à la blanchisserie. Tout ce personnel était recruté dans le pays et était généralement attaché de père en fils à la maison. Depuis la guerre, la maison fait travailler à la filature 112 ouvriers et ouvrières, dont une dizaine de réfugiés du Nord et de Belgique, au tissage 180 ouvriers et ouvrières, tous du pays, et à la blanchisserie, une dizaine d'ouvriers et d'ouvrières, dont un Belge. L'alcoolisme est une plaie qui affecte le personnel de la maison. Il y a toutefois une amélioration à cet égard depuis que le prix de l'alcool a été augmenté. La maison dispose d'un certain nombre d'habitations pour son personnel et d'autres, encore, doivent être construites.

MM. A. Wicart, industriels de Lille, ont repris en 1918 entièrement à leur compte les anciens établissements Mery Samson, dans lesquels ils étaient intéressés depuis 1912. La maison Mery Samson était une des plus anciennes de Lisieux. Drapiers au début, MM. Méry-Samson avaient abandonné la fabrication des étoffes de laine et avaient entrepris celle des toiles. Mais l'affaire ne s'était jamais beaucoup développée. MM. Méry-Samson n'avaient guère jugé à propos ni d'augmenter, ni d'améliorer leur production. Celle-ci était réduite au minimum nécessaire pour rémunérer le capital engagé. L'entrée de MM. A. Wicart dans l'affaire, en 1912, eut pour effet sa transformation en Société Anonyme des Etablissements Mery-Samson, au capital de un million de francs. Cette société avait pour objet l'exploitation de l'usine située à Saint-Jacques-de-Lisieux, pour le crémage et le blanchiment des fils, le tissage des toiles, leur lessivage, blanchiment et teinture. M. Mery-Samson apportait à la société l'usine avec divers bâtiments et dépendances, la clientèle et l'achalandage de sa firme, le matériel de toute nature servant à l'exploitation du tissage et de la blanchisserie et les contrats d'achats et de ventes en cours au 1er juillet 1912. En rémunération de ses apports mobiliers et immobiliers M. Mery-Samson recevait 177 actions entièrement libérées de 1.000 francs. Mais l'association ne put se maintenir bien longtemps. Tempéraments, conceptions et méthodes industrielles de l'ancien propriétaire et de ses nouveaux associés étaient trop différents. Depuis le 1er janvier 1918 MM. A. Wicart sont devenus les seuls propriétaires de l'affaire.

La maison A. Wicart, telle qu'elle a été constituée depuis cette date, s'occupe exclusivement de tissage de toiles en tous genres, tant pour la consommation civile, toiles de lingerie et de draps de lit, que pour la Défense Nationale — toiles de tentes, toiles pour bâches et toiles pour l'aviation.

Les matières premières transformées sont le lin, le jute, les étoupes, ainsi que les quantités de cotons nécessaires pour la fabrication des tissus métis. Les lins filés sont actuellement achetés en Angleterre.

L'outillage mécanique se compose, d'une part, des 75 métiers qui ont appartenu à la maison Méry-Samson et qui sont actuellement en marche. C'est un matériel dont la majeure partie est de construction déjà ancienne. Tous ces métiers sont anglais à l'exception de quatre, qui sont de provenance française. D'autre part, la maison dispose de 20 métiers de construction anglaise qui ont pu être sauvés et retirés des tissages Salmon d'Armentières. Ces métiers, qui sont d'une construction plus moderne que la majeure partie du matériel de l'ancien tissage Mery-Samson, seront montés et mis en marche prochainement. Enfin, 19 métiers de construction très moderne, retirés des tissages de MM. Wicart à la Gorgue au moment de la dernière avance des Allemands sur Armentières, doivent être également montés à leur usine de Saint-Jacques-de-Lisieux.

Pour actionner leur matériel de tissage, MM. A Wicart disposent de deux turbines hydrauliques d'une force totale de 80 H. P., de construction française, ainsi que de deux moteurs à gaz pauvre, dont l'un de 30 H. P. et l'autre, actuellement en montage, de 25 H. P. Ces deux moteurs sont de construction anglaise, mais les deux appareils gazogènes sont français. Le fonctionnement de la force hydraulique, actionné par les eaux de la Touques, est souvent gêné par les dérivations de courant faites brusquement, sans qu'on en soit prévenu, au profit des irrigations de prairies.

MM. A. Wicart se proposent d'ailleurs de faire marcher leurs métiers à l'électricité, dès que la région de Lisieux aura été rattachée à la Centrale de Caen.

Un atelier de réparation avec forge est installé auprès du tissage. L'outillage de cet atelier — deux tours, machine à percer, raboteuse, scie à ruban, meule-émeri — est de construction française.

La blanchisserie de l'établissement est actuellement installée à Saint-Martin-de-la-Lieue. Son matériel comprend des cuves, des machines à sécher et des chaudières, de construction française. La force motrice est fournie par une turbine hydraulique de 30 à 40 H. P., de construction française également. Cette blanchisserie doit être prochainement agrandie et transportée dans les bâtiments que MM. Laniel doivent céder à MM. Wicart, à Saint-Germain-de-Livet.

Avec l'outillage actuellement en marche, la production de la maison depuis janvier 1918 représente une moyenne de 5.000 mètres de tissus, soit 67 pièces par semaine. Lorsque l'outillage donnera son plein rendement, la maison pourra fabriquer en moyenne de 100 à 125 pièces, soit 8.000 à 10.000 mètres de tissus par semaine.

MM. A. Wicart travaillent actuellement tant pour les besoins de la Défense Nationale que pour la consommation civile. Les tissus destinés à cette dernière sont en partie vendus à Paris et en province et en partie exportés en Amérique.

Le personnel de l'ancienne maison Mery-Samson ne se composait que d'une trentaine d'ouvriers et d'ouvrières, tous recrutés dans le pays. Actuellement MM. Wicart font travailler environ 100 ouvriers et ouvrières. Ce personnel est recruté en partie dans le pays, où on trouve encore des tisserands de père en fils, mais surtout parmi les anciens ouvriers des tissages de MM. A. Wicart à la Gorgue. Lorsque le personnel de l'usine sera au complet, les deux tiers en seront composés d'ouvriers du Nord et le reste d'ouvriers du pays. Les taux des salaires ont été à peu près doublés par MM. A. Wicart par rapport à ceux payés du temps de MM. Mery Samson. Pour le logement de leur personnel, MM. A. Wicart ont loué plusieurs maisons dans le voisinage de leur usine; ils cherchent à en louer d'autres encore et se proposent d'acheter ou de faire édifier une cité ouvrière à proximité de leurs établissements.

La Société Anonyme de Pérenchies, Etablissements Agache fils, est venue vers la fin de l'année 1915 porter son industrie dans le Calvados. Avant la guerre, elle exploitait à Pérenchies et à la Madeleine près de Lille d'importants établissements pour la filature et le tissage des lins. Deux mille ouvriers travaillaient dans son usine de Pérenchies et huit cents dans celle de la Madeleine. Son outillage comprenait 55.000 broches et la production journalière s'élevait à 22.000 kilogs de lin.

Dans le Calvados, la société a acheté à la Chapelle-Yvon et à Glos, près de Lisieux, les bâtiments de deux anciennes filatures de laine. Elle les a fait réparer et a installé, dans le courant de l'année 1916, une filature à la Chapelle-Yvon et un peignage de lin à Glos. Des magasins ont été, en outre, établis à Lisieux et à Glos. La fabrication a commencé vers la fin de l'année 1916, avec un matériel de fortune, acheté d'occasion en Angleterre pour la mise en marche de l'usine et complété ensuite par du matériel neuf, de provenance également anglaise.

Les matières premières transformées sont des lins provenant en majeure partie de Russie et en quantités moindres de Bretagne et de Seine-Inférieure. La filature de la société compte actuellement 2.700 broches. La force motrice est fournie à l'usine de la Chapelle-Yvon par une roue hydraulique de 40 H. P. et par un moteur à gaz pauvre de 200 à 220 H. P.

La production n'a cessé d'augmenter depuis l'installation de l'usine. Elle est actuellement, à la Chapelle-Yvon, de 1.500 kilogs de fil de lin par jour. Cette production est en majeure partie destinée à la confection de toiles de tentes, de bâches, etc.. pour les besoins de la Défense Nationale.

Le personnel se compose de 170 ouvriers et ouvrières dont 90 % sont des réfugiés et des rapatriés du Nord. La société a installé pour le logement de ce personnel un groupe de maisons démontables et a loué à proximité de ses usines toutes les habitations disponibles qui pouvaient être aménagées et meublées. Un économat a été créé en vue de pourvoir à l'alimentation du personnel ouvrier.

6) *LES INDUSTRIES COTONNIÈRE ET LINIÈRE DANS LA RÉGION DE CONDÉ-SUR-NOIREAU*

L'industrie cotonnière dans le Calvados doit sa création au grand manufacturier français François Richard-Lenoir, fondateur de la première filature de coton en France. Il était né en 1765 à Epinay-sur-Odon, dans cette partie du Bocage normand qui depuis la formation des départements a été comprise dans celui du Calvados.

Au début du XIXe siècle, en l'an XIII, Richard-Lenoir exploitait à Aunay-sur-Odon une importante manufacture de coton, dans les bâtiments d'une ancienne abbaye, aménagés par lui pour loger une filature. Il y avait fait exécuter de grands travaux d'installation. Son outillage comprenait 5.400 broches et le personnel employé comptait une soixantaine d'ouvriers.

Vers la même époque, de petites filatures se créent à Condé-sur-Noireau, s'y développent et s'y outillent très rapidement. L'industrie cotonnière dans cette ville et dans sa région semble s'être greffée sur la petite industrie domestique linière qui y existait auparavant. Cette dernière y a bientôt complètement disparu. La diminution de la culture du lin s'ensuivit et vers le milieu du XIXe siècle, sa disparition était déjà un fait consommé dans cette partie du Bocage. Les statistiques agricoles de 1855 attestent, en effet, qu'à cette époque la culture du lin avait complètement disparu dans les cantons de Condé-sur-Noireau et d'Aunay, alors qu'elle s'était encore maintenue dans les cantons de l'arrondissement de Vire où l'industrie cotonnière ne s'était pas implantée (66 hectares dans le canton de Saint-Sever, 43 hectares 70 ares dans celui de Vire, 28 hectares dans celui de Vassy et 13 h. 10 a. dans celui de Bény-Bocage).

M. Butet-Hamel, dans ses recherches sur le Bocage d'il y a cent ans, relève l'existence de 34 petites filatures à Condé-sur-Noireau en l'an XII. Leur outillage était rudimentaire. Dix seulement d'entre elles faisaient usage de « mull jenny ». Le nombre total d'ouvriers qui y travaillaient était d'une cinquantaine. Mais déjà en 1806, l'outillage devient plus important, le nombre des ouvriers a presque quintuplé et la production prend des proportions considérables pour l'époque. De nouveaux progrès sont signalés, dans des documents du temps, en 1816 et en 1824. A cette dernière date, on comptait à Condé-sur-Noireau et dans ses environs 44 filatures de coton, dont 25 actionnées par la force hydraulique et 19 par manèges. Leur outillage comprenait 200 « mull jenny » et le nombre des ouvriers qui y étaient occupés s'élevait à 860. En 1837, d'après l'enquête de l'Association Normande, il y avait dans la région de Condé 35 filatures, dont la moitié dans la ville et le reste dans ses environs.

Vers 1855, d'après le témoignage contemporain de M. Morière, le nombre des filatures hydrauliques de la région de Condé-sur-Noireau s'était élevé à 60. Ces filatures disposaient de 225.000 broches et occupaient 4.000 ouvriers. L'une d'elles, celle de M. Guillet, était montée en métiers renvideurs et continus, ce qui était une nouveauté pour l'époque, et ses broches étaient mues par engrenage. Le capital investi alors dans ces divers établissements était évalué à 7 millions de francs. Leur production, en numéros de 8 à 24, s'élevait à environ 6 millions de kilogs par an, dont la moitié était employée par les tisseurs locaux et l'autre vendue à Flers, à la Ferté-Macé, à Mayenne et à Laval.

Le tissage de coton s'était établi dans le premier quart du XIXe siècle à côté de la filature. En 1824, on comptait 200 métiers à tisser à Condé-sur-Noireau et dans sa région. C'étaient, bien entendu, des métiers à la main. En 1837, le nombre des métiers s'était élevé à 2.500, dont quatre nouveaux seulement, à la jacote, pour fabriquer la haute lice. D'après l'enquête faite à cette époque par l'Association Normande, les nouveaux procédés de fabrication n'étaient pas répandus davantage parce que les chefs d'industrie avaient reculé devant les dépenses à faire. En 1855, M. Morière évaluait le nombre des métiers à 7.000, disséminés dans les campagnes environnant Condé-sur-Noireau dans un rayon de 10 kilomètres. Pas moins de 9.000 personnes, hommes, femmes et enfants, étaient occupés, à cette époque, dans les bourgs et villages de la région à bobiner, ourdir, tramer et tisser. Cette industrie donnait une production annuelle de 180.000 coupes de 75 à 80 mètres l'une. Les divers tissus fabriqués, qui étaient désignés sous les noms de toiles de coton, reps, retors, croisés, fort en diable, nouveautés en pantalon, linge de table et reps damassé pour ameublement et garniture de voitures, trouvaient leurs débouchés à Paris, en Bretagne et dans le Midi de la France.

Le tissage à la main dans la région de Condé-sur-Noireau a survécu jusqu'à nos jours. Une centralisation industrielle primitive s'y était établie dès le début du XIXe siècle et cette forme sociale de la production persiste encore actuellement, quoiqu'elle semble être arrivée à une période d'incontestable déclin. Dans cette forme d'organisation industrielle, le fabricant fournit la matière première, préparée chez lui ou au dehors par ses soins, à des ouvriers disséminés dans la campagne et travaillant aux pièces, à domicile, avec des métiers à la main. Des voituriers commissionnaires font la récolte des pièces terminées et les apportent aux fabricants. Aussitôt les pièces rapportées, une nouvelle distribution de matières premières a lieu et en même temps sont réglés les salaires pour le travail des pièces précédentes.

Ce type d'organisation industrielle tend à disparaître, par suite de la diminution toujours croissante du nombre des ouvriers travaillant à domicile. Ces ouvriers sont tous gens âgés, appartenant à la vieille génération. Les jeunes, attirés par les villes et les salaires plus réguliers et plus rémunérateurs qu'ils y gagnent, ne veulent plus travailler aux mêmes conditions que leurs anciens.

Cinq fabriques de tissus à la main ont néanmoins survécu jusqu'à présent dans la région de Condé-sur-Noireau.

Dans un rapport présenté en janvier 1916 au Sous-Comité d'Action Economique du Département du Calvados, M. Gautier dit qu'en 1914, à la veille de la guerre, ces cinq maisons occupaient environ 400 ouvriers, disséminés dans les campagnes dans un rayon de 10, 12 à 14 kilomètres de Condé-sur-Noireau. Les neuf dixièmes de ces tisserands étaient âgés de plus de 50 ans. Il y en avait qui étaient plus qu'octogénaires. La valeur de leur production annuelle pouvait être estimée, en moyenne, à 300.000 ou 350.000 francs. Depuis la guerre, les trois quarts environ de ces ouvriers ont quitté leurs métiers pour s'adonner aux travaux agricoles. Parmi les chefs de maison, quatre ont été appelés dès le début de la mobilisation. Ils avaient néanmoins conservé leurs employés et leur personnel de préparation. Les articles fabriqués sont exclusivement en bleu pur indigo. Par suite de la difficulté de se procurer ce colorant, il a fallu réduire le travail des vieux ouvriers qui étaient restés encore à leurs métiers à tisser.

Le premier tissage mécanique de coton monté à Condé-sur-Noireau semble avoir été celui qui fut annexé vers 1855 à la filature de M. du Ponteil. D'après le témoignage contemporain de M. Morière, c'était le seul qui ait existé à l'époque. Son outillage comprenait 120 métiers mécaniques pour la fabrication de toiles de coton blanches et écrues. D'autres tissages mécaniques furent installés à Condé peu avant la guerre de 1870. Des industriels de cette ville étaient allés, à cette époque, en Alsace, pour étudier les procédés mécaniques de fabrication des cotonnades à l'Ecole industrielle de Mulhouse. Ils y avaient recruté un certain nombre de contre-maîtres et d'ouvriers qu'ils amenèrent à Condé. A l'époque de la guerre de 1870, d'autres ouvriers alsaciens, originaires principalement de la région de Mulhouse, vinrent se réfugier à Condé et grossirent les rangs de leurs compatriotes qui y étaient déjà installés. Les tissages de Condé bénéficièrent ainsi d'une main-d'œuvre d'excellente qualité. Il y avait, en effet, parmi les ouvriers alsaciens nouvellement arrivés un grand nombre de spécialistes, des pareurs, notamment, qui pour la plupart sont restés dans le pays.

La période qui suivit la guerre de 1870 fut, jusqu'en 1885, très prospère pour l'industrie textile de la région de Condé-sur-Noireau. Les années qui se sont écoulées depuis lors furent beaucoup moins favorables. Les raisons en ont été d'ordres divers. En tissage, la vente des vieux articles classiques de la fabrication de Condé diminuait progressivement par suite du changement survenu dans les goûts de la clientèle qui s'orientait vers des genres plus fantaisie. Il semble bien que pour des motifs différents, les manufacturiers d'alors n'ont pas suivi d'assez près cette évolution et n'ont pas remplacé ou transformé leur matériel pour le rendre apte à produire des articles nouveaux. Les affaires s'en ressentirent.

D'autre part, comme cela se produit ordinairement lorsqu'une industrie a joui d'une longue période de prospérité, il s'était monté partout en France un grand nombre de filatures et de tissages. La production était allée en augmentant sans cesse dans de fortes proportions, sans que la consommation ait suivi un mouvement ascendant de même importance. L'équilibre du marché en fut rompu. Depuis 1900, et jusqu'à la guerre, la situation s'aggrava toujours davantage. De très gros stocks de marchandises s'accumulèrent et immobilisèrent des capitaux considérables. La concurrence devenait de plus en plus âpre. C'est alors que se produisit le groupement de plusieurs maisons les plus importantes de la région en une seule société qui devint si puissante, tant au point de vue de ses moyens de très grande production que de ses ressources financières, que beaucoup de petits industriels ne purent supporter la lutte avec elle et sombrèrent sans être remplacés.

L'infériorité dans laquelle s'était trouvée l'industrie locale ne lui permit pas de traiter des affaires d'exportation sur une vaste échelle et le marché extérieur tomba aux mains de la concurrence étrangère. Enfin, la main-d'œuvre devenait rare et son recrutement difficile par suite de l'exode toujours plus accentué des ouvriers vers les villes.

Ainsi, avant la guerre actuelle, l'industrie cotonnière condéenne était affectée par une crise de surproduction et d'avilissement des prix, l'exportation ne pouvait se faire qu'à perte et les affaires étaient dans le marasme.

D'un rapport adressé en janvier 1916 au nom des industriels de Condé-sur-Noireau au Sous-Comité d'Action Economique du Calvados sur la situation de l'industrie cotonnière de cette ville au cours de la période d'août 1914 à fin 1915, il résulte que pendant les deux premiers mois qui ont suivi la mobilisation, cette industrie principale de la région condéenne a été presque complètement arrêtée; quelques filatures et tissages seulement ont pu, malgré de nombreuses difficultés et la gêne financière créée par le moratorium, marcher à temps réduit pour occuper le personnel qui était resté dans les ateliers.

Entre temps, des achats de tissus, principalement bleus, furent faits par les intendances pour les besoins de l'armée. Les magasins des usines se vidèrent rapidement et dès le mois d'octobre 1914 le travail reprenait dans un certain nombre d'usines pour l'exécution de commandes destinées à la Défense Nationale. Dès lors l'animation revint et la plus grande activité n'a cessé de régner dans l'industrie textile de la région.

Cette industrie s'est néanmoins trouvée aux prises avec de grosses difficultés. La main-d'œuvre manquait. On eut recours au travail des femmes et on recruta du personnel parmi les réfugiés du Nord et les Belges. La pénurie de produits tinctoriaux, indigo naturel ou synthétique, huile d'aniline, noir et bleu au soufre, chlore, amidon, etc... causa une gêne considérable dans une industrie qui en fait une importante consommation. L'insuffisance des moyens de transport et le manque de combustible furent cause également de sérieux dérangements de la production.

Néanmoins, la filature semble avoir fourni en 1915 une production normale. Dans le tissage on pouvait évaluer à 30 % la diminution survenue dans la fabrication pendant cette première période de la guerre.

Des éléments nouveaux viennent, à partir de l'année 1916, apporter un concours puissant à l'industrie cotonnière de Condé-sur-Noireau. Des industriels réfugiés du Nord reprennent d'anciennes affaires ou en installent de nouvelles. Ils importent, en même temps, dans la région condéenne l'industrie linière dont le développement avait été autrefois arrêté par le rapide et brillant essor de l'industrie cotonnière. Les nouvelles maisons transportées du Nord de la France sont au nombre de trois. Deux d'entre elles, tout en continuant les fabrications de cotonnades des anciennes maisons condéennes dont elles ont repris les installations, ont entrepris à côté la filature et le tissage du lin. La troisième, installée dans des bâtiments d'usines abandonnées, ne s'occupe que d'industrie linière.

Il est intéressant de faire remarquer que le travail du lin n'est fait à Condé que par des ouvriers réfugiés ou rapatriés du Nord et venus retrouver leurs anciens patrons. Les ouvriers indigènes sont réfractaires à ce travail, le lin dégageant des poussières qui affectent la vue que les travailleurs de Condé tiennent à conserver intacte pour la préparation des tissus rayés dans laquelle ils se sont spécialisés. On a pu toutefois recruter parmi les jeunes éléments du pays un certain nombre d'apprentis qui se sont résolument mis au lin. D'autre part, les ouvriers du Nord ne se font pas au travail de l'article de Condé.

Les filatures existant actuellement dans la région de Condé-sur-Noierau sont :

la Filature de coton de M. Ph. Bazin;

la Filature de coton de M. Lecouturier

et la Filature de coton de M. Emile Olivier.

Les cinq maisons s'occupant de fabrication de tissus de coton à la main sont celles de :

Mme Vve Ferdinand Véniard et ses fils;

M. Paul Auger;

M Albert Bazin;

M. Louis Lemasquerier;

et M. Fernand Trolley.

Les deux premières sont les plus importantes.

Les tissages mécaniques sont les suivants :

Le Tissage mécanique de tissus en coton Victor Radiguet;

les Tissages mécaniques de la Société Anonyme des Etablissements Jules Germain;

le Tissage mécanique de MM. Charles et Achille Rogeau;

les Filatures de lin et coton et les Tissages mécaniques Charles Jeanson,

et les Tissages de toiles de lin et coton de MM. Hurtrel et Faure.

Les deux premiers tissages mécaniques sont des maisons indigènes et les trois derniers, des maisons reprises ou montées par des industriels réfugiés du Nord.

La Filature des Isles de M. Ph. Bazin, qui transforme des cotons de provenance américaine, dispose d'un matériel se composant de 24 métiers, dont 22 de construction anglaise et 2 de construction française. Ces métiers comprennent 8.000 broches. Cet outillage est tenu au niveau des perfectionnements modernes. La force motrice est fournie par une turbine hydraulique de 100 H. P., de construction française, et par une machine à vapeur, de 250 H. P., de construction également française. La production s'élève à 25.000 kilogs de filés par mois et est restée depuis la guerre ce qu'elle était auparavant. Elle est écoulée en partie dans le département du Calvados et en partie dans les départements limitrophes.

M. Ph. Bazin étant mobilisé, nous n'avons pu avoir en son absence d'autres renseignements sur son établissement.

La Filature de M. Lecouturier, située à Clécy, avait été achetée en 1868 par son père. Détruite par un incendie en 1898, l'usine a été reconstruite entièrement en 1899. La maison a passé à cette époque au nom du propriétaire actuel qui, en 1905, a considérablement augmenté ses installations. En août 1914, M. Lecouturier ayant été mobilisé, son usine fut fermée jusqu'au début de 1916. Depuis lors, elle a été louée pour la durée de la guerre à deux industriels originaires des régions envahies. En 1903, M. Lecouturier a annexé à sa filature une teinturerie de coton en bobines et en écheveaux. Cette teinturerie, qui est d'importance assez restreinte, se trouve à 500 mètres de la filature, sur le territoire de la commune de Bô. Le travail n'y a subi aucun arrêt depuis la guerre. Les bureaux de la maison se trouvent à Condé-sur-Noireau.

Les matières premières sont pour les trois quarts des cotons de provenance américaine et pour le reste de provenance des Indes. La teinture en est faite en partie dans les ateliers de la maison. Les produits de la maison étaient vendus, avant la guerre, principalement dans les départements de l'Orne, de la Loire et du Tarn. Dès avant la guerre, la main-d'œuvre se faisait rare, surtout la main-d'œuvre masculine. L'ouvrier avait bon esprit, mais était malheureusement trop porté à la boisson. Par suite d'insuffisance de personnel, les locataires de M. Lecouturier ont été obligés d'arrêter environ le quart des broches de la filature. A la teinturerie, pour les mêmes raisons, le travail est réduit de moitié. La maison met des dortoirs à la disposition de ses ouvriers célibataires et une cantine vend des aliments au prix de revient.

M. Lecouturier a bien voulu nous envoyer les renseignements que nous lui avons demandés, du front des Armées où il se trouvait. Nous l'en remercions très vivement.

La Filature de Cailly, de M. Emile Olivier, a été fondée en 1901 et a été depuis cette époque successivement agrandie. Depuis la guerre, M. Emile Olivier, âgé de 71 ans, ancien combattant de 1870, a repris la direction de la maison, dont son fils, mobilisé aux Armées, était directeur depuis 1902.

Les articles fabriqués sont des cotons écrus pour chaîne. Les matières transformées sont des cotons américains provenant du Texas. L'outillage mécanique, de construction en majeure partie anglaise, avec quelques machines alsaciennes, comprenait au début 3.360 broches. Leur nombre a été porté à 4.200 en 1910. La force motrice est fournie par deux turbines hydrauliques, d'une puissance de 30 H. P., en moyenne, et par une machine à vapeur de 150 H. P., de construction française. La production est, depuis la guerre, en diminution d'un tiers, le travail étant fait, en partie, par des ouvriers ne connaissant pas suffisamment les machines. Cette production est vendue dans les départements du Calvados, de l'Eure, de l'Orne et de Maine-et-Loire. Le personnel se composait, avant la guerre, d'une cinquantaine d'ouvriers et d'ouvrières. Ce nombre n'a pas varié depuis la guerre, mais le rendement de la main-d'œuvre nouvellement recrutée est bien moindre que celui de l'ancien personnel de la filature.

La maison de Mme Vve Ferdinand Veniard et ses fils s'occupe de fabrication à la main de tissus de coton en bleu indigo et en noir. Ses spécialités sont les croisés bleus, les meunières et les grisettes. La vente en est faite en France exclusivement. Depuis la guerre, la production de la maison a diminué des trois quarts par suite de la mobilisation des deux fils de Mme Véniard et de la plupart de ses ouvriers.

La maison Paul Auger a été fondée en 1867 par MM.

Gautier, oncles du propriétaire actuel. Elle s'occupe de fabrication à la main de tissus de coton teints en fil. Les ouvriers qui travaillent pour elle résident dans les communes voisines de la ville de Condé-sur-Noireau, dans un rayon de 15 à 18 kilomètres.

Depuis sa fondation, la maison s'était développée pendant une quarantaine d'années. Mais ensuite, le nombre des ouvriers dans la campagne ayant diminué, la production, dès avant la guerre, avait subi une forte réduction. Au cours des trois premières années de la guerre, cette réduction s'est encore accentuée à la suite de la mobilisation et des besoins de main-d'œuvre pour la culture. La vente des articles de la maison est limitée à la France.

M. Gautier, qui dirige la maison en l'absence de M. Paul Auger, son neveu, mobilisé depuis le mois d'août 1914, n'ose espérer une augmentation de production après la guerre, les jeunes ouvriers préférant travailler dans les établissements de tissage mécanique, nombreux dans la région.

Le Tissage de M. Victor Radiguet a été fondé en 1860. La fabrication était faite alors à la main par des ouvriers travaillant à domicile. On ne produisait à cette époque que des retors pour tabliers, des croisés bleus et de la toile bleue pour cols marins. En 1886, les affaires ayant pris de l'extension, M. Victor Radiguet a monté un tissage mécanique. Celui-ci lui permit d'augmenter sensiblement sa production. En rapport avec cette dernière, les installations ont dû être encore agrandies par la suite. Après le décès de M. Victor Radiguet, survenu en 1905, son fils, qui depuis de longues années travaillait avec son père, a repris la maison.

Les articles fabriqués, avant la guerre, étaient principalement des tissus, appelés retors, pour tabliers, et des étoffes de coton fantaisie pour pantalons d'hommes. Depuis la guerre, M. Radiguet s'est efforcé de maintenir ces genres de fabrication autant que le permet la pénurie de matières colorantes. Pour donner du travail à tout son personnel et utiliser tout son matériel, il a entrepris, en outre, la fabrication de tissus écrus, de toiles de cotons et de croisés.

Les cotons filés pour le tissage étaient généralement achetés chez divers filateurs de la région normande ou du Nord. Ces cotons étaient teints et quelquefois retordus à l'usine de M. Radiguet. Les matières colorantes étaient achetées de préférence en France. Mais par suite de la disparition d'un certain nombre de maisons françaises, due à la concurrence allemande, M. Radiguet se vit obligé d'acheter en Allemagne divers produits, tels que les couleurs au soufre, les bichromates de soude et quelques autres, que l'industrie française n'était pas en mesure de fournir. M. Radiguet était d'ailleurs l'objet de fréquentes sollicitations de la part de chimistes allemands. Ceux-ci, en offrant leurs produits, n'hésitaient pas à venir faire des démonstrations expérimentales chez les acheteurs.

L'outillage mécanique, successivement augmenté au fur et à mesure du développement de l'affaire, comprend actuellement 130 métiers de construction française, fabriqués en partie à Rouen et en partie dans l'Isère. La force motrice est fournie par une roue hydraulique de 35 H. P. et par une machine à vapeur de 100 H. P., de construction française.

La production s'était élevée, avant la guerre, à environ 5.000 pièces par an. Depuis la guerre, elle est en diminution de 25 % environ. Cette production était vendue exclusivement en France.

Le personnel comprenait avant la guerre 130 ouvriers et ouvrières. Actuellement, M. Radiguet n'en emploie plus qu'une centaine. En temps normal, les ouvriers trouvaient à se loger facilement dans la ville.

La Société anonyme des Etablissements Jules Germain

exploite deux tissages, avec ateliers de teinture et de blanchiment. La maison a été fondée en 1874 par M. Jules Germain qui a été un des premiers à introduire le tissage mécanique à Condé-sur-Noireau. A l'origine, un seul tissage, établi au Moulin Biot, fut monté avec 80 métiers. Un second fut installé ensuite, en 1878, aux Vaux-de-Vère, dans des bâtiments d'abord pris en location, puis achetés, en 1884. En 1900, une filature d'environ 10.000 broches fut adjointe aux tissages. Mais elle fut détruite par un incendie peu de temps après le décès de M. Jules Germain, survenu en 1904, et ne fut pas reconstruite par sa veuve. Après le décès de Mme Germain, l'affaire a été reprise par la société actuelle.

Les articles fabriqués sont plus spécialement des retors rayés et carreaux-ménage pour blouses et tabliers, des valencias pour robes et corsages, des draps de coton pour pantalons et complets.

En temps normal, toute la teinture est faite dans les établissements de la société — teinture en écheveau sur cuves et sur barques, ou sur bobines en appareils. Les deux couleurs les plus employées sont le bleu indigo, végétal ou synthétique, et le noir, noir au soufre et noir d'aniline.

Les cotons filés, qui sont teints ou blanchis dans les ateliers de la maison, puis tissés avec les préparations d'usage, sont achetés écrus dans la région.

L'outillage mécanique des tissages de la société comprend actuellement plus de 400 métiers de construction anglaise. Les machines de préparation sont de construction française. La force motrice est fournie par deux machines à vapeur, chacune de 150 H. P., de construction française, avec chaudières françaises également. A la teinturerie, les appareils de teinture sont de construction belge et les sécheuses sont l'une, de construction française et l'autre, de construction allemande.

La société possède un atelier de réparation avec l'outillage nécessaire.

Avant la guerre, la production avait dû être restreinte en raison de la crise générale dont les affaires de la société s'étaient ressenties. Au début de la guerre ses tissages ont été fermés pendant deux mois, toutes les transactions ayant été suspendues. Mais l'Intendance ayant eu de gros besoins immédiats de tissus de toute sorte, a fait en octobre 1914 d'assez importants achats à la société. Ses affaires se sont alors graduellement améliorées. Le stock a été épuisé. Actuellement la demande dépasse l'offre.

La fabrication avait été reprise deux mois après le début de la guerre. Malgré le départ de nombreux ouvriers mobilisés, les usines de la société ont pu travailler sans discontinuer, d'abord avec un personnel réduit, composé de leurs ouvrières et de leurs vieux ouvriers, ensuite avec une main-d'œuvre plus abondante, grâce à l'arrivée de nombreux réfugiés du Nord et de Belges. Actuellement, la production, sans être encore comparable à celle des années normales, atteint presque celle d'avant-guerre.

Les produits sont vendus principalement en France, un peu en Algérie. Quelques affaires isolées ont été traitées en Suisse et en Angleterre. Mais, en général, divers essais d'exportation n'ont pas réussi, car il aurait fallu pouvoir offrir des articles légers et à bon marché, à la production desquels l'organisation de la maison ne se prête pas.

Le personnel se compose d'environ 400 ouvriers et ouvrières. Le recrutement de certains spécialistes, tels que les teinturiers en bleu, les pareurs et les mécaniciens, donne lieu à des difficultés. Cette main-d'œuvre se raréfie. Les ouvriers sont, en général, bien rétribués. Des augmentations successives de salaires ont été accordées au fur et à mesure du renchérissement de la vie. Malheureusement, les difficultés auxquelles donnent lieu, depuis la guerre, la pénurie de certaines matières premières et du combustible et l'insuffisance des moyens de transport, entravent le développement des affaires. Des périodes de chômages partiels ont déjà eu lieu et les usines sont constamment menacées d'un arrêt complet.

La société dispose dans les dépendances de ses établissements d'un petit nombre de logements pour son personnel. Beaucoup de ses vieux ouvriers sont devenus, grâce à leurs économies, propriétaires des maisons qu'ils habitent. Dans ses deux tissages, la société a institué une caisse de secours, uniquement alimentée par elle, pour venir en aide à ses ouvriers nécessiteux ou malades. Des gratifications sont de temps à autre accordées aux ouvriers et employés mobilisés. Les veuves de guerre touchent des sommes déterminées, en proportion avec le nombre de leurs enfants.

MM. Charles et Achille Rogeau, industriels du Nord, ont repris en mars 1916 la fabrique de tissus de coton et la teinturerie de Mme Vve Baron-Langlois et fils à Condé-sur-Noireau. Cet établissement avait été fondé en 1854. Avant la guerre, MM. Rogeau fabriquaient des tissus de lin, de chanvre et de coton à Armentières. Ils y ont travaillé jusqu'en juillet 1917, époque à laquelle leurs usines du Nord ont été complètement anéanties par un incendie provoqué par le bombardement.

A Condé-sur-Noireau, ils ne font actuellement que des cotonnades, articles légers pour vêtements d'ouvriers, ainsi que beaux articles en drap de coton et en fantaisie. Mais ils se proposent d'y reconstituer leur ancienne organisation d'Armentières : tissage de toiles de lin et ateliers de confection d'effets d'habillement et de petit équipement militaire. Ils disposent à cet effet de tous leurs cadres d'ouvriers et attendent l'installation du matériel qui aura pu être sauvé des décombres de l'usine d'Armentières, ainsi que la livraison d'un nouvel outillage commandé en Angleterre et en Suisse. En vue de ces installations, MM. Rogeau se sont rendus acquéreurs de vastes bâtiments qui avaient abrité autrefois la plus ancienne et la plus importante filature de coton de Condé. La remise en état de ces bâtiments a subi quelques retards à cause des difficultés actuelles de se procurer du ciment et divers autres matériaux de construction. Néanmoins les travaux sont suffisamment avancés pour permettre à brève échéance le fonctionnement des ateliers de confection d'équipements militaires. A Paris, MM. Rogeau exploitent une maison de confection de bâches, de sacs et de tentes.

Les matières premières, transformées dans les établissements de MM. Rogeau à Condé, sont des cotons filés, achetés en France et à l'étranger, et des lins et des chanvres. MM. Rogeau ont pu réunir dans leurs magasins à Condé des stocks importants de matières premières provenant de marchés anciens, mais dont la livraison ne leur avait pas encore été faite à Armentières. Ces stocks leur ont permis d'assurer l'exécution de fournitures destinées aux besoins de la Défense Nationale, ainsi que de commandes pour leur clientèle civile.

L'outillage mécanique actuellement en marche comprend 126 métiers. A l'exception de quelques machines de préparation, qui sont de construction française, tout ce matériel est anglais. La force motrice est fournie par une machine à vapeur de 120 H. P., de construction française, avec chaudière française également. Une turbine a été commandée aux établissements Nizou à Caen pour l'utilisation d'une force hydraulique de 96 H. P. La maison possède un atelier de réparation avec forge.

La production annuelle des cotonnades est actuellement de 6.000 pièces de 100 mètres. Pour la fabrication des toiles, MM. Rogeau comptent sur une production annuelle de 10.000 pièces de gros tissus, lorsque leurs installations d'Armentières auront été reconstituées à Condé-sur-Noireau.

Les cotonnades de la maison sont actuellement vendues en France seulement. Mais leur exportation aux Colonies peut être envisagée pour l'après-guerre.

Avant la guerre, la maison Baron-Langlois, qui ne disposait au maximum que d'une centaine de métiers dont un grand nombre étaient fréquemment en chômage, avait un personnel de 150 ouvriers et ouvrières recrutés dans le pays. Depuis la guerre, les femmes et les filles d'ouvriers mobilisés avaient pris la place de ces derniers. Lorsque MM. Rogeau ont repris la maison, ces ouvrières étaient au courant du travail. En outre, des contre-maîtres et des parcurs, mis en sursis d'appel, étaient revenus à l'usine. Enfin, les nouveaux propriétaires ont formé de jeunes appranties parmi les réfugiées du Nord. Actuellement MM. Rogeau font travailler 300 personnes.

M. Charles Jeanson, industriel du Nord, a repris en juillet 1917 les filatures et tissages de la Société Frémont frères et Cie, à Condé-sur-Noireau. La filature avait été fondée en 1867 par M. Germain-Duforestel auquel avaient succédé MM. Germain-Duforestel fils et ensuite MM. Frémont frères et Cie. Le tissage avait été fondé en 1868 par MM. Fauvel, Lehujeur et Germain, avec 168 métiers, et primitivement installé dans un local de la rue Saint-Martin à Condé. En 1878, MM. Fauvel et Jules Lehujeur, restés seuls, firent construire le tissage actuel, également rue Saint-Martin. Ce tissage fut mis en marche en 1879 avec 300 métiers. M. Fauvel se retira des affaires en 1881 et M. Jules Lehujeur continua seul jusqu'en 1891, date à laquelle il céda son tissage à ses fils Louis et Charles, qui l'exploitèrent sous la raison sociale Lehujeur frères. En 1911, ils portèrent le nombre des métiers à 352. A cette date fut constituée la Société Charles Lehujeur et Cie, qui en 1912 céda le tissage à la Société Frémont frères et

Cie. Celle-ci réduisit le nombre des métiers à 336, le local étant insuffisant pour en loger davantage sans qu'ils soient trop à l'étroit.

M. Charles Jeanson, avant l'acquisition des établissements de la Société Frémont frères et Cie à Condé-sur-Noireau, avait exploité dans le Nord de la France d'importantes usines qui ont été entièrement détruites par les obus des Allemands.

C'est à la suite de ce sinistre que M. Jeanson est venu s'établir à Condé-sur-Noireau et qu'il y a agencé, dans le tissage dont il a fait l'acquisition, 60 métiers sauvés de son usine détruite à Nieppe. Ces 60 métiers sont actuellement en activité. En outre, il a acquis à Saint-Pierre-du-Regard, commune limitrophe de Condé-sur-Noireau, mais sur le territoire du département de l'Orne, à un kilomètre environ de ses filatures et tissages, une usine où avait été installée autrefois une scierie mécanique et où il a monté 25 à 30 métiers pour la fabrication de toiles, avec outillage de préparation. Enfin, une filature et un tissage mécanique de fils et de toiles de lin ont été établis, par M. Charles Jeanson, en pleine guerre, à Serquigny, dans le département de l'Eure.

Les articles fabriqués dans les établissements de M. Jeanson à Condé sont, à la filature — les filés écrus simples, les retors, les filés couleurs, mélangés, jaspés, etc.. tous numéros de 2 à 30; au tissage — des coutils pour blouses et tabliers, des carreaux-ménage, des valencias, des armures, des jacquard pour robes, des articles pour pantalons, des draps de coton, dits « Draps de Condé ». des articles spéciaux pour vêtements de travail, etc..

Les matières premières transformées sont des cotons provenant d'Amérique.

L'outillage mécanique comprend — à la filature, où depuis sa fondation le matériel avait toujours été renouvelé et modernisé, 16.300 broches à retordre, actionnées par une force motrice à vapeur de 600 à 800 H. P., et au tissage, 336 métiers, actionnés par une force motrice à vapeur de 300 à 350 H. P.

Tout l'outillage de la filature est de construction anglaise, à l'exception de quelques machines venant des ateliers de la Société Alsacienne de constructions mécaniques de Belfort. Les métiers à tisser sont de constructions anglaise et suisse. Des ateliers de teinture en toutes couleurs, avec machines de teinture et de préparation, de construction française et suisse, et des ateliers de blanchiment sont annexés au tissage.

La production de la filature égale actuellement celle d'avant-guerre. Au tissage, elle est actuellement de 35 à 40 % inférieure à celle d'avant-guerre.

Les produits de la maison sont vendus dans toute la France et dans les trois départements algériens. Quelques affaires d'exportation ont été faites avec la Martinique, la Guadeloupe, la Réunion et l'Afrique Occidentale Française. Il y a une quinzaine d'années, les prédécesseurs de M. Jeanson avaient fait, par l'intermédiaire de maisons françaises, pour la plupart de Paris, quelques exportations au Brésil. Mais ces exportations n'ont pas continué depuis.

Le personnel de la maison Frémont frères et Cie, était recruté, avant la guerre, en totalité dans le pays. Mais son recrutement y devenait de plus en plus difficile à cause de l'exode toujours croissant de la population vers les grandes villes. Depuis la guerre, la main-d'œuvre est plus abondante à la filature, où la moitié du personnel environ se compose de réfugiés de la région du Nord et de Belges. Mais au tissage il y a moins de réfugiés et le manque de certains spécialistes, mobilisés, de pareurs notamment, y entrave la marche de la fabrication et en réduit l'importance dans une très forte proportion, entraînant par répercussion le chômage d'autres catégories d'ouvriers. Des sursis demandés en faveur d'un certain nombre de spécialistes de classes anciennes ont été refusés.

Les établissements de MM. Hurtrel et Faure ont été fondés en 1916 à Condé-sur-Noireau et à Pont-d'Ouilly pour le tissage de toiles de lin et de lin et coton. MM. Hurtrel et Faure, industriels du Nord, exploitaient avant la guerre à Armentières un des plus anciens tissages de la région où ils faisaient travailler 350 métiers.

Les articles fabriqués dans les usines de MM. Hurtrel et Faure, à Condé-sur-Noireau et à Pont-d'Ouilly, sont des toiles de tentes, des toiles à baches, des toiles pour draps de lit et pour matelas. Les matières permières employées sont le lin, les étoupes et le coton, achetés actuellement là où on peut s'en procurer, en France, en Angleterre, en Italie.

L'outillage mécanique des usines de Condé-sur-Noireau et de Pont-d'Ouilly est moderne, de construction anglaise. La maison dispose de 200 métiers à tisser. Son outillage est actionné, à l'usine de Condé-sur-Noireau, par une machine à vapeur de 175 H. P. toute neuve, de construction française moderne. Pour l'usine de Pont-d'Ouilly, une turbine pour l'utilisation de la force hydraulique a été commandée, mais n'a pas encore été livrée. Une dynamo est installée à l'usine de Condé-sur-Noireau pour la production de la lumière électrique.

La fabrication s'élève actuellement à 30.000 mètres de tissus par semaine et pourra en atteindre 50.000 lorsque l'usine de Pont-d'Ouilly aura été mise en marche. Actuellement, les produits de la maison sont principalement destinés aux besoins de la Défense Nationale.

Le personnel se compose de 400 ouvriers et ouvrières, presque tous réfugiés du Nord. Ce personnel, dont les meubles ont pu être sauvés et transportés d'Armentières, a été logé par les soins de la maison dans des locaux disponibles, assez nombreux à Condé-sur-Noireau.

B. — L'EFFILOCHAGE

L'effilochage est une industrie qui est intimement liée à la fabrication des tissus. Elle a pour objet l'utilisation des chiffons pour la récupération des fibres de laine, de coton ou de soie, au moyen d'un procédé découvert en Angleterre vers le milieu du XIXe siècle, adopté peu après en France et pratiqué sur une très grande échelle, entre autres, à Lisieux.

Au début, l'effilochage n'était appliqué qu'au traitement de chiffons de laine, de rognures et de coupes de draps. On en tirait de la laine dite « *renaissance* ». La production de celle-ci et son emploi très répandu ont permis d'éviter la hausse énorme qui se serait autrement produite sur les laines neuves. Actuellement, la laine renaissance est utilisée dans de très fortes proportions pour la fabrication de draps de toutes qualités, soit mélangée avec des laines neuves, soit avec du coton. Souvent même, elle est employée pure, sans aucune addition. Dans certains centres d'industrie drapière, tels que Vienne, dans l'Isère, elle est d'un usage presqu'exclusif.

Depuis une trentaine d'années l'effilochage du coton et de la soie ont pris également une grande importance. Les effilochés de coton sont employés en mélanges avec des laines dans la draperie. Mais ils sont surtout utilisés dans les fabrications de filés pour la bonneterie, ainsi que pour la production d'ouates, de cotons-poudres et d'articles de pansement.

L'industrie de l'effilochage comporte plusieurs opérations dont la première est le triage des chiffons par nature, par degré de propreté, par finesse, par couleur. Les chiffons de toile, ainsi qu'une partie des chiffons de coton, sont mis à part pour servir soit à l'essuyage, soit à la fabrication du papier.

Certains chiffons sont soumis au carbonisage. Cette opération a pour objet la destruction des matières végétales par l'acide sulfurique ou muriatique. De cette façon on obtient des éléments de laine pure, dégagés de tout mélange de coton.

Avant d'être soumis à l'effilochage proprement dit, les chiffons bruts ou carbonisés sont battus, pour en enlever la poussière, teints et graissés. Ils sont alors défibrés à l'aide de machines spéciales nommées effilocheuses. On en construit en France, à Lisieux même aux ateliers Follin et aux ateliers Betton et Juhel, et à Louviers, aux établissements Boistay. Ces machines comportent des rouleaux à fines pointes d'une plus ou moins grande densité. On obtient ainsi des fibres de laine, de coton ou de soie plus ou moins longues suivant la densité des pointes des rouleaux, la nature des chiffons travaillés et l'habileté de l'effilocheur.

Les effilochés français étaient concurrencés sur les marchés étrangers, depuis plusieurs années avant la guerre, par l'industrie italienne, avantagée par l'utilisation de puissantes forces hydrauliques et par une main-d'œuvre moins chère. Les produits italiens avaient même réussi à pénétrer dans le Midi de la France. Le syndicat de l'industrie textile de l'arrondissement de Lisieux s'en émut et adressa en 1913 une pétition à la Chambre de Commerce de Honfleur, sollicitant son intervention auprès des pouvoirs publics en vue d'une protection plus efficace des intérêts de l'industrie nationale contre la concurrence étrangère. A la suite d'une démarche de la Chambre de Commerce, la douane de Modane, qui avait déjà eu à contester l'exactitude de déclarations relatives à l'importation de chiffons et d'effilochés, fut invitée par la direction générale des douanes à surveiller tout spécialement la façon dont se pratiquaient ces importations.

Nous avons précédemment indiqué que certains filateurs

de laine et fabricants de draps de Lisieux et de son arrondissement faisaient, entre autre, de l'effilochage dans leurs établissements, soit pour les besoins de leur propre fabrication, soit pour la vente au dehors. Il existe actuellement à Lisieux trois établissements industriels dont l'effilochage est l'opération principale. Ce sont celui de M. Longeon-Mutel, celui de MM. Jansen et Cie, et celui de MM. Louiset et Dudouis.

L'établissement de M. Longeon-Mutel a été fondé en 1902 pour l'effilochage de chiffons de laine, de coton et de soie, la teinture, la décoloration et le blanchissage de chiffons et d'effilochés. Les matières premières transformées sont des chiffons de laine, de demi-laine, de coton et de jute, achetés principalement à Paris. Les colorants employés étaient achetés, avant la guerre, à Lyon, et pour certaines nuances en Allemagne, à la *Badische Anilin und Soda Fabrik*, ces produits allemands étant de qualité supérieure aux produits similaires d'autres provenances.

L'outillage, de construction française, comprend deux batteries mécaniques, six machines à effilocher, des bacs, des laveuses, des essoreuses, des sécheuses, des pompes centrifuges etc.. Sur les six machines à effilocher, quatre ont été construites aux ateliers Betton et Juhel à Lisieux, une aux ateliers Chrétien, établis autrefois également à Lisieux, et une aux établissements Boistay à Louviers. La force motrice est fournie par une roue hydraulique, d'une puissance de 40 H. P. Si M. Longeon-Mutel avait pu disposer d'une force plus grande, il aurait fait travailler plus de machines. Il se propose d'ailleurs d'installer pour l'après-guerre un moteur complémentaire — électrique, si le courant est fourni par la Centrale de Caen, et à gaz pauvre, si la Société d'Electricité de Caen n'étend pas son réseau jusqu'à Lisieux.

La production avait atteint avant la guerre 340.000 kilos d'effilochés par an. Elle était toujours vendue d'avance. Pendant les trois permiers mois de la guerre l'usine de M. Longeon-Mutel a été arrêtée. Mais le travail a repris ensuite et les demandes ont afflué beaucoup plus importantes qu'autrefois. Actuellement, la production s'élève à 280.000 kilos par an, en diminution sur celle d'avant-guerre par suite d'insuffisance de main-d'œuvre. Cette production était vendue avant la guerre en France, et principalement à Paris, aux filateurs et aux fabricants de matelas et de couvre-pieds. Depuis la guerre, une partie en est réservée aux besoins de la Défense Nationale.

Le personnel de la maison se composait avant la guerre de 32 ouvriers et ouvrières, recrutés dans le pays et formés dans la maison. Depuis la guerre, le recrutement de la main-d'œuvre donne lieu à des difficultés. La pénurie de mécaniciens se fait particulièrement sentir. M. Longeon-Mutel ne fait plus travailler actuellement que 24 ouvriers et ouvrières. Une partie de ce personnel est une main-d'œuvre de fortune à rendement très médiocre.

L'établissement de MM. Jansen et Cie a été fondé en 1905, à la suite de la transformation de la manufacture de draps que M. F. A. Jansen avait exploitée à Lisieux depuis 1890. Une filature de cardés en tous genres est annexée aux ateliers d'effilochage. MM. Jansen et Cie fabriquent des effilochés, des fils cardés en laine, en coton et en cotonneux, et des ouates pour confection. Les matières transformées sont des chiffons et des rognures de confection de tous genres, achetés en France, en Belgique, en Angleterre et en Espagne.

L'outillage se compose de machines à effilocher construites dans les ateliers de MM. Jansen et Cie, d'assortiments de cardes et de renvideurs, de construction belge, et de bacs pour teinture. La force motrice est fournie par une roue et une turbine hydraulique, développant ensemble une puissance de 100 H. P., et par deux moteurs à gaz pauvre, de 40 H. P. chacun, de construction anglaise, avec appareils gazogènes français.

La production annuelle s'élevait avant la guerre à 800.000 kilogs d'effilochés, à 180.000 kilogs de filés et à 45.000 kilogs de ouate. Depuis la guerre, la maison produit annuellement 400.000 kilogs d'effilochés, 110.000 kilogs de filés de coton, 130.000 kilogs de filés de laine pour drap de troupe et 35.000 kilogs de ouate. La filature de laine est faite à façon pour les besoins de la Défense Nationale. La fabrication des effilochés et des ouates est en diminution à cause des difficultés de transport. La production est vendue en France uniquement. Toutefois, les effilochés et les filés de la maison pourraient trouver des débouchés à l'étranger, si la maison n'avait en France une clientèle suffisante.

L'établissement de MM. Louiset et Dudouis a été fondé en 1906. On y fait l'effilochage de chiffons de laine, de coton et de soie, ainsi que le lavage de chiffons pour l'essuyage. Depuis la guerre, la maison a abandonné le lavage de chiffons et a affecté les installations qu'elle possède à cet effet, au blanchissage d'effets militaires. Les matières premières transformées sont des chiffons achetés en France, en Belgique et en Angleterre.

L'outillage, de construction française, comprend sept machines à effilocher, des boites à laver, une laveuse d'un système américain, des essoreuses, des bacs, des chambres chaudes, etc. La force motrice est fournie par deux roues hydrauliques développant ensemble une puissance de 35 H. P., et par un moteur à gaz pauvre, de 65 H. P., de construction française.

La production annuelle avait atteint avant la guerre 1 ½ millions de kilogs d'effilochés et 500.000 kilogs de chiffons pour essuyage. Elle était vendue dans toute la France, sans pouvoir satisfaire à toutes les demandes. Quelques exportations de chiffons avaient été faites en Angleterre, quelques exportations d'effilochés en Belgique.

C. — LA BONNETERIE

La ville de Caen comptait autrefois au nombre des dix-huit bonnes villes de France auxquelles avait été réservé le privilège exclusif de la fabrication des bas. Une communauté de fabricants de bas s'y était formée en 1691. A la veille de la Révolution, 555 métiers et environ 1350 ouvriers étaient occupés à Caen à la confection de bas très appréciés dans le commerce. La production en atteignait alors près de 20.700 douzaines de paires. Cette industrie semble avoir décliné à Caen dès le début du XIXe siècle. Aujourd'hui, elle y a complètement disparu.

A Falaise, la bonneterie de coton fut importée vers la fin du XVIIIe siècle. Elle y est devenue la principale industrie de la ville et de ses environs et y a connu une longue période de prospérité, malheureusement suivie d'une profonde décadence.

Les bonnets de coton furent les premiers articles de bonneterie fabriqués dans cette ville, en 1798, par un certain Liard Basçourty. Ils se vendirent couramment à la foire de Guibray, très fréquentée à l'époque. Leur fabrication se développa petit à petit jusqu'en 1814. A partir de cette date, l'essor en fut plus rapide à la suite de l'application des premiers procédés mécaniques. De tout temps, d'ailleurs, le sort de la bonneterie de Falaise fut étroitement lié aux progrès et aux perfectionnements réalisés dans cette ville par la construction des métiers.

En 1831, un mécanicien de la ville, M. Jouve, inventa un métier, dit long, améliorant la fabrication des bonnets. Deux ou trois industriels voulurent aussitôt profiter de la nouvelle invention. Mais l'installation du nouvel appareil provoqua une émeute d'ouvriers qui voulurent le détruire. Il fallut faire appel à la garde nationale pour calmer l'effervescence. Le calme revenu, les ouvriers s'aperçurent bientôt que les nouveaux métiers, mieux conditionnés que les anciens, tout en améliorant la production, leur permettaient de gagner davantage. Ils furent donc adoptés dans tous les ateliers de Falaise et des environs. Mais après trois ou quatre ans de vogue, ils furent remplacés par des métiers ronds ou circulaires, plus simples, plus économiques et permettant la fabrication des bonnets à la pièce sans couture.

Les premiers métiers circulaires avaient été inventés à Paris vers 1815. Mais ils ne furent mis au point que vers 1828. L'emploi en fut alors adopté dans une bonneterie de coton de Biard, près de Poitiers. C'est de là qu'un industriel de Falaise, M. Boscher-Moulin, en rapporta le modèle. Il installa ses nouveaux métiers vers 1835. Mais voulant garder pour lui le secret de leur mécanisme, il ne les laissait voir à aucun de ses concurrents de la ville. Ceux-ci lui adressèrent un appel lui demandant de dévoiler le mystère. L'appel resta vain. Alors les fabricants de Falaise résolurent de rechercher par d'autres moyens les secrets du nouvel appareil. Quatre ou cinq industriels et mécaniciens entreprirent à cet effet des voyages. Les métiers importés de Poitiers étaient cependant loin de la perfection. Ils étaient d'une très grande fragilité et par suite de l'inexpérience des ouvriers qui avaient eu à les conduire, ils n'avaient donné que de piètres résultats.

En 1836, un industriel de Falaise, M. Lebaillif, inventa un nouveau métier circulaire, simple, commode, solide et parfaitement applicable à la confection des articles de bonneterie commune. A la même époque, deux autres industriels de la ville, MM. Morel-Boulay et Racine, en cherchant un métier rond à bonnets, construisirent un métier circulaire à camisoles, permettant la fabrication d'un jupon ou d'une camisole d'une seule pièce et sans déplacement. Ces inventions firent la fortune de la ville en donnant une vigoureuse impulsion à son industrie.

Celle-ci s'était jusqu'alors cantonnée presqu'exclusivement dans la confection des bonnets. La fabrication des bas y avait été adjointe, mais sur une petite échelle et n'avait d'abord donné que de médiocres résultats. Le perfectionnement de leur outillage permit aux industriels de Falaise d'aborder la production de grandes quantités de tricots de toute sorte et de toutes dimensions, unis, rayés, guillochés ou à côtes. On en faisait ensuite des bonnets, des bas, des chaussettes, des caleçons, des culottes, des robes, des jupons, des camisoles, des chemises de marins, des gants, etc. Tous ces articles étaient fabriqués à très bon marché.

De la même époque date l'introduction des machines à vapeur dans les filatures de Falaise, qui fournissaient à la bonneterie de cette ville une partie des cotons filés qu'elle transformait. La première de ces machines fut installée par M. Lebaillif dans sa filature de Saint-Laurent. L'essai ayant été très satisfaisant, cet industriel en installa une autre dans sa filature du Moulin-Elie. Son exemple fut suivi par quelques autres filateurs de la ville. Leurs établissements, dont l'outillage était actionné par la force hydraulique et dont la marche régulière n'avait pu être assurée jusqu'alors à cause des variations fréquentes du niveau des eaux de l'Ante, purent ainsi travailler sans interruptions. Par la suite, plusieurs filateurs de Falaise furent toutefois obligés de déplacer leurs usines tant à cause de l'insuffisance des forces hydrauliques de la région, que de la difficulté de se procurer à bon marché le combustible qui leur était nécessaire. Ils transportèrent leurs établissements dans les vallées de l'Orne et de la Dives et y installèrent vers le milieu du XIXe siècle d'importantes filatures.

La bonneterie de Falaise était arrivée à cette époque à un haut degré de prospérité. Plus de cent communes des environs de cette ville et de toute la région s'étendant jusqu'à Séez, retiraient des profits considérables de l'essor de cette industrie. On y comptait environ 1.500 métiers occupés à la fabrication de tissus pour bonneterie. Les quatre cinquièmes de ces métiers appartenaient à des ouvriers disséminés dans les campagnes et travaillant à domicile. La consommation de coton filé était évaluée à 40.000 kilogs par semaine. La production avait atteint une très grande importance. Les achats et les commandes se chiffraient par milliers de douzaines. Les articles de Falaise, remarquables par leur grande variété et leur bon marché, étaient répandus dans toute la France et exportés à l'étranger.

Mais, dès cette époque, M. Morière remarque l'apathie des industriels de Falaise. Sur plus de soixante fabricants de bonneterie établis alors dans cette ville et ses environs, deux seulement s'étaient fait représenter à l'Exposition Universelle de Paris en 1855. Quant aux constructeurs de métiers falaisiens, ils s'étaient complètement abstenus, alors que leurs concurrents de Troyes n'avaient pas manqué d'exposer leurs machines.

Néanmoins, vers 1860, de nouveaux métiers furent inventés et fabriqués à Falaise. Six maisons de construction y existaient à cette époque et on évaluait à près de 5.000 le nombre des métiers installés tant dans les différentes usines de la ville et de sa région, que chez les petits façonniers et les ouvriers. Le nombre des fabricants s'élevait à près d'une centaine. La bonneterie de Falaise était à son apogée. Son déclin marcha de pair avec celui de la construction locale.

L'apparition des métiers à mailleuses et à tricoteuses, construits à Troyes et surtout en Allemagne, avait permis la fabrication d'articles plus fins et plus fantaisie que ceux qu'on pouvait obtenir en se servant des métiers de Falaise. Les constructeurs de cette ville ne suivirent cependant pas le mouvement. Ils ne firent aucun effort pour combattre la concurrence et améliorer les machines de leur production. De leur côté, les fabricants de bonneterie ne cherchèrent pas à moderniser leur outillage. Les affaires des uns et des autres déclinèrent rapidement.

Cette décadence entraîna la disparition des six dernières filatures de coton, qui étaient encore restées à Falaise après l'exode de la plupart de ses filateurs, et des trois teintureries qui y avaient existé. Les filatures, dont le matériel démodé n'avait pas été renouvelé, furent fermées les unes après les autres entre 1875 et 1895. Les teintureries disparurent, d'une part, à la suite de la sensible diminution de la production des articles de bonneterie et aussi, d'autre part, à la suite des progrès réalisés dans la fabrication des cotons de couleur et des cotons mélangés. Ces progrès ont dispensé les industriels en bonneterie de faire teindre et assembler les filés qu'autrefois ils achetaient en écru et faisaient préparer dans les établissements de teinture.

Actuellement, au lieu d'une centaine de maisons de bonneterie, comme il en avait existé autrefois à Falaise, il n'y en a plus que dix et les trois petits constructeurs qui restent encore dans cette ville se bornent uniquement aux travaux d'entretien et de réparation des métiers. Le nombre de ceux-ci est réduit à 500 environ tant dans les usines, que chez les ouvriers. Ces derniers abandonnent, d'ailleurs, de plus en plus, la bonneterie. Les maigres salaires qu'ils y peuvent récolter ne sont pas faits pour les y retenir. Nombreux sont dans la région les anciens ouvriers revenus à la terre et travaillant dans les champs. D'autres, en quête de salaires plus élevés, ont émigré vers des centres où de nouvelles industries se sont installées. Ainsi la décadence de sa principale industrie a contribué à dépeupler la ville de Falaise. Depuis la guerre, beaucoup de femmes qui travaillaient encore dans la bonneterie, quittent également leurs métiers, attirées vers des emplois mieux rétribués dans les bureaux et les administrations militaires.

Les dix maisons de bonneterie existant actuellement à Falaise sont :

la Manufacture de bonneterie de MM. Jean-Baptiste Ameline père et Robert Ameline fils,

la Manufacture de bonneterie H. Aubril et Cie,

la Manufacture de bonneterie Baloud frères, Baloud et Cie successeurs,

la Fabrique de bonneterie de Madame Veuve Ch. Barthélemy,

la Fabrique de bonneterie de M. Gédéon Crespin,

la Manufacture de bonneterie de M. Dubois,

la Manufacture de bonneterie de M. Louis Duclos,

la Manufacture de bonneterie de MM. Letard frères,

la Fabrique de bonneterie de M. Maurice Renaux,

et la Fabrique de bonneterie de M. Albert Verrier.

La Manufacture de bonneterie actuellement exploitée par MM. Ameline père et fils avait été fondée à Falaise en 1820 par M. Morel. On n'y fabriquait au début que des bonnets de coton, des bas et des chaussettes, sur métiers carrés. En 1855, M. Eugène Morel succéda à son père à la tête de l'établissement. Le nouveau propriétaire avait travaillé auparavant comme contre-maître dans une importante maison de bonneterie de Troyes. Ayant repris la manufacture fondée par son père à Falaise, il y fit installer des métiers circulaires d'une construction nouvelle et perfectionnée pour l'époque. Cet outillage lui permit d'augmenter sensiblement sa production et d'entreprendre la fabrication de caleçons, de camisoles, de maillots, etc. En 1885, M. Ameline s'est rendu acquéreur de la maison. En 1910, il s'adjoignit son fils comme associé, afin de donner une plus grande extension à ses affaires. Pour les développer encore davantage, il acheta les établissements de la maison Emile Cliquet, empêchant ainsi celle-ci de se transporter à Orléans. En outre, une partie des fabrications est faite au dehors, par des façonniers et des ouvriers travaillant à domicile.

Les matières premières transformées sont des filés de coton qu'avant la guerre M. Ameline achetait à Roubaix et à Tourcoing et qu'il se procure actuellement à Rouen et à Troyes. Les quantités transformées atteignaient avant la guerre 30.000 kilogs par an. Elles sont actuellement réduites à 15.000 kilogs.

L'outillage mécanique, entièrement de construction française, comprend des métiers de Falaise et de Troyes. Ils sont bien entretenus et ont été modernisés. De nouveaux métiers perfectionnés ont été livrés à M. Ameline en 1914. Mais il n'a pu les mettre en service faute de main-d'œuvre nécessaire.

La force motrice est fournie par un moteur à gaz pauvre de 22 H. P. M. Ameline se propose d'en installer un second, afin de pouvoir parer à tout arrêt dans la marche de son établissement. Il est tout disposé, en outre, à faire les frais d'une installation de moteurs électriques, si le courant est amené jusqu'à Falaise par la Centrale de Caen.

Les articles de bonneterie fabriqués par la maison Ameline sont principalement destinés aux besoins de la classe ouvrière. Ils sont vendus dans les régions du Nord, de l'Ouest et du Sud-Ouest de la France. Il n'en est fait aucune exportation ni aux colonies, ni à l'étranger.

Le personnel de la maison se composait, avant la guerre, d'environ 80 ouvriers et ouvrières. Ces dernières en constituaient les deux tiers. Depuis la guerre, ce personnel s'est trouvé réduit à 15 ouvriers et 20 ouvrières, tous recrutés dans le pays. Le rendement de la main-d'œuvre est médiocre. Malgré l'augmentation des salaires, beaucoup d'ouvriers produisent moins qu'auparavant. Afin d'assurer à la bonneterie une main-d'œuvre qualifiée et à rendement régulier, M. Ameline souhaiterait qu'il fut créé dans les écoles primaires de la ville des classes spéciales pour l'apprentissage de l'industrie locale. La maison ne dispose pas de logements pour son personnel. Celui-ci trouve facilement à se loger en ville.

La Société de la Manufacture de bonneterie H. Aubril et Cie à Falaise a été constituée récemment et a repris à la date du 1er avril 1918 l'établissement exploité depuis 1909 par M. Cliquet qui travaillait à façon pour divers fabricants de la place.

La société fabrique des articles de bonneterie en coton, en laine et en soie. Elle achète les cotons à Rouen et en Angleterre, les laines en France et en Angleterre et la soie artificielle à Saint-Etienne.

L'outillage mécanique, entièrement de construction française, comprend :

26 métiers de Falaises, dont :

- 10 métiers de 300 aiguilles,
- 5 métiers de 580 aiguilles,
- 3 métiers de 600 aiguilles,
- 4 métiers de 620 aiguilles,

et 4 métiers de 640 à 650 aiguilles;

11 métiers de Troyes, dont :

- 2 métiers à deux mailleuses, pouvant faire automatiquement le tissu rayé à quatre couleurs et à dessin,
- 2 métiers à deux mailleuses, pouvant faire automatiquement le tissu rayé à deux couleurs et à dessin,
- 6 métiers pouvant faire automatiquement le tissu rayé à deux couleurs,

et un métier pour faire les collerettes;

2 bobinoirs, dont un de 40 et l'autre de 20 broches;

un métier rectiligne, douze têtes, trois conducteurs pour bords-côtés;

2 métiers rectilignes Omon, deux têtes, quatre conducteurs pour bords-côtes;

une machine à gratter le tissu;

une calendreuse.

La force motrice est fournie par une turbine hydraulique, développant une puissance de 10 H. P., et par une machine à vapeur, de 10 H. P., de construction française. En temps d'étiage normal des eaux de la rivière l'Ante, la turbine suffit amplement à assurer la marche des métiers, ainsi que l'éclairage de l'usine qui dispose d'une dynamo et d'une batterie d'accumulateurs. Une partie de la force fournie par la turbine est même prêtée à une blanchisserie voisine, actuellement réquisitionnée par l'autorité militaire pour le blanchissage des effets de la garnison de Falaise. La machine à vapeur n'est appelée à fonctionner que pendant la période de baisse des eaux, du mois d'août au mois de novembre. La société étudie l'aménagement d'une retenue destinée à maintenir le débit normal de la rivière à l'époque de la baisse des eaux, pour une durée de dix heures de marche par jour. Si ce travail peut être réalisé à une date convenable, il permettra à la manufacture de bonneterie de fonctionner sans avoir besoin de charbon et à la blanchisserie militaire de réduire sa consommation de combustible à la quantité strictement nécessaire à la production de l'eau chaude et de la vapeur indispensables au blanchissage. En outre, les usines situées en aval et utilisant trois chutes consécutives pourraient pendant dix heures par jour bénéficier de la force normale de leurs chutes.

Avant la guerre, la production de l'établissement, qui était alors exploité par M. Cliquet, s'élevait à environ 1.800 kilogs de tissus par semaine. Cette production était livrée en totalité aux fabricants de Falaise, pour lesquels la maison Cliquet travaillait à façon. Actuellement, la manufacture exploitée par la société produit environ 700 kilogs de tissus par semaine et toute sa production est vendue à Paris.

Le personnel ouvrier est recruté dans le pays et le travail est généralement fait aux pièces. De nombreux ouvriers bonnetiers, réfugiés de la région de Villers-Bretonneux, étant venus à Falaise, MM. H. Aubril et Cie auraient été heureux de leur donner du travail, si l'Intendance avait passé des commandes à la Société et lui avait fourni les matières premières nécessaires à leur exécution.

La Manufacture de bonneterie de MM. Baloud frères, actuellement Baloud et Cie successeurs, à Falaise, a été fondée en 1889 pour la fabrication de caleçons et de gilets en tous genres et de toutes sortes, de chemises en coton tricoté pour marins et troupes coloniales. Avant la guerre, la maison fabriquait des articles fantaisie rayés en toutes couleurs pour la vente aux colonies, à Saint-Denis de la Réunion, à Madagascar, à Nouméa et à Dakar. Maïs depuis la guerre, par suite des prix élevés des matières colorantes, ces fabrications ont été abandonnées. La rareté et la cherté du frêt ont, d'ailleurs, ralenti considérablement, sinon complètement arrêté, toutes les expéditions à destination des colonies lointaines.

Les matières premières transformées sont des cotons filés écrus et en couleurs. Ils provenaient, avant la guerre, des filatures de Rouen et du Nord. Depuis la guerre, des achats ont été faits en Angleterre. L'outillage mécanique comprend des métiers de Falaise et de Troyes. La production est depuis la guerre en sensible diminution par suite de la pénurie de main-d'œuvre et du renchérissement des matières premières, et notamment des cotons. Les articles sont vendus dans toute la France, en Algérie, en Tunisie et dans les colonies françaises. Les expéditions à destination de l'Algérie et de la Tunisie ont toutefois été considérablement gênées dans les derniers temps à la suite des difficultés de transport sur le réseau du P.-L.-M.

Le personnel travaille en partie dans les ateliers de la maison et en partie à domicile. La maison ne dispose d'aucun logement pour ses ouvriers, qui logent tous en ville.

Madame Vve Ch. Barthélemy a repris en 1905 les établissements de l'ancienne maison Martin Lardière à Falaise pour la fabrication de bonneterie de coton et spécialement d'articles pour hommes — gilets, caleçons écrus et en couleurs, et fournitures pour la marine et les colonies. Depuis 1916, la maison a dû réduire ses fabrications d'articles en couleur en vigogne à cause du manque de matières premières.

L'établissement de Mme Barthélemy ne dispose d'aucun outillage mécanique. Toute la fabrication est faite au dehors, par des ouvriers travaillant à domicile ou par des entrepreneurs-façonniers auxquels la maison fournit les cotons qu'elle achète chez les filateurs. La production, qui est vendue en France et aux colonies, est en diminution depuis la seconde année de la guerre par suite de la pénurie de main-d'œuvre, de la raréfaction et du renchérissement des matières premières et des difficultés de transports.

La Manufacture de M. Gédéon Crespin, à Falaise, a été fondée en 1876 pour la fabrication de bonnets de coton, de gilets et de caleçons. Actuellement, la maison a cessé toute production en raison du manque de main-d'œuvre, de la raréfaction et du renchérissement des matières premières, et notamment des cotons filés.

La Manufacture de bonneterie de M. Dubois, à Saint-Clair-des-Vaux, près de Falaise, a été fondée en 1889 pour la fabrication de bonnets de coton, de gilets, de caleçons et de tricots en tissus écrus et rayés. M. Dubois a débuté avec un seul ouvrier et quelques ouvrières. Ses affaires se sont progressivement développées jusqu'à la guerre. Mais depuis la guerre sa production est réduite de moitié par suite de la pénurie de main-d'œuvre et du renchérissement des cotons filés. Ceux-ci sont achetés chez les filateurs du Calvados ou des environs de Rouen. L'outillage mécanique se compose d'une quinzaine de métiers de construction française ancienne. Ce matériel n'a jamais été modernisé. La force motrice est fournie par une roue hydraulique développant une puissance de 4 à 5 H. P. La majeure partie des articles fabriqués est vendue en Bretagne et dans le Midi. Le personnel de la maison est recruté dans le pays.

La Manufacture de bonneterie en tous genres de M. Louis Duclos, à Guibray-Falaise, a été fondée en 1870 par M. Fossard. Celui-ci l'a cédée en 1896 à M. Duclos, son gendre, qui avait été auparavant voyageur de la maison. Au début, toute la fabrication était faite au dehors, par des ouvriers ou de petits façonniers auxquels la maison fournissait les matières premières et qui travaillaient avec des métiers à la main. Vers 1898, M. Duclos a installé dans ses établissements une quinzaine de métiers circulaires et à platine, construits à Falaise. Cette installation lui a permis d'augmenter sensiblement sa production. Il serait actuellement tout disposé à remplacer ses anciens métiers par un outillage plus moderne, plus perfectionné et à plus grand rendement. Mais le prix élevé de ce matériel le fait hésiter. La force motrice est fournie par un moteur à gaz, d'une puissance de 4 H. P., de construction anglaise. Les filés de coton transformés étaient achetés, avant la guerre, à Saint-Rémy-sur-Orne et dans le Nord de la France. Depuis la guerre, ils viennent de la Seine-Inférieure. Les articles fabriqués — bonnets de coton, tricots rayés en bleu et en blanc, etc. — sont vendus surtout en France. Quelques exportations ont été faites en Algérie, ainsi qu'en Angleterre et en Turquie d'Europe.

La Manufacture de bonneterie de MM. Letard frères, à Falaise, a été fondée en 1876 pour la fabrication de bonnets de coton, de caleçons, de tricots, de gilets de marin, etc. Les cotons filés sont achetés chez les filateurs de Normandie. L'outillage comprend des métiers de Falaise et de Troyes et quelques machines américaines. La production, qui est vendue en France et en Algérie, avait progressé depuis la fondation de la maison jusqu'à la guerre. Elle est en décroissance depuis 1916 par suite de la raréfaction et du renchérissement du coton et de la pénurie de la main-d'œuvre. MM. Letard sont des gens âgés; l'un d'eux est malade et ne peut plus s'occuper des affaires: leurs fils, ainsi que la majeure partie de leurs ouvriers, sont mobilisés; leur personnel féminin, malgré une augmentation de salaires, délaisse la bonneterie pour d'autres occupations.

La Fabrique de bonneterie de M. Maurice Renaux, à Falaise, a été fondée il y a une centaine d'années. M. Renaux est mobilisé depuis le début de la guerre. Mme Renaux, en présence des difficultés qu'elle rencontre pour continuer sa fabrication, est sur le point de fermer la maison. Avant la guerre, la production était vendue en France, dans presque tous les départements, et aux colonies. M. Renaux avait entrepris également l'exportation de ses articles à l'étranger. Disposant d'un nombre de métiers suffisant, il se proposait d'apporter dans ses installations des améliorations qui lui auraient permis d'augmenter sa production dans de notables proportions.

La Fabrique de bonneterie de M. Albert Verrier, à Falaise, a été fondée en 1842 par M. Barde-Fossard auquel son fils avait succédé en 1884. M. Verrier est entré en 1888 dans la maison comme associé et en est devenu unique propriétaire cinq ans plus tard. La maison s'est spécialisée dans la fabrication des bonnets de coton, des caleçons et des gilets, vendus dans toute la France, mais principalement à Paris et dans la Seine-Inférieure. La fabrique de M. Albert Verrier ne dispose d'aucun outillage mécanique et d'aucune force motrice. Tout le tissage est fait au dehors par des ouvriers ou de petits façonniers travaillant à domicile. Dans les ateliers de M. Verrier on ne fait que la confection des divers articles de bonneterie. Avant la guerre, la production ne présentait pas de bien grandes variations, mais avait cependant une tendance à décroître. Depuis la guerre, elle a sensiblement diminué. M. Verrier n'a d'ailleurs pas l'intention de continuer sa fabrication par suite du renchérissement des matières premières et de la pénurie de main-d'œuvre.

La plupart des fabricants de bonneterie de Falaise conviennent aisément que le déclin de leur industrie est dû à des conceptions et à des procédés arriérés, à un outillage démodé. Cependant peu d'entre eux semblent disposés à abandonner les anciens errements, à améliorer leur matériel et leurs installations et à adopter de nouvelles méthodes industrielles. Quelques-uns se plaignent de la mésintelligence qui règne entre confrères et de la concurrence acharnée qu'ils se font les uns aux autres en avilissant les prix de leurs produits. D'autres expriment le vœu qu'une entente s'établisse par la création d'un groupement ou d'un syndicat de tous les fabricants de bonneterie de la ville et de ses environs pour le relèvement de leur industrie. Leurs doléances sont unanimes quant à la situation défavorable de leur ville au point de vue des communications par chemins de fer, la gare de Falaise se trouvant à l'écart de la grande ligne de Mézidon au Mans et n'y étant reliée que par un embranchement.

La Manufacture de bonneterie de coton pour hommes de M. Landry, à Pont-d'Ouilly, a été fondée en 1903. M. Landry est mobilisé depuis le début de la guerre. Son frère qui avait dirigé la maison depuis cette époque, est décédé en 1917. Faute de direction, les affaires ont périclité rapidement et l'usine est sur le point d'être fermée. Avant la guerre, la production était vendue en France et à l'étranger. Le recrutement de la main-d'œuvre avait été assez difficile dans la contrée, la bonneterie y étant une industrie nouvelle. Aussi lorsque le personnel aura été congédié à la suite de la fermeture de l'usine, y aura-t-il lieu de prévoir de grosses difficultés pour s'assurer la main-d'œuvre nécessaire à la reprise de l'affaire après la guerre.

La ville de Vire doit à M. Jaussaud l'introduction de l'industrie de la bonneterie de laine et de coton. Fils d'un instituteur, M. Jaussaud quitta la maison paternelle à l'âge de treize ans pour entrer comme employé dans une fabrique de bonneterie de coton de Falaise, d'où il passa dans un établissement du même genre à Cormeilles, dans le département de l'Eure. Il devint ensuite voyageur d'une maison de bonneterie en gros de Lisieux. Il y était depuis neuf ans, lorsqu'éclata la guerre de 1870. Il fut appelé au 1er bataillon des mobiles du Calvados avec lequel il prit part à la campagne de la Seconde armée de la Loire. Après la guerre, il reprit son métier de voyageur. En 1876, étant venu à Vire et s'y étant marié, il y entreprit la fabrication de chaussettes tricotées à la main. Le travail était fait par des femmes des environs de la ville, qui tricotaient en gardant leurs bestiaux. Ces chaussettes se vendirent couramment. La production n'arrivait pas à suffire à la demande. M. Jaussaud eut alors l'idée d'aller à l'Exposition Universelle de Paris, en 1878. Il y rencontra M. Dannens Gatier, de Gand, exposant d'un métier tricoteur dont il était l'inventeur. M. Jaussaud lui acheta les deux premiers métiers qu'il rapporta à Vire et lui en acheta ensuite d'autres, au fur et à mesure qu'il formait des ouvrières. Quelques années plus tard, un certain Omelèr, de Leipzig, construisit des métiers à quatre têtes, mus par un moteur. M. Jaussaud en acheta aussitôt. A la suite de cette acquisition, il installa une usine. Celle-ci a été successivement agrandie. Elle est devenue la Manufacture de bonneterie de MM. Jaussaud et Montaufray, usines des Vaux et du Val-Rocher. Environ deux cents ouvrières y travaillent actuellement.

Cherchant toujours à perfectionner son outillage, M.

Jaussaud apprit un jour qu'une fabrique de Chemnitz avait pris un brevet pour la construction de très beaux métiers tricoteurs à huit têtes faisant la diminution. Il s'en fut aussitôt chez ces constructeurs, MM. Seifert et Donner, et leur acheta des métiers qui lui permirent d'organiser sa fabrication sur une plus grande échelle. La maison Dubied, en Suisse, ayant entrepris la construction de métiers tricoteurs pour la confection de camisoles, de tricots, de brassières, de jupons, de caleçons et de chandails, M. Jaussaud s'empressa de faire l'acquisition de ces nouvelles machines. Cette maison suisse construisait également des métiers tricoteurs pour la fabrication des bas et des chaussettes. M. Jaussaud cessa dès lors toutes relations avec ses anciens fournisseurs allemands pour ne plus acheter des métiers qu'en Suisse. Il n'existe, malheureusement, aucune maison en France, construisant des métiers semblables à ceux que M. Jaussaud se procure à l'étranger. La construction de ces métiers dans notre pays serait cependant fort utile. Une maison qui en entreprendrait la fabrication aurait, d'après M. Jaussaud, un grand avenir devant elle et trouverait à placer facilement sa production tant en France, qu'à l'extérieur.

Actuellement, l'outillage mécanique de la manufacture de MM. Jaussaud et Montaufray comprend :

2 métiers mécaniques à huit divisions, à diminution, de construction allemande;

2 métiers rectilignes à quatre divisions, de construction allemande;

6 métiers rectilignes mécaniques, de construction suisse;

2 métiers circulaires, de construction française;

12 métiers à bras, de constructions suisse et allemande.

En outre, MM. Jaussaud et Montaufray ont 122 métiers, dont la majeure partie sont de construction suisse et le reste de construction allemande, chez leurs ouvrières travaillant à domicile.

Malheureusement, tous les métiers tricoteurs cassent beaucoup d'aiguilles, les serrures s'usent facilement, les corps de métiers se détériorent rapidement. Lorsque les pièces de rechange ne peuvent être fournies, les métiers deviennent inutilisables. Depuis la guerre, c'est le cas d'un grand nombre de ceux de M. Jaussaud. Les autorisations d'importer de Suisse les pièces de rechange nécessaires pour faire marcher une centaine de métiers lui ont été refusées. Pour occuper son personnel et ne pas laisser tomber son industrie, M. Jaussaud a commandé en Suisse seize métiers nouveaux. Mais l'autorisation de les importer lui a été également refusée. M. Jaussaud déplore d'autant plus de ne pouvoir trouver en France l'outillage qui lui conviendrait.

La force motrice est fournie aux établissements de MM. Jaussaud et Montaufray par une turbine développant une puissance de 20 H. P. en moyenne et pouvant en donner davantage en période de hautes eaux. En outre, la maison dispose d'un moteur de secours à essence, d'une force de 23 H. P., de construction anglaise.

La manufacture de MM. Jaussaud et Montaufray produit actuellement des articles de bonneterie en laine, en laine et coton et en tout coton, tricotés mécaniquement, genre à la main — bas, chaussettes, tricots, camisoles, brassières, caleçons, jupons, etc.

Avant la guerre, les laines nécessaires à la fabrication étaient achetées à Tourcoing et les cotons dans la région rouennaise et ailleurs en France. Depuis la guerre, les laines sont achetées là où on en trouve, en France et en Angleterre. Mais en raison des difficultés croissantes de s'en procurer, la maison fabrique de plus en plus des articles en coton. Les quantités de matières premières transformées atteignaient, avant la guerre, de 15.000 à 20.000 kilos de laine et de 15.000 à 20.000 kilos de coton par an. Depuis la guerre, la maison transforme annuellement environ 3.000 kilos de laine et environ 25.000 kilogs de coton.

La production est vendue principalement dans l'Ouest et le Centre de la France. MM. Jaussaud et Montaufray n'ont pu donner suite à des demandes qui leur sont venues d'Algérie, toute leur production actuelle étant absorbée par leur clientèle métropolitaine.

Le personnel de la maison comprend, depuis la guerre comme auparavant, environ 60 ouvrières travaillant à l'usine et de 100 à 125 travaillant à domicile. Tout ce personnel est recruté dans la région et formé par la maison.

La Manufacture de bonneterie de M. Ernest Vimont à Vire a été fondée en 1889 pour la fabrication de bas et de chaussettes seulement. Après un début modeste, l'affaire s'est considérablement développée. M. Vimont se proposait de transformer complètement son établissement pour l'après-guerre et d'y faire des installations toutes modernes pour le retour de son fils qui avait été mobilisé. Malheureusement, celui-ci est tombé au champ d'honneur. Depuis lors M. Vimont se borne à faire marcher son usine telle qu'elle est, jusqu'à ce qu'il ait trouvé un successeur.

Avant la guerre, les laines nécessaires à la fabrication étaient achetées à Roubaix-Tourcoing, les cotons à Rouen, à Villefranche et à Bar-le-Duc. Depuis la guerre, la laine est achetée chez les mégissiers de la région et dans le Midi,à Mazamet,le coton — à Rouen. La maison transformait, avant la guerre, environ 13.000 kilogs de laine et environ 2.000 kilogs de coton. Depuis la guerre, elle transforme environ 5.000 kilogs de laine et 1.500 kilogs de coton.

L'outillage mécanique de l'usine comprend un banc à quatre têtes, de construction allemande, trois machines à faire les pieds, de construction anglaise, une machine-tube pour faire les bords-côtés, de construction allemande.

En outre, la maison dispose de quelques machines à tricoter à la main, de constructions diverses — française, anglaise, suisse et allemande, — tant à l'usine que chez les ouvrières travaillant à domicile.

En présence de l'extrême difficulté de se procurer des fils peignés en Angleterre, M. Vimont a monté dans son établissement une petite filature de cardé. Il a installé un métier de 120 broches, de construction française, acheté d'occasion, et procède à l'installation d'un deuxième assortiment de machines à carder, sans avoir toutefois bien grand espoir de pouvoir l'alimenter dans les circonstances actuelles.

La force motrice est fournie par une turbine hydraulique développant une puissance de 18 H. P., de construction française. La maison dispose, en outre, d'une petite machine à vapeur de secours, de 5 H. P., de construction française. Cette machine n'est d'ailleurs généralement pas utilisée.

La production de la maison, qui depuis la guerre a diminué de près de moitié, est vendue principalement en Normandie et en Bretagne.

Le personnel se composait, avant la guerre, de trente ouvrières travaillant à l'usine et d'autant travaillant à domicile. Depuis la guerre, une vingtaine d'ouvrières travaillent à l'usine et une trentaine à domicile. Toute cette main-d'œuvre est recrutée dans le pays.

D. — LA RUBANNERIE

La rubannerie dans le Calvados est actuellement localisée dans la vallée de l'Orbiquet.

D'après l'enquête faite en 1837 par l'Association Normande sur les industries de l'arrondissement de Lisieux, six filatures de coton y produisaient à cette époque les filés nécessaires à la fabrication des rubans. De 450 à 500 ouvriers travaillant à domicile étaient occupés à cette fabrication qui était faite à la main. La valeur de leur production annuelle était estimée à environ 450.000 fr. Elle était vendue dans toute la France et même à l'étranger. Mais dès cette époque, la rubannerie française avait à lutter contre la concurrence allemande, qui produisait des articles de qualité inférieure, mais à meilleur marché. Des tissages mécaniques pour la fabrication des rubans n'ont été fondés dans l'arrondissement de Lisieux que depuis une cinquantaine d'années.

A côté de la rubannerie s'était développée, dans la première moitié du XIXe siècle, dans la région de Lisieux la fabrication des lacets en coton. D'après l'enquête de l'Association Normande, cette industrie y fut introduite en 1823, par M. François-Michel Perrault, originaire de Neauphe, près de Laigle. Le premier en France, il avait importé des métiers à fabriquer les lacets. Ces métiers étaient en fer et venaient d'Allemagne. Son fils, M. Jean-Eléonor Perrault, négociant à Lisieux, fut l'inventeur de métiers en bois, qui travaillaient mieux et revenaient moins cher. Ils avaient remplacé en 1837 les anciens métiers en fer. Il y avait, à cette époque, dans l'arrondissement de Lisieux trois établissements pour la fabrication des lacets, dont deux à Lisieux même et un à Mailloc. On y comptait une centaine de métiers, mus par la force hydraulique. Une trentaine d'ouvriers y travaillaient. La production était vendue aux foires de Caen et de Guibray.

Actuellement, la rubannerie est représentée dans l'arrondissement de Lisieux par quatre établissements, qui sont la Manufacture de rubans de M. Henri Defougy, à Orbec, la Manufacture de rubans de M. A. Lejuif, à Saint-Martin de Bienfaite, la Manufacture de rubans de M. Dalivoust, à la Chapelle-Yvon, et la Fabrique de rubans de M. Boulanger, à Saint-Martin de Bienfaite. La fabrication des lacets a complètement disparu.

La Manufacture de rubans de M. Defougy à Orbec avait été fondée par M. Quentin-Masselin avant 1870. Elle fut cédée par son fondateur à M. Bonnel et reprise en 1897 par M. Defougy. Les établissements comprennent une usine principale à Orbec, agrandie par M. Bonnel qui avait considérablement développé l'affaire, doublant la production sur les quantités primitivement fabriquées, et deux usines de moindre importance, situées à la Barre-tière, près de Saint-Martin-de-Bienfaite. L'installation de ces deux dernières avait été commencée par M. Bonnel et terminée par M. Defougy, qui y a commencé la fabrication. L'usine principale d'Orbec fournit le double de la production des deux petites de Saint-Martin de Bienfaite. M. Defougy possède, en outre, une blanchisserie à Saint-Jacques-de-Lisieux, pour le blanchiment et l'apprêt des fils de lin et de coton transformés dans ses usines, et a un dépôt de marchandises à Paris.

Les articles fabriqués sont des rubans en fil de lin, en mélange de lin et de coton et en coton pour lingerie. Ces articles sont faits en blanc, en écru et en couleurs.

Les matières transformées sont des fils de lin et des fils de coton. Les fils de lin étaient achetés, avant la guerre, à Lille et à Amiens. Depuis la guerre, ces fils, achetés en France, doivent être pour une bonne partie de provenance anglaise. D'ailleurs, leur prix ayant considérablement augmenté, la maison ne les emploie plus qu'en faibles quantités, spécialement pour ses fabrication de rubans en fil et coton. Les fils de coton sont achetés, depuis, comme avant la guerre, dans la région rouennaise. Les établissements de M. Defougy transformaient, avant la guerre, environ 20.000 kilogs de fils de lin et 50.000 kilogs de fil de coton par an. Ils transforment 5.000 kilogs de fils de lin et 70.000 kilogs de fils de coton par an actuellement.

Les matières employées à la blanchisserie — chlorure et sels de soude, carbonates de soude, acides sulfurique et muriatique — sont achetées à Rouen, aux Etablissements Malétra. Des courtiers allemands avaient fait à M. Defougy, avant la guerre, des offres de produits chimiques à des prix extrêmement réduits et très inférieurs à ceux de l'industrie française. Mais M. Defougy n'a jamais voulu entrer en relations avec des maisons allemandes.

L'outillage, de construction française, comprend 80 métiers à l'usine principale d'Orbec et 52 métiers aux deux usines de Saint-Martin de Bienfaite. Ce matériel date en partie de la fondation des établissements. Il a toujours été bien entretenu et modernisé. Les métiers les plus récents sont ceux qui ont été installés en 1897. Avant la guerre, M Defougy avait été sollicité par des représentants de maisons allemandes, entre autres par ceux de la maison Gustav Ludorf et fils, de Barmen-Ritterhausen. Ils offraient des métiers perfectionnés, plus compliqués que les métiers français, et d'un prix plus élevé, mais d'un rendement supérieur. M. Defougy n'a jamais voulu installer du matériel allemand dans ses établissements.

La force motrice est fournie à l'usine principale par une roue hydraulique d'une puissance de 15 H. P. Mais cette force ne peut être utilisée entièrement, le courant étant souvent détourné pour les irrigations de prairies. M. Defougy a été obligé de se contenter d'un minimum constant, actionnant son matériel lourd après la tombée du jour. La marche de toutes les machines de l'usine ne peut donc pas se faire simultanément : les métiers à tisser marchent de jour et les machines à cylindrage de nuit. Ainsi le régime des eaux est une grosse entrave au développement de la production et en augmente le prix de revient. A Saint-Martin de Bienfaite, la force motrice est fournie à l'une des usines par une turbine hydraulique et à l'autre par une roue. Leur puissance est de 15 H. P. ensemble. Mais là encore, le régime des eaux, extrêmement gênant à cause des irrigations au profit desquelles le courant est constamment détourné, oblige les usines à des arrêts qui durent d'une à deux heures.

L'outillage de la blanchisserie est français.

La production, sensiblement la même depuis comme avant la guerre, est vendue en France, surtout aux grands magasins de Paris, et en Algérie. L'exportation en Suisse se réduit à peu de chose. Autrefois, M. Defougy avait un représentant à Smyrne et avait fait divers essais d'exportation. Il a dû y renoncer à cause de la concurrence allemande.

La main-d'œuvre est surtout féminine. Le personnel se composait, avant la guerre, à l'usine principale de 6 ouvriers et de 74 ouvrières et aux deux usines de Saint-Martin de Bienfaite de 2 ouvriers et de 25 ouvrières. Cette main-d'œuvre était recrutée dans le pays et spécialisée. Mais depuis de longues années le recrutement en était devenu difficile. Les enfants ne sont pas assez nombreux dans le pays pour former un contingent suffisant d'apprentis. L'alcoolisme fait des ravages terribles dans la population. La pénurie de main-d'œuvre paralyse le développement des établissements de M. Defougy. Leur production, avec le matériel existant et un personnel suffisant, pourrait être facilement augmentée de 20 à 25 %. Depuis la guerre, le nombre d'ouvriers et d'ouvrières est à peu près le même qu'avant à l'usine principale. Une douzaine de réfugiés du Nord et de Belges y sont employés. Aux usines de Saint-Martin de Bienfaite le personnel a quelque peu diminué.

La Manufacture de rubans de M. A. Lejuif, à Saint-Martin de Bienfaite, a été fondée en 1906. Auparavant, la famille de M. Lejuif s'était occupée de père en fils, depuis plus d'une centaine d'années, de fabrication de rubans faits à la main par des ouvriers travaillant à domicile. Les articles actuellement fabriqués sont des rubans en fils de lin et en fils de coton. Les fils de lin provenaient, avant la guerre, pour la plus grande partie de Russie et pour le reste de Belgique et de France. Les cotons étaient de provenance américaine.

L'outillage comprend 32 métiers à tisser de construction française, une trameuse française et une américaine, une ourdisseuse mécanique française et trois bobinoirs français. La force motrice est fournie par une roue hydraulique de 16 H. P. Une machine à vapeur de 40 H. P. est installé à l'usine. Mais elle n'est pas actuellement en service.

La production, diminuée d'un tiers depuis la guerre par suite de manque d'ouvriers, est vendue principalement en France, à Paris et dans les départements. Quelques exportations ont été faites en Suisse. Une bonne partie de la production est destinée actuellement aux besoins de la Défense Nationale.

Le personnel, en grande partie féminin, se composait, avant la guerre, de 24 ouvriers et ouvrières. M. Lejuif en fait travailler actuellement une vingtaine. Cette main-d'œuvre est insuffisante et la pénurie de mécaniciens se fait particulièrement sentir.

La manufacture de rubans de M. Dalivoust, à la Chapelle-Yvon, a été fondée en 1898. Elle est installée dans les bâtiments d'une ancienne filature de laine. Les articles fabriqués sont des rubans en fils de lin, de lin et coton et de coton. La maison travaille à façon pour M. Lejuif qui fournit les matières premières.

L'outillage, de construction française, comprend 22 métiers à tisser, dont une partie sont modernes, deux trameuses, une ourdisseuse mécanique, cinq dévideuses, une batterie pour lin et divers appareils accessoires pour la teinture. La force motrice est fournie par une roue hydraulique développant une puissance de 12 H. P.

La production s'était élevée, avant la guerre, à 320.000 pièces de 20 mètres par an. Depuis la guerre, elle a diminué de 25 % par suite d'insuffisance de main-d'œuvre.

Le personnel se composait, avant la guerre, de 4 ouvriers et de 18 ouvrières, recrutés dans le pays. Actuellement, M. Dalivoust fait travailler 18 ouvrières, dont une grande partie sont des réfugiées du Nord. Il en loge 16 dans un bâtiment qu'il possède à proximité de son usine.

La fabrique de rubans de M. Boulanger, à Saint-Martin de Bienfaite, est un petit établissement fondé en 1877. M. et Mme Boulanger y travaillent actuellement seuls, sans l'aide d'aucun ouvrier, à façon, pour un industriel du département de l'Eure, qui fournit la matière première.

L'outillage se compose de trois métiers à tisser, de construction française. La force motrice est fournie par une roue hydraulique développant une puissance de 4 H. P. La production annuelle est d'environ 450.000 mètres de rubans.

E. — LA FABRICATION D'ARTICLES DE PANSEMENT

Cette industrie est représentée dans le Calvados par la Manufacture de MM. Froger et Gosselin, fondée entre 1885 et 1890 par MM. Edouard et Isidore Froger à Saint Rémy-sur-Orne et annexée, à cette époque, à une filature de coton qui avait été fondée par leur père en 1865.

Dans cette filature, on fabriquait des filés pour bonneterie et on y transformait, avant la guerre, 100 balles de 180 kilogs de coton par mois. L'outillage mécanique, ancien, mais pour moitié modernisé et comprenant 8.032 broches, était de construction en partie française et en partie anglaise. Cette filature est fermée depuis la mobilisation.

La manufacture de MM. Froger et Gosselin produit tous articles de pansement pour pharmacies, drogueries, hôpitaux civils et militaires, établissements de l'Assistance publique, ainsi que pour les services de santé des ministères de la Guerre, de la Marine et des Colonies.

Les matières premières transformées sont des cotons provenant d'Amérique et des Indes et achetés chez les commissionnaires du Havre. Avant la guerre, la fabrication d'articles de pansement absorbait 200 balles de coton par mois. Depuis la guerre, cette fabrication a nécessité 400 balles par mois pendant les deux premières années et 200 balles par mois ensuite.

L'outillage est moderne, de construction française, et comprend tout le matériel nécessaire à la préparation et au blanchiment des cotons : bouilleuses, bacs et réservoirs de diverse nature, essoreuses, sécheuses pour cotons et tissus, etc... ainsi que des presses hydrauliques et différentes machines spéciales, construites d'après les plans et les modèles de la maison. La force motrice est fournie par une turbine hydraulique, de 150 H. P., de construction suisse, et par une machine à vapeur de 400 H. P., de construction française, avec chaudières également françaises. La maison possède un petit atelier de réparation avec l'outillage nécessaire, tours, perceuses, raboteuses, etc... de construction française.

La production était vendue, avant la guerre, dans toute la France et dans toutes les colonies françaises, en Belgique, en Grèce, en Turquie, au Guatémala, en Argentine, au Chili et au Pérou. Depuis la guerre, elle est réservée aux besoins de la Défense Nationale.

Le personnel se composait, avant la guerre, de 300 ouvriers et ouvrières recrutés dans le pays et formés dans la maison. Depuis la guerre, pendant les deux premières années, la maison a employé jusqu'à 500 et 600 ouvriers et ouvrières, dont un grand nombre provenant d'autres établissements industriels de la région, qui, au début des hostilités, avaient été obligés d'arrêter ou de réduire leur production. Par la suite, le nombre des ouvriers et ouvrières est revenu à 300. Ce personnel comprend en dehors de la main-d'œuvre recrutée dans la région, des réfugiés du Nord et quelques Belges. La maison dispose d'un certain nombre de logements pour son personnel. La majeure partie de celui-ci trouve cependant des locaux suffisants à Saint-Rémy-sur-Orne et dans les environs.

F. — LA PASSEMENTERIE

L'industrie de la passementerie est représentée dans le Calvados par la manufacture de MM. Sabine frères, fondée en 1840 à Caen et reprise depuis janvier 1918 par M. Paul Martin.

La maison s'était spécialisée dans la fabrication de passementerie pour ameublement. Mais depuis quelques années, à la suite de la campagne du Touring Club contre les meubles et les draperies prenant la poussière, la vente de cet article s'est considérablement ralentie et la production en a été sensiblement atteinte.

Les matières premières transformées sont des jutes ou phormium, des cotons, des laines et des soies spéciales à ce genre de fabrication. L'outillage se compose de petits métiers à la main, de construction ancienne, ne nécessitant aucun emploi de force motrice. Avant la guerre, la production était écoulée en Normandie et en Bretagne. Le personnel comprenait de 30 à 50 ouvrières. Depuis le début de la guerre, la fabrique est fermée. Néanmoins, de temps à autre, M. Paul Martin fait travailler une ou deux ouvrières pour exécuter les quelques rares commandes qui lui parviennent encore, malgré le renchérissement de la matière première.

G. — LA RETORDERIE

Le département du Calvados doit à l'esprit d'initiative et à l'énergie d'un jeune industriel du Nord, M. Victor

Lefebvre, blessé de guerre, l'introduction de la retorderie, industrie qui antérieurement n'existait pas dans la région. Intéressé avant la guerre dans d'importantes affaires de retorderie en France et en Belgique, réformé à la suite de sa blessure, M. Victor Lefebvre est venu fonder en janvier 1917 à Condé-sur-Noireau une usine pour la fabrication du fil à coudre. Il l'a installée dans les bâtiments d'un ancien tissage de coton, abandonné depuis une quinzaine d'années. Sans l'aide d'aucun monteur, M. Lefebvre a dû mettre en place et agencer lui-même tout son outillage et il lui a fallu dresser un contre-maître et initier au travail tout son personnel, en majeure partie féminin et recruté dans le pays. Les installations de M. Lefebvre sont, d'ailleurs, toujours en voie d'agrandissement et son affaire prend de l'extension au fur et à mesure de l'avancement des travaux de reconstruction de son usine, de l'aménagement des locaux et des livraisons de matériel.

Les articles actuellement fabriqués sont des fils de lin à coudre, pour chaussures et industries du cuir en général. Lorsque l'usine sera plus complètement installée, M. Lefebvre entreprendra la fabrication des fils de lin à coudre pour tous vêtements, ainsi que celle des fils de coton pour toutes industries.

Les matières premières transformées sont le lin et le chanvre de provenance française, de Normandie, de Bretagne et de Vendée. La maison Lefebvre fait elle-même la préparation de la matière première, c'est-à-dire le traitement des fils de lin et de chanvre. Avant la guerre, ce travail n'était fait en France que par une seule maison, les établissements Georges Ovigneur, à Halluin, dans le Nord. Cette maison avait une importance et une renommée telles que des industriels d'Allemagne lui envoyaient leurs fils de lin à traiter. M. Lefebvre a installé dans ses établissements de Condé-sur-Noireau tout le matériel nécessaire, des cuves de lavage et de vastes séchoirs, pour le traitement des fils de lin et de chanvre qui sont ensuite transformés dans ses ateliers.

Dans la retorderie, l'outillage mécanique déjà installé et en plein fonctionnement comprend des bobinoirs, de construction anglaise et suisse, et 8 métiers à retordre, de construction anglaise et américaine. En dehors des machines déjà installées et en marche, M. Lefebvre attend la livraison d'autres métiers commandés en Angleterre et en Suisse. Toutes les commandes d'outillage ont dû être faites à l'étranger, aucune maison française ne faisant la construction de matériel pour retorderies. Cependant, les industriels français se heurtent à certaines difficultés pour obtenir la livraison de machines anglaises pour la fabrication du fil à coudre. Les fabricants anglais de fil à coudre, commanditant les principales maisons de leur pays qui construisent ces machines, sont loin d'en favoriser l'exportation.

Une filature de lin doit être annexée prochainement à la manufacture de fils à coudre : 2.000 broches ont été commandées par M. Lefebvre en Angleterre à cet effet.

La force motrice est fournie par un moteur à gaz pauvre de 65 H. P., de construction française, avec gazogène chauffé à l'anthracite, mais pouvant marcher aussi au bois. Un autre moteur de 40 H. P., également de construction française, doit être livré très prochainement.

M. Lefebvre a installé dans son usine un atelier de réparations où sont préparés, entre autres, les modèles de pièces détachées et de pièces de rechange qui sont exécutées ensuite chez un fondeur de la ville, M. Blanchetière. On évite ainsi d'avoir à les commander à l'étranger.

La production s'élève actuellement à 500 kilogs de fil par jour. Elle pourra atteindre 800 ou 1.000 kilogs, lorsque tout l'outillage de retorderie prévu et commandé aura été installé et mis en marche. Actuellement, les 90 % de la production de l'usine sont destinés aux besoins de la Défense Nationale et le reste est vendu pour la consommation civile. Les articles fabriqués à la manufacture de M. Lefebvre trouveront après la guerre un placement facile non seulement en France, mais aussi à l'étranger.

Le personnel se compose de 55 ouvriers et ouvrières, tous recrutés dans la région de Condé et formés dans la maison.

Les Industries Textiles et la guerre

Les industries textiles du Calvados se trouvaient, avant la guerre actuelle, dans un état d'incontestable déclin. Nous en avons précédemment indiqué les causes spéciales à chacune de leurs branches. Si nous voulons rechercher les causes plus générales de cette décadence, il y a lieu de faire ressortir tout particulièrement quel a été le rôle des dirigeants de ces industries au cours de la dernière période de cent ans.

Nous avons vu que dans la première moitié et vers le milieu du XIXe siècle, tant à Lisieux, qu'à Condé-sur-Noireau, à Falaise et à Vire, il s'était produit une évolution très rapide des anciennes industries, à peine libérées des entraves du régime des corporations, vers la grande industrie moderne. Des fils de patrons et d'un grand nombre de compagnons et d'ouvriers d'avant la Révolution étaient devenus, dès le début du XIXe siècle, des chefs d'entreprises d'un type nouveau. Leur esprit d'initiative et leur énergie, stimulés par la liberté industrielle, l'adoption de moyens de production dont la puissance était continuellement accrue par les progrès de la mécanique, leur avaient permis de créer des établissements importants et prospères pour la fabrication de lainages, de toiles, de cotonnades et de bonneterie. Le développement de ces industries fit prendre rang à leurs dirigeants, sous la Monarchie de Juillet et sous le Second Empire, dans ces phalanges de grands bourgeois dont l'influence fut, à cette époque, prépondérante dans les conseils de l'Etat. Mais alors que dans d'autres régions de la France, et en particulier dans celle du Nord, les fils des créateurs de l'industrie moderne continuèrent l'œuvre de leurs pères, il n'en fut pas de même dans le Calvados. A quelques très rares et heureuses exceptions près, nous ne retrouvons plus actuellement, dans ce département à la tête des établissements d'industrie textile les noms de ceux qui au milieu du XIXe siècle avaient créé la prospérité et la renommée de leurs maisons. Dès qu'ils eurent estimé que leurs établissements étaient parvenus à ce qui pouvait être considéré, à l'époque, comme l'apogée de la puissance de production, ces grands chefs d'entreprises ne voulurent plus engager dans leur industrie toutes les ressources disponibles qu'elle leur avait procurées. La terre du Calvados, riche et généreuse, exerçait un puissant attrait sur l'industriel qui voulait devenir châtelain, posséder des fermes, des herbages et des chasses, et qui s'étant haussé au niveau de l'élite dirigeante, prétendait adopter le genre d'existence de la noblesse d'autrefois. Le développement des placements mobiliers promettait, d'autre part, au porteur de papiers à vignettes multicolores des revenus qui nécessitaient à tous points de vue un moindre effort que n'en demandait la direction d'une exploitation industrielle. En se retirant des affaires après fortune faite, en engageant ailleurs que dans les établissements qui leur avaient permis d'édifier cette fortune les disponibilités qu'ils s'étaient assurées, les anciens dirigeants des entreprises textiles du Calvados ne se soucièrent guère de former parmi leurs héritiers une race d'industriels capables de perpétuer l'effort qu'eux-mêmes avaient fait. Ils ne songèrent pas davantage à se grouper, ni à adopter, à une ou deux exceptions près, la forme sociale qui eut permis d'assurer l'essor continu de leurs entreprises. Leurs épigones, sortis de l'orbite dans laquelle avaient grandi leurs pères et orientés vers d'autres horizons, ne considéraient plus l'usine, si par hasard elle était encore restée dans le patrimoine familial, que comme un instrument vieilli et souvent rouillé, qui autrefois avait permis à l'ancêtre de s'élever, à la force du poignet, à une condition sociale supérieure, mais qui n'était plus fait pour répondre à leurs aspirations. Des situations plus reluisantes, des occupations plus agréables — les fonctions publiques, les carrières libérales, la politique, la vie au grand air, les relations mondaines — leur souriaient plus que le constant labeur de l'industriel obligé de suivre pas à pas les progrès de l'outillage et des procédés de fabrication, de surveiller la situation du marché et la concurrence, de satisfaire aux goûts et même aux caprices de la clientèle, de répondre aux exigences de son personnel et de supporter tous les risques et les aléas auxquels est exposée l'existence de cet organisme complexe et vivant qu'est une usine moderne. Ainsi, la continuité de l'effort du personnel dirigeant a fait défaut aux industries textiles du Calvados.

Cette défaillance, l'abandon d'un grand nombre d'entreprises, le déclin de certaines autres, leur passage successif entre les mains d'éléments nouveaux qui ne surent cependant pas toujours les relever, eurent comme conséquence la dispersion d'une grande partie du personnel ouvrier. La main-d'œuvre avait été fort abondante dans le Calvados tant au début qu'au milieu du XIXe siècle, ainsi qu'en témoignent les auteurs contemporains et ainsi qu'il ressort des statistiques. En effet, en 1801, lors du premier recensement général de la population fait en France, le Calvados occupait le cinquième rang parmi les départements français pour la densité de sa population, qui atteignait alors 79,4 habitants par kilomètre carré. Cette densité n'a cessé d'augmenter jusqu'en 1836, date à laquelle on a enregistré dans le Calvados le nombre le plus élevé d'habitants. En 1851, malgré la décroissance qui s'y était déjà manifestée dans le chiffre de la population, la densité de cette dernière était de 86,3 habitants par kilomètre carré, très supérieure à la densité moyenne de la population en France, qui n'était alors que de 65,2 habitants par kilomètre carré. La population ouvrière du Calvados était, au début du XIXe siècle, attachée par des liens encore très puissants à son sol. La très grande majorité des ouvriers vivaient à la campagne et travaillaient à domicile, dans leurs familles, en vaquant, en même temps, souvent aux travaux des champs. Malgré le développement de la grande industrie, ces liens avec la terre ont pu se maintenir quelquefois pendant très longtemps et ont survécu, dans certaines régions, jusqu'à nos jours. Cependant, à la suite de l'adoption d'un outillage plus moderne et plus perfectionné et de l'agrandissement des installations industrielles, une concentration de la main-d'œuvre dans les ateliers s'était opérée progressivement. Cette concentration avait définitivement détaché de la terre un très grand nombre d'ouvriers d'usines et lorsqu'après leur période de très grande prospérité les industries textiles du Calvados déclinèrent les unes après les autres, que beaucoup d'établissements furent fermés, que d'autres furent obligés de réduire leur production et de licencier une partie de leur personnel, de très nombreux ouvriers parmi ceux qui ne purent ou ne voulurent pas revenir aux travaux agricoles, durent émigrer vers d'autres centres industriels. La décadence de l'industrie a été ainsi dans le Calvados un des facteurs de la dépopulation de ce département, surtout dans ses centres de production textile autrefois les plus florissants. Depuis lors, le recrutement de la main-d'œuvre n'a pas manqué de présenter de très grosses difficultés pour les établissements qui avaient survécu. Si le noyau d'ouvriers spécialisés dans le travail des matières textiles n'avait pas entièrement disparu, leur nombre avait une tendance à décroître constamment. Aucun apport appréciable ne venait, avant la guerre, grossir les rangs de la main-d'œuvre disponible ni par un afflux du dehors, ni par le recrutement d'éléments nouveaux sur les lieux mêmes. La disparition de l'apprentissage, qui avait porté un si sérieux préjudice à de nombreuses industries, n'avait pas été compensée dans le Calvados par la création d'écoles professionnelles. A cet égard, aucune tentative n'avait été faite par les dirigeants de l'industrie textile en vue de former et de s'assurer un personnel nouveau. D'autre part, le développement du bien-être parmi les populations rurales détournait les fils de cultivateurs de toutes les industries qui n'étaient pas des filiales de la ferme. La dépopulation faisait d'effroyables progrès dans le département. La densité de sa population était tombée en 1911 à 69,6 habitants par kilomètre carré, descendant au-dessous de la densité moyenne de la population de la France, qui était alors de 73,8 habitants par kilomètre carré. Enfin, l'alcoolisme faisait de terribles ravages, affectant non seulement la partie masculine de la population, mais encore, et très profondément, certains éléments de la population féminine.

Le relâchement de l'effort des anciens dirigeants des industries textiles du Calvados avait eu pour effet, en outre, un fâcheux ralentissement dans le développement de la puissance de production du matériel de leurs usines. Le perfectionnement des installations et de l'outillage mécanique semble s'être arrêté, d'une façon générale, bien avant que ces industries aient atteint, par suite de l'impulsion qui leur avait été précédemment donnée, le point culminant de leur prospérité. La plupart des machines qui se trouvaient avant la guerre actuelle dans la majeure partie des établissements, qu'elles aient été de construction française ou étrangère, étaient de modèles anciens, démodés et à rendement médiocre. Certains fabricants prétendaient que ce vieil outillage permettait à la main-d'œuvre locale, qui y était habituée, de fournir un travail régulier et relativement soigné et que cette main-d'œuvre ne pouvait s'adapter que fort difficilement à des machines de construction plus moderne et plus complexe. Le matériel de construction française était tout particulièrement de date ancienne. Les maisons dans les ateliers desquelles il avait été construit et dont la plupart avaient été autrefois établies dans la région, avaient presque toutes disparu. L'intime coopération, qui aurait dû toujours exister entre dirigeants de l'industrie textile et constructeurs de machines ,semble s'être depuis longtemps évanouie. Les industries textiles n'avaient guère su mesurer l'importance des services que la construction locale aurait pu leur rendre. Elles ne l'avaient ni encouragée, ni stimulée, ni encore moins commanditée. Seuls quelques rares petits constructeurs, qui avaient réussi à se spécialiser dans la fabrication de certains types de machines généralement peu compliquées, et quelques mécaniciens s'occupant de travaux d'entretien et de réparation et reproduisant parfois des pièces de rechange d'après des modèles qui leur étaient fournis, avaient pu survivre à la disparition à peu près totale des ateliers locaux de construction. La majeure partie des machines installées dans les établissements textiles du Calvados, surtout celles qui étaient de modèles relativement plus récents, étaient d'origine étrangère. La presque totalité du matériel de cardage, de filature et de tissage était de construction anglaise et belge. Les machines de provenance allemande étaient relativement moins nombreuses, malgré les offres avantageuses que les constructeurs allemands avaient faites à bien des industriels dans les dernières années qui avaient précédé la guerre et malgré les facilités de paiement que les Allemands accordaient à leurs clients. Cela tenait à ce que dans la filature et dans le tissage, l'outillage allemand n'était pas encore parvenu, d'une façon générale, à détrôner les machines anglaises et belges et que dans la rubannerie et la bonneterie, la plupart des fabricants du Calvados ne manifestaient aucun empressement à remplacer leur ancien outillage par un matériel perfectionné, tel que les Allemands venaient en proposer.

La guerre a sensiblement modifié la situation des industries textiles dans le Calvados. Après un arrêt à peu près complet et général du travail dans toutes les usines pendant les deux premiers mois qui ont suivi la mobilisation, les commandes de l'Intendance pour les besoins de l'Armée ont déterminé une vive reprise d'activité dans tous les établissements, à l'exception de quelques maisons de bonneterie de Falaise, qui ont continué à végéter. Depuis lors, le mouvement de la production, ne cessant de se développer, a atteint un haut degré d'intensité. Cette animation a profité non seulement aux entreprises anciennes, mais encore aux usines nouvelles fondées par des industriels réfugiés des régions envahies du Nord de la France. L'effort de ceux-ci a été prodigieux. Au prix de mille difficultés, ces chefs d'industrie, dont les établissements avaient été bombardés, incendiés et dévastés par l'ennemi, dont l'outillage avait été enlevé ou brisé, dont les stocks avaient été dispersés ou volés, ont su réorganiser ou créer dans le Calvados, où ils sont venus s'installer, des entreprises à la marche desquelles ils ont donné une vigoureuse impulsion en y appliquant les méthodes modernes de production industrielle. Quelques-uns d'entre eux avaient réussi à retirer des décombres fumantes de leurs anciennes usines s'écroulant sous les obus, une partie de leur outillage et à le faire transporter dans leurs nouveaux établissements. D'autres ont pu réunir quelques stocks de matières premières, constitués avant la guerre et les utiliser pour leurs fabrications. Presque tous ont pu grouper autour d'eux un petit noyau de leurs anciens ouvriers et quelquefois sauver des restes du mobilier de ces derniers. Tous, en tout cas, ont donné un bel exemple de mâle énergie et ont témoigné d'une inébranlable confiance dans la victoire de la France et de ses Alliés et d'une foi robuste dans les destinées du Pays.

L'essor des industries textiles s'est toutefois heurté dans le Calvados, comme ailleurs, à de multiples obstacles, accumulés et aggravés par les circonstances de la guerre: pénurie de main-d'œuvre, difficultés de toutes sortes pour se procurer l'outillage et les matières premières nécessaires, insuffisance de force motrice, de combustible et de moyens de transport.

La mobilisation avait enlevé aux usines la plupart de leurs meilleurs ouvriers. Des femmes se mirent résolument au travail et remplacèrent dans les ateliers leurs maris et leurs frères partis à la guerre. D'autre part, des ouvriers originaires de la Belgique et du Nord de la France, fuyant devant l'invasion, avaient afflué dans le Calvados. La main-d'œuvre de ces réfugiés fut généralement très appréciée. Enfin, des sursis d'appel ont été accordés, dans toute la mesure compatible avec les exigences de la situation militaire, à divers spécialistes indispensables à la bonne marche des fabrications.

Cependant, malgré l'afflux d'éléments nouveaux et le renvoi dans les usines d'un certain nombre d'ouvriers précédemment mobilisés, le personnel d'un grand nombre d'établissements est resté insuffisant et la question de la main-d'œuvre se présente pour les dirigeants des industries textiles du Calvados non seulement sous la forme de difficultés qu'ils ont à résoudre au jour le jour, par suite des circonstances actuelles, mais encore sous l'aspect d'un des problèmes les plus complexes et les plus délicats qui se poseront, d'une façon peut-être aiguë, au lendemain de la guerre.

Le taux des salaires s'est accru dans de notables proportions depuis la reprise des affaires. Leur augmentation dans d'autres industries et dans d'autres régions, ainsi que l'installation dans le Calvados des industriels du Nord, qui n'hésitèrent pas à accorder à leur personnel des rémunérations dépassant très largement les salaires généralement très modestes qui étaient alloués, avant la guerre, aux ouvriers dans ce département, contribuèrent très puissamment au relèvement de la part du travail dans les profits dont l'industrie textile fut appelée à bénéficier. La plupart des fabricants prirent, d'autre part, l'initiative d'ajouter aux gains de leurs ouvrières des gratifications en faveur de leurs maris, de leurs fils et de leurs frères, mobilisés aux armées. Certains chefs d'industrie attribuèrent, en outre, aux pères et aux mères de famille des majorations de salaires en proportion avec le nombre d'enfants à leur charge.

Mais pour conjurer une crise de main-d'œuvre et assurer aux industries textiles du Calvados le personnel qui leur est nécessaire, et surtout leur sera nécessaire après la guerre, il ne suffit pas de procéder à de simples augmentations de salaires. Il faut, par une série d'œuvres sociales largement conçues, rapidement réalisées et méthodiquement appliquées pouvoir retenir à l'usine la main-d'œuvre qualifiée qui y est déjà employée, former dans ce noyau des cadres autour desquels viendront se grouper de jeunes générations de travailleurs et constituer ainsi une population ouvrière nouvelle destinée à combler les vides que la précédente période de déclin avait creusés dans les rangs du personnel de l'industrie textile du département.

Nous ne pouvons, sans sortir du cadre de ce travail, tracer un vaste programme de réformes sociales pour la réalisation desquelles l'initiative des pouvoirs publics et celle des groupements intéressés devront agir de concert et en étroite coopération et dont l'application est nécessairement appelée à dépasser les limites du Calvados. Il nous paraît cependant utile d'indiquer quelques-unes des mesures qui pourraient être prises d'urgence dans l'intérêt des industries textiles de ce département.

Pour reconstituer, dans le Calvados, la main-d'œuvre nécessaire à ces industries, il est indispensable d'y organiser sur des bases solides l'enseignement technique professionnel, en créant des écoles d'apprentissage pour la formation de jeunes travailleurs et des écoles de perfectionnement et des cours post-scolaires pour permettre aux ouvriers les plus capables d'acquérir les connaissances spéciales et générales qui leur sont nécessaires pour occuper des fonctions de contre-maîtres et de directeurs. Dans cette voie tout est encore à faire dans ce département.

Pour retenir les ouvriers à l'usine, pour les intéresser à l'œuvre à laquelle ils coopèrent, pour faire naître entre eux l'émulation, il faut stimuler et encourager leurs efforts, récompenser le plus largement possible les plus méritants, individualiser à cet effet les salaires en tenant compte de la qualité et de la quantité de travail fourni par chacun d'eux. Cette émulation pourrait être, semble-t-il, quelquefois provoquée parmi les ouvriers du pays au contact de leurs camarades originaires des régions envahies. Ceux-ci ont travaillé autrefois dans des usines puissamment et supérieurement outillées. Ils s'étaient parfaitement adaptés aux méthodes modernes de production. Leur exemple peut donner une vigoureuse impulsion à l'effort du personnel recruté sur les lieux, généralement très soigneux dans son travail, mais un peu lent et souvent peu familiarisé avec un matériel tant soit peu perfectionné. C'est à l'initiative personnelle et au doigté spécial des chefs d'industrie qu'il appartient, naturellement, de faire naître parmi leurs ouvriers une orientation nouvelle dans cette voie et de tirer ainsi parti de ce moyen d'éducation professionnelle. D'ailleurs, des résultats satisfaisants ont été déjà acquis, à cet égard, par certains industriels du Nord qui, en se faisant quelquefois eux-mêmes les instructeurs de leur personnel, ont su initier des ouvriers et des ouvrières, recrutés dans le pays, à un genre de travail et à des procédés de fabrication nouveaux pour eux et ont réussi à en obtenir un rendement satisfaisant.

Il faut, en tout cas, engager une lutte sévère contre l'alcoolisme et combattre par des mesures énergiques et sérieuses, autres que de vaines palabres, ce fléau, plaie et ruine du beau département qu'est le Calvados. L'augmentation du prix de l'alcool ne peut être considérée, à aucun égard, comme un moyen efficace pour enrayer le mal. Certains industriels nous ont bien déclaré que l'ouvrier buvait moins depuis que le petit verre coûtait plus cher chez le débitant. Mais d'autres nous ont dit, par contre, que leurs ouvriers étaient venus leur demander une augmentation de salaires pour faire face au renchérissement de l'eau-de-vie.

Pour attacher l'ouvrier à l'atelier où il travaille et le tenir, en même temps, éloigné du cabaret, il faut lui créer, à proximité de l'usine, un *home* salubre et confortable. Entre tant d'autres œuvres sociales indispensables tant à la prospérité de l'industrie textile du Calvados qu'au bien-être de son personnel, une des plus urgentes à réaliser est celle de la création d'habitations répondant aux exigences d'hygiène et de confort nécessaires pour assurer aux ménages d'ouvriers une vie saine et pour leur permettre d'élever convenablement leurs enfants et de devenir un jour, avec le concours d'institutions d'épargne et de prévoyance bien comprises, propriétaires des maisons dans lesquelles ils se seraient installés. Dès avant la guerre, un certain nombre d'industriels du Calvados avaient fait édifier et aménager des cités ouvrières pour le logement de leur personnel. Mais leur exemple n'avait généralement pas été suivi. La plupart des fabricants s'étaient désintéressés de la question et leurs ouvriers se logeaient, comme ils pouvaient. Ceux qui travaillaient dans des usines situées au centre ou à proximité d'agglomérations urbaines, trouvaient, avant la guerre, assez facilement des logements, qui alors ne manquaient pas dans les principales villes industrielles du département. Mais depuis l'afflux des réfugiés accourus des régions envahies dans le Calvados, la situation a changé complètement. Les industriels du Nord, qui installèrent leurs usines dans des villes, s'empressèrent d'y assurer dès leur établissement des logements à leurs ouvriers. A la suite de l'arrivée successive de nouvelles vagues de réfugiés, tous les locaux disponibles furent rapidement occupés. Les prix des loyers augmentèrent dans des proportions considérables. Il fût bientôt extrêmement difficile pour les nouveaux arrivants, surtout pour les familles nombreuses, de trouver dans la plupart des villes et des bourgs du département des logements tant soit peu convenables à des conditions abordables. Fréquents ont été les cas de réfugiés qui, faute de pouvoir trouver un abri dans une ville où ils s'étaient déjà fait embaucher, étaient obligés d'aller chercher asile dans d'autres régions. Dans les campagnes, la situation n'est pas meilleure pour l'ouvrier qu'aucun lien n'attache à la terre. La pénurie de logements disponibles y est encore plus grande. Les fabricants dont les établissements y sont situés, éprouvent de ce fait les plus grosses difficultés pour le recrutement de leur personnel. Pour remédier, dans une certaine mesure, à cette situation, des industriels du Nord ont eu recours à l'installation de maisons démontables. Les efforts isolés faits jusqu'à présent dans le Calvados pour l'amélioration du logement des ouvriers ne sont certainement pas suffisants. Tous les industriels ne peuvent, d'ailleurs, pas toujours disposer des ressources nécessaires pour édifier et aménager des maisons destinées à abriter leur personnel. Il nous semble que les chefs des industries textiles du département devraient constituer un groupement pour la construction et l'aménagement d'habitations ouvrières et pour le relèvement général des conditions d'existence de leur personnel.

Il n'est plus besoin de démontrer que l'amélioration du *standart of life* de l'ouvrier répond à l'intérêt bien compris du patron. L'ouvrier qui vit mieux, travaille mieux et produit davantage. Pour parer à une crise de main-d'œuvre, les industriels doivent chercher à s'assurer le concours d'ouvriers qui, bien que moins nombreux qu'autrefois, peuvent leur fournir un travail d'une qualité et d'un rendement supérieurs. D'autre part, pour suppléer à la pénurie de main-d'œuvre, le développement du machinisme et un perfectionnement constant de l'outillage s'imposent nécessairement.

Au cours de la guerre actuelle, l'industrie textile du Calvados n'a pu ni transformer complètement son outillage, ni même l'améliorer sensiblement. La construction française n'était pas en mesure de lui fournir les machines nécessaires. Un grand nombre d'ateliers, et des plus importants, se trouvaient en pays envahis. Les autres étaient absorbés par la fabrication du matériel de guerre. L'importation étrangère avait dû être strictement réduite et soumise à un contrôle rigoureux, d'une part pour enrayer la baisse du change et protéger l'encaisse métallique et, d'autre part, pour réserver tout le frêt disponible aux transports militaires. Des accords spéciaux ont été conclus avec les Alliés et avec certains pays neutres pour imposer, à cet effet, aux échanges internationaux un régime restrictif. Les importations ont été généralement subordonnées à des autorisations préalables. Les commandes faites en Angleterre ne peuvent être livrées sans une licence accordée par le Gouvernement Britannique. Celui-ci est obligé de compter avec les besoins énormes de l'industrie anglaise et avec la résistance qu'opposent à l'exportation de certaines machines divers groupes d'industriels d'Outre-Manche qui se sont assuré le contrôle de la construction de celles qu'ils prétendent réserver exclusivement aux besoins de leurs propres fabrications. Actuellement, l'autorisation d'exporter d'Angleterre n'est généralement accordée que pour les fournitures indispensables à la production d'articles destinés à la Défense nationale. Inutile de dire que les demandes d'autorisation d'importation font l'objet de longues et minutieuses enquêtes et doivent passer par de multiples rouages administratifs, tant en France, qu'en pays étrangers, avant d'aboutir à une solution. Celle-ci, pour des raisons d'ordre supérieur et en présence de nécessités impérieusement commandées par les circonstances de la guerre, n'est, malheureusement, pas toujours favorable.

Ainsi, des machines nouvelles n'ont pu être introduites dans le Calvados qu'au compte-gouttes. C'est dans ces conditions que les industriels des régions envahies ont pu se procurer un peu d'outillage neuf qui leur a permis de mettre en marche les entreprises qu'ils ont créées dans le Calvados ou de remplacer, au moins en partie, le matériel archaïque et démodé qu'ils ont trouvé dans les usines dont ils avaient repris l'exploitation. La plupart des établissement textiles de ce département avaient cependant dû travailler avec leur ancien outillage, tout comme certaines formations d'artillerie avaient dû partir, au début de la guerre, avec des canons de modèles anciens. Mais alors que le matériel d'artillerie avait pu être renouvelé, augmenté et porté à une puissance formidable, celui de l'industrie textile a été, pendant toute la durée de la guerre, appelé à fonctionner tel qu'il était et faire face, néanmoins, à un effort très intensif. Les besoins s'étaient multipliés à tel point que sans pouvoir faire un choix, il avait fallu se servir de tous les outils qu'on avait sous la main et que des établissements aux installations les plus arriérées, galvanisés par les commandes de l'Intendance, avaient pu bénéficier de la reprise générale en dépit de leur faible puissance de production et d'un prix de revient qui aurait pu être considérablement abaissé, s'ils avaient disposé d'un matériel plus moderne et plus perfectionné.

Si, toutefois, au lendemain de la guerre, l'industrie textile du Calvados veut pouvoir vivre, continuer son effort et affronter la lutte avec ses concurrents tant en France, qu'à l'étranger, sans être exposée à être irrémédiablement broyée, il lui faut résolument entrer dans la voie du progrès et porter ses installations et son outillage à la hauteur de la technique moderne, sans reculer devant les sacrifices nécessaires et sans lésiner sur la dépense. En filature, la solidité du fil dépend non seulement de la qualité des matières premières, mais encore de la perfection des machines, et dans le tissage, la solidité et le bon aspect des étoffes sont obtenus non seulement par l'emploi de fils résistants et bien préparés, mais encore par la mise en œuvre de métiers bien construits. D'une façon générale, le rendement d'une industrie est d'autant plus élevé, le prix de revient de ses fabrications d'autant plus bas et la qualité de ses produits d'autant supérieure, que les usines sont mieux et plus puissamment outillées.

L'industrie textile du Calvados, comme d'ailleurs celle d'autres régions de la France, doit, d'autre part, chercher à s'affranchir du tribut qu'elle paie à l'étranger pour son matériel. La construction française devrait pouvoir lui fournir, en tout temps, toutes les machines et les pièces de rechange dont elle aurait besoin. A cet effet, il faudrait qu'une intime et constante coopération s'établisse entre les dirigeants de l'industrie textile et les constructeurs. Il faudrait que les premiers se groupent pour encourager, commanditer et, au besoin, contrôler les entreprises des seconds et que ces derniers se tiennent continuellement au courant des modifications et des perfectionnements à apporter à l'outillage des usines. Aucun groupement ne s'est encore constitué dans le Calvados pour établir ce contact permanent et cette étroite liaison, pourtant si nécessaires. Toutefois, quelques industriels des régions envahies, installés dans ce département, ont adhéré à l'association qui s'est formée à Paris pour préparer la reprise de la vie économique dans les parties du territoire français dévastées par les Allemands et pour chercher, entr'autre, à obtenir de l'industrie mécanique nationale la construction de machines textiles qui, avant la guerre, étaient, pour la plupart, fabriquées à l'étranger. Grâce aux efforts de cette association, différentes combinaisons ont été étudiées et doivent être réalisées afin d'assurer la construction de matériel pour filatures et de métiers à tisser en France.

Pour les principales matières premières qui leur sont nécessaires — laine, lin, coton, colorants — les industries textiles du Calvados, comme d'ailleurs celles des autres régions de la France, étaient, avant la guerre, en très grande partie, tributaires de l'étranger. Certes, tous les industriels ne procédaient pas à des achats directs au dehors. La plupart d'entre eux se fournissaient soit chez des commissionnaires de Paris, de Rouen, du Havre et d'autres places en France, soit chez des fabricants français qui avaient fait subir une première transformation à ces matières. Celles-ci n'en étaient cependant pas moins de provenance étrangère. Au cours de la guerre, à peu près tous les industriels du Calvados ont souvent éprouvé de très grosses difficultés à se procurer ces matières en quantités suffisantes, surtout lorsque la répartition n'en était pas faite par les soins de l'Intendance. La raréfaction en était due, entre autre, à l'épuisement à peu près général des stocks et aux réquisitions des approvisionnements encore disponibles dans divers pays, à l'insuffisance et au renchérissement du frêt, à la pénurie des moyens de transport, et pour certains colorants, devenus à peu près introuvables, à l'interruption des relations commerciales avec l'Allemagne. Cette raréfaction peut même se prolonger au delà de la durée de la guerre pour certaines de ces matières et il y a intérêt à en développer, dans la mesure du possible, la production en France et dans ses colonies.

En ce qui concerne les laines, le troupeau ovin du Calvados, fort peu nombreux et en constante décroissance, ne peut évidemment pas en fournir à l'industrie drapière de ce département toutes les quantités dont elle a besoin. D'ailleurs, la production lainière de la France entière ne suffit pas à la consommation nationale. D'après une étude publiée en décembre 1916 dans la revue américaine *The Textile World* le troupeau ovin français était évalué à 20 millions de moutons donnant 40 millions de kilogrammes de laine brute, soit un kilogramme environ par tête d'habitant, alors que les besoins de la consommation française étaient évalués par la même revue à 5 kilogrammes par habitant. Pour satisfaire entièrement à ces besoins il faudrait donc quintupler en France la production de la laine et arriver, en outre, à en produire dans le pays toutes les catégories nécessaires aux différentes fabrications. Il est vraisemblablement possible d'augmenter, dans une certaine mesure, le nombre des moutons, ainsi que le poids et le rendement de leurs toisons. Ce rendement qui, en France, est de 2 kilogrammes de laine brute par tête d'animal, s'élève à 2,5 kilogrammes dans l'Amérique du Nord et atteint 3,3 kilogrammes en Australie. Mais il n'est peut-être pas aussi facile d'obtenir en France toutes les variétés de laines indispensables aux divers usages. Les qualités de la laine dépendent, en effet, de la race des moutons, de la nature du sol sur lequel vivent les troupeaux et des conditions de l'élevage. En tout cas, s'il y a des perspectives d'amélioration dans les conditions de l'élevage des moutons en France, des progrès pourraient être, d'autre part, certainement réalisés en Algérie et au Maroc.

En ce qui concerne le lin, la production du Calvados, qui est infime, ne peut certainement pas suffire à l'industrie linière de ce département. Dans les dernières années qui ont précédé la guerre, cette industrie, représentée par deux usines seulement, s'approvisionnait principalement en Bretagne. Depuis la guerre, les industriels du Nord, venus s'installer dans les régions de Lisieux et de Condé-sur-Noireau, ont eu recours à des lins importés d'Irlande et de Russie. Ce dernier pays fournissait, avant la guerre, la majeure partie des lins transformés par l'industrie française. La profonde désorganisation politique et économique de ce qui fut l'empire des tzars menaçant de se prolonger, l'industrie linière française, y compris celle du Calvados, pourrait se trouver, au lendemain de la guerre, aux prises avec des difficultés considérables pour se procurer la matière première qui lui sera nécessaire.

En ce qui concerne les cotons, qui sont importés des Indes, d'Egypte et d'Amérique, la raréfaction des approvisionnements ne sera pas à craindre au lendemain de la guerre, lorsque les conditions de transport seront redevenues normales. Il serait toutefois à souhaiter, afin de pouvoir s'affranchir, dans la mesure du possible, du producteur étranger, que les essais de culture déjà tentés dans diverses colonies françaises, ne soient pas abandonnés et viennent aboutir à des résultats pouvant assurer à l'industrie nationale une partie au moins des quantités dont elle aura besoin.

En ce qui concerne les colorants, la plupart en étaient importés avant la guerre d'Allemagne. Depuis la guerre, la pénurie de ces produits et l'impossibilité même de se procurer certaines nuances ont fait éprouver de grosses difficultés aux industries textiles du Calvados, particulièrement aux fabrications de cotonnades de la région de Condé-sur-Noireau et aux fabrications de bonneterie de la région de Falaise. Grâce à la constitution de la Compagnie Nationale des Matières Colorantes et des Produits Chimiques, puissante société au capital de 40 millions de francs, qui doit reprendre après la guerre les usines d'explosifs fondées pour les besoins de la Défense Nationale et les transformer en usines de produits chimiques destinés à l'industrie, celle-ci pourra s'affranchir du tribut qu'elle payait à nos ennemis.

Disons, en terminant, que les industries textiles du Calvados auraient avantage à constituer des groupements pour l'achat en commun de toutes les matières nécessaires à leurs fabrications, comme elles devraient, d'autre part, se grouper pour l'organisation de la vente de leurs produits en France et pour la recherche de débouchés à l'étranger.

FIN DU PREMIER VOLUME

TABLEAU DU MOUVEMENT DES VOYAGEURS, sur le réseau des Chemins de fer de l'Etat, au départ des gares situées dans les limites du département du Calvados.

Années	Nombre de voyageurs
1910	3.056.814
1911	3.272.147
1912	3.446.891

En 1913, le nombre des voyageurs à l'arrivée dans les gares ci-dessus indiquées et au départ de celles-ci s'est élevé à : 7.378.560.

TABLEAU STATISTIQUE DU MOUVEMENT COMMERCIAL EN PETITE VITESSE, à l'arrivée dans les gares du réseau des Chemins de fer de l'Etat dans les limites du département du Calvados et au départ des dites gares en 1913.

Animaux et voitures	Arrivées	Départs
	Unités	
Chevaux, mulets, ânes	7.278	7.668
Bœufs et vaches	67.801	99.896
Veaux et porcs	34.060	63.940
Moutons et chèvres	50.879	12.568
Voitures	758	621
Marchandises	*Poids en tonnes*	
Céréales, farines, graines, légumes secs	115.367	49.836
Lait	980	225
Pommes et poires	21.506	58.288
Autres denrées, fruits ou légumes	16.410	22.395

Sel gemme, sel marin	4.151	2.438
Betteraves, sucres, mélasse, etc.	11.005	11.950
Boissons (vins, cidre, alcool, etc.)	28.065	33.326
Combustibles minéraux	163.342	391.202
Combustibles végétaux	6.903	6.213
Bois de construction, de menuiserie	65.416	122.045
Chaux, ciments, pierres, briques, ardoises	262.432	234.382
Pierres et terres servant aux arts et métiers	57.245	6.488
Minerais	459.118	294.359
Produits métallurgiques	50.964	30.685
Huiles minérales, résines	10.136	2.595
Huiles végétales, corps gras	5.341	2.903
Matières tinctoriales, produits chimiques	12.985	4.102
Papiers et machines servant à leur fabrication	6.164	3.875
Tissus et textiles	16.417	12.171
Céramique et verrerie	6.195	2.328
Engrais et amendements	43.911	36.147
Fourrages, pailles, arbres vivants	16.326	3.321
Mobiliers, objets manufacturés	18.216	10.386
Emballages vides	11.578	14.541
Dépouilles d'animaux	2.727	4.563
Matériel d'entrepreneurs de fêtes	6.818	5.791
Transports en service taxés ou non taxés	86.794	334.289

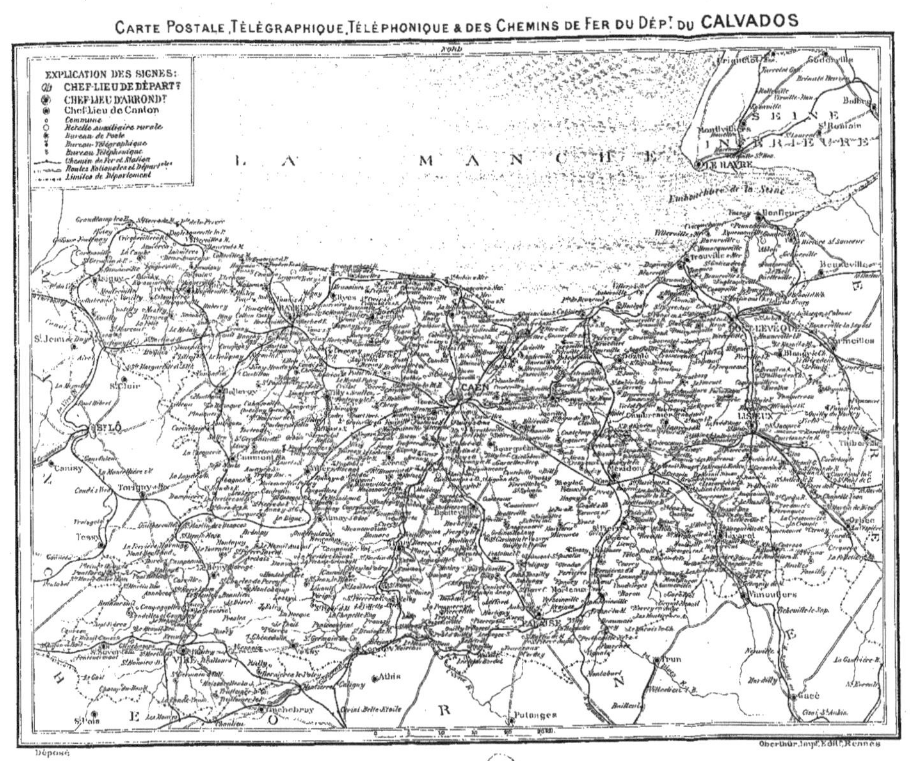

Déposé

Oberthür, Impr. Edit. Rennes

Le produit net de la vente de cette publication est réservé au profit des orphelins de canonniers du 11e Régiment d'Artillerie de Campagne morts pour la France.

www.ingramcontent.com/pod-product-compliance
Ingram Content Group UK Ltd.
Pitfield, Milton Keynes, MK11 3LW, UK
UKHW021103220726
13924UKWH00005B/2223

9 782019 924317